중국 현대조선어의 문장종결법

중국 현대조선어의 문장종결법

김 순 희

역락

머리말

우리말의 종결어미는 다양한 문법적 기능을 수행하는데 그중 하나가 문장종결법 수행기능이다. 이 책은 중국 현대조선어에서 종결어미로 실현되는 문장종결법의 개념을 규명하고 다양한 문장종결법을 수행하는 종결어미의 실현 양상과 기능을 밝혀 현대조선어의 문장종결법 체계를 세우는 데 연구 목적을 두었다. 이 책의 내용은 크게 두 부분으로 이루어진다. 하나는 문장종결법의 분류기준을 정하고 문장종결법의 분류체계를 세우는 것이고, 다른 하나는 현대조선어에 나타나는 개별 문장종결법의 의미를 정의한 다음에 각 문장종결법을 실현하는 종결어미들의 통사·의미적 특성을 밝히는 것이다.

먼저 선행 연구 검토를 통하여 현대조선어의 문장종결법의 분류기준을 재검토하였다. 문장종결법의 올바른 규명을 위해 담화적 관점에서 행위참여자 기준, 전달방식 기준, 전달내용 기준, 주관적 정서 반영 기준의 네 가지 분류기준을 세웠다. 이에 따라 현대조선어의 문장종결법을 설명법, 감탄법, 약속법, 의문법, 명령법, 허락법, 경계법, 공동법의 여덟 가지로 분류하였다. 이 분류체계는 기존의 현대조선어 연구에 약속법, 감탄법, 허락법, 경계법의 네 가지를 더 추가한 것이다.

문장종결법은 종결어미와 기타 형식 등의 문장종결형에 의해 실현되는데 이 책에서는 조선어의 종결어미만을 대상으로 살펴보았다. 이 책은 검토 대상으로 삼은 종결어미에 현대조선어 사전에 등재되어 있는 표준형 어미뿐만 아니라 문학작품 등에서 널리 사용되고 있는 방언형도 포함하였다. 대부분의 방언형 종결어미는 사전에는 등재되어 있지 않으나 널리 사용되고 있다는 점을 중시한 것이다.

또한 문장종결법을 실현하는 종결어미가 상대높임법과 양태적 의미도 나타낸다는 점을 고려하여 이들을 문장종결법의 체계 확립과 기술에 활용하였다. 현대조선어의 상대높임법은 '하소서체, 하십시오체, 해요체, 하오체, 하게체, 해체, 해라체'의 7등급으로 나누었다. 종결어미의 양태적 의미는 화행적 특성에 초점을 맞춰 기술하였다.

이 책에서는 앞서 제시한 분류기준에 따라 여덟 개의 문장종결법의 의미를 구체적으로 검토하여 정의하였다. 또한 개별 문장종결법을 실현하는 종결어미들을 상대높임법에 따라 다시 하위분류하여 목록을 제시한 다음, 개별 종결어미의 통사·의미적 특성들을 하나씩 기술하였다. 약속법, 감탄법, 허락법, 경계법을 실현하는 종결어미는 상대높임의 등급에서 고루 분포되어 있지 않는 모습을 보이나 이는 이 문장종결법을 실현하는 어미의 특성에 의한 것으로 보고 빈자리로 남겨 두었다.

문장종결법과 문장종결형의 관계를 밝힘에 있어 종결어미의 문장종결법 실현양상을 형태·통사적 특성, 의미적 특성, 화행적 특성으로 나누어 살펴보았다. 그중에서 종결어미의 의미적 특성과 화행적 특성을 위주로 검토하였는데 그 결과 현대조선어에서 하나의 종결어미가 하나의 문장종결법을 실현하는 경우도 있었고, 하나의 종결어미가 화행적 조건에 따라 여러 가지 문장종결법을 실현하는 경우도 있었다. 이점은 현대조선어의 종결어미와 문장종결법이 일대일(一對一)의 관계가 아니라 다대다(多對多)의 대응관계를 보인다는 것을 확인하여 준다. 두 개 이상의 종결법을 실현하는 어미는 그 기본 기능과 부차 기능을 변별하였고,

이에 따라 종결어미들을 기본 기능에 따라 분류하여 해당 문장종결법에서 다루었다. 종결어미와 문장종결법과의 관계는 해당 부분에서 표로 정리하여 제시하였다.

이 책을 내는 데 많은 도움을 주신 분들이 계신다. 먼저 한국 충북대학교 국어국문학과에 계시는 강창석 교수님과 이호승 교수님께 깊은 감사를 드린다. 늘 부족한 제자에게 힘이 되는 말씀으로 격려해 주시고 학문의 올바른 길을 알려주고자 하신 점에 대해 깊은 감사의 마음을 전한다. 또 꾸준한 지도를 아끼지 않으신 세명대학교 박경래 교수님, 충북대학교 국어교육과 전철웅 교수님, 국어국문학과 조항범 교수님께도 감사의 말씀 전하고 싶다.

또한 이 책이 나오기까지 조언을 해주시고 격려를 해주신 연변대학 조선어학과 김광수 교수님과 예술학원 김성희 교수님을 비롯한 많은 동료 선생님들께도 감사를 드린다. 늘 지지를 아끼지 않는 남편 김영일 선생과 바쁜 엄마의 일상을 이해해주는 딸 현주에게도 고맙다는 말을 전한다. 마지막으로 이 책을 출판하는 데 도움을 주신 역락 출판사의 이대현 사장님과 박태훈 선생님, 편집을 맡아주신 이소희 선생님께도 감사의 마음을 전한다.

2013.11.

저자 씀

차례

머리말 / 5

제1장 서론 __ 13

1. 연구 목적 / 13

2. 연구사 검토 / 15

3. 연구 대상과 방법 / 18

   3.1. 연구 대상 18

   3.2. 연구 방법 21

제2장 문장종결법 연구를 위한 기본 논의 __ 25

1. 문장종결법과 분류체계 / 25

   1.1. 문장종결형과 문장종결법 25

   1.2. 문장종결법의 분류기준 27

   1.3. 문장종결법의 분류체계 39

2. 문장종결법과 관련 범주 / 41

   2.1. 문장종결법과 상대높임법 41

     2.1.1. 문장종결법과 상대높임법의 관계 41

     2.1.2. 현대조선어 상대높임법의 분류체계 42

   2.2. 문장종결법과 양태 47

     2.2.1. 문장종결법과 양태의 관계 47

     2.2.2. 현대조선어의 양태에 대한 논의 50

   2.3. 현대조선어의 종결어미 설정과 형태소 분석 52

제3장 현대조선어의 종결어미와 문장종결법의 실현 양상 __ 57

1. 설명법 / 57

　1.1. 설명법의 의미 58

　　1.1.1. 기존 연구의 검토 58　　　　1.1.2. 설명법의 의미 59

　1.2. 설명법 종결어미 62

　　1.2.1. 하소서체 63　　　　　　1.2.2. 하십시오체 67
　　1.2.3. 해요체 78　　　　　　　1.2.4. 하오체 81
　　1.2.5. 하게체 90　　　　　　　1.2.6. 해체 95
　　1.2.7. 해라체 101

　1.3. 설명법 종결어미와 문장종결법의 관계 106

2. 감탄법 / 108

　2.1. 감탄법의 의미 109

　　2.1.1. 기존 연구의 검토 109　　　2.1.2. 감탄법의 의미 111

　2.2. 감탄법 종결어미 112

　　2.2.1. 해요체 114　　　　　　2.2.2. 하게체 114
　　2.2.3. 해체 128　　　　　　　2.2.4. 해라체 130
　　2.2.5. 등급 불분명 138

　2.3. 감탄법 종결어미와 문장종결법의 관계 139

3. 약속법 / 141

　3.1. 약속법의 의미　141

　　3.1.1. 기존 연구의 검토　141　　　　3.1.2. 약속법의 의미　143

　3.2. 약속법 종결어미　145

　　3.2.1. 하십시오체　145　　　　　　3.2.2. 해요체　148
　　3.2.3. 하오체　149　　　　　　　　3.2.4. 하게체　149
　　3.2.5. 해체　150　　　　　　　　　3.2.6. 해라체　153

　3.3. 약속법 종결어미와 문장종결법의 관계　154

4. 의문법 / 155

　4.1. 의문법의 의미　156

　　4.1.1. 기존 연구의 검토　156　　　　4.1.2. 의문법의 의미　159

　4.2. 의문법 종결어미　161

　　4.2.1. 하십시오체　163　　　　　　4.2.2. 해요체　169
　　4.2.3. 하오체　171　　　　　　　　4.2.4. 하게체　177
　　4.2.5. 해체　181　　　　　　　　　4.2.6. 해라체　185

　4.3. 의문법 종결어미와 문장종결법의 관계　189

5. 명령법 / 191

  5.1. 명령법의 의미 192

    5.1.1. 기존 연구의 검토 192   5.1.2. 명령법의 의미 193

  5.2. 명령법 종결어미 195

    5.2.1. 하소서체 198   5.2.2. 하십시오체 199
    5.2.3. 해요체 206   5.2.4. 하오체 210
    5.2.5. 하게체 212   5.2.6. 해체 214
    5.2.7. 해라체 215

  5.3. 명령법 종결어미와 문장종결법의 관계 219

6. 허락법 / 220

  6.1. 허락법의 의미 221

    6.1.1. 기존 연구의 검토 221   6.1.2. 허락법의 의미 223

  6.2. 허락법 종결어미 224

    6.2.1. 하게체 225   6.2.2. 해체 227
    6.2.3. 해라체 227

  6.3. 허락법 종결어미와 문장종결법의 관계 231

7. 경계법 / 232

    7.1. 경계법의 의미 232

        7.1.1. 기존 연구의 검토 232   7.1.2. 경계법의 의미 233

    7.2. 경계법 종결어미 235

        7.2.1. 하십시오체 237   7.2.2. 해체 238
        7.2.3. 해라체 239

    7.3. 경계법 종결어미와 문장종결법의 관계 242

8. 공동법 / 243

    8.1. 공동법의 의미 244

        8.1.1. 기존 연구의 검토 244   8.1.2. 공동법의 의미 246

    8.2. 공동법 종결어미 248

        8.2.1. 하십시오체 250   8.2.2. 해요체 256
        8.2.3. 하오체 256   8.2.4. 하게체 257
        8.2.5. 해체 262   8.2.6. 해라체 264

    8.3. 공동법 종결어미와 문장종결법의 관계 267

제4장 결론 __ 269

참고문헌 / 279

[부록 1] 현대조선어의 사전류와 문법서의 종결어미 비교목록 / 285
[부록 2] 현대조선어의 문장종결법에 의한 종결어미 분류표 / 299
[부록 3] 문학 작품 목록 / 306

제1장 서론

1. 연구 목적

이 책은 중국 현대조선어[1]에서 종결어미에 의해 실현되는 문장종결법의 개념을 규명하고, 다양한 문장종결법을 수행하는 종결어미의 실현 양상과 기능을 밝혀 현대조선어의 문장종결법 체계를 세우는 데 목적이 있다. 이 책에서 다룰 현대조선어의 종결어미는 조선어 표준어[2]를 위주로 하되, 문학작품에 쓰인 방언형[3]도 함께 검토하여 그 의미기능

---

[1] 이 책에서 '현대조선어' 또는 '조선어'라고 하면 현재 중국에서 조선족이 사용하고 있는 민족 언어의 뜻으로 쓴다. 이 책에서 취급하는 현대조선어는 중국 조선족의 표준어와 각 지역의 방언형을 아울러 그 범위로 삼았다. 한편 대한민국의 표준어를 지칭할 때는 '한국어'라는 용어를 사용하였다.

[2] 『조선말사전』(2002)에서는 '표준어'를 '인민군중의 오랜 언어생활의 실천에 의하여 다듬어지고 규범화된 말'로 정의하였다. 한국어에서는 표준어를 '교양 있는 사람들이 두루 쓰는 현대 서울말로 정함을 원칙으로 한다'라고 정의하고 있다. 이 책에서 자료로 사용한 '표준어'는 '방언형'과 대립되는 말로 『조선말사전』(2002)의 정의에 따라 사전류, 교과서, 문법서에 수록되어 있는 종결어미를 가리킨다.

[3] 중국조선어실태조사보고집필조(1985)와 선덕오(1991)에 따르면, 중국에서 조선족이 많이 거주하고 있는 동북3성에는 제주도를 제외한 8도의 방언이 고루 퍼져 있다. 연변을 중심으로 한 지역은 함경도 방언이, 요녕성에는 평안도 방언이, 흑룡강성에는 경상도와 전라도 방언이 주로 분포되어 있다. 또 한반도의 각도 출신들이 마을 단위로 거주하고 있으므로 지역에 따라 충청도, 평안도, 경상도 등 다양한 방언분포를 보이고 있다. 이런 이유로 현대조선어에는 조선어 표준어 외에도 다양한 방언형이 나타나고 있다.

의 공통점과 차이점을 밝히고자 한다.

현대조선어 연구에서는 문장종결법을 논의의 중심으로 삼은 연구가 많지 않았다. 대신에 종결어미에 대한 형태 중심의 연구가 많은 비중을 차지하고 있었다. 따라서 현대조선어의 종결어미 연구는 형태를 위주로 한 분류와 종결어미의 의미기능 및 통사적 기능을 밝히는 것에 집중되어 있었다. 이러한 연구는 종결어미의 목록을 확정하고 개별 종결어미의 통사·의미적 특성을 밝히는 측면에서는 어느 정도 성과를 거둔 것으로 평가된다.

형태·통사 중심의 연구는 특정의 형태와 특정의 의미기능이 일대일 (一對一)대응을 보일 때 효과적이지만, 형태와 의미기능이 고정적이지 않은 언어현상을 다루는 데는 적합하지 않다. 조선어도 종결어미의 형태와 의미기능이 일대일로 대응되지 않는 경우가 많다. 다시 말하면 동일한 종결어미가 사용되었음에도 불구하고 여러 가지 문장종결법을 실현하기도 하며, 하나의 문장종결법이 다양한 문장종결형으로 실현되기도 한다.

현대조선어 연구에서도 문장종결법 개념의 일단을 엿볼 수는 있다. 김진용(1986)은 서술식, 의문식, 명령식, 권유식의 네 가지 문장유형을 제안했고, 강은국(1987)은 서술문, 의문문, 명령문, 권유문, 감탄문의 다섯 가지 문장유형을 제시했는데, '식'과 '문'이 문장유형을 분류하는 범주라는 점에서 이 연구들이 문장종결법의 기본적인 내용을 담고 있다고 볼 수는 있다. 그러나 이러한 분류는 특정 종결어미의 기본 의미기능을 중심으로 한 방식이어서 개별 종결어미가 다양한 담화적 요인의 도움을 받아 여러 가지 문장종결법을 실현할 수 있다는 것을 고려하지 않았다. 따라서 이 책은 현대조선어 형태·통사적 연구의 미비점을 보

완하고자 종결어미들이 어떤 요인으로 다양한 문장종결법을 실현하는
지를 체계적으로 검토해 보려는 것이다.

종결어미는 문장종결법 외에도 상대높임법에 따라 다양한 어미들이
선택되어 사용되고 또한 경우에 따라서는 화자의 심리적 태도를 나타
내는 양태적 의미에서 차이를 보이기도 한다. 따라서 이 책은 현대조선
어의 문장종결법의 실현을 담당하는 종결어미의 통사·의미적 특성을
기술하는 데 있어 상대높임법의 등급과 양태적 의미도 함께 살펴볼 것
이다.

2. 연구사 검토

현대조선어 종결어미의 문장종결법 관련 연구는 크게 세 가지로 요
약된다.[4] 첫째는 개별 종결어미들의 의미기능을 밝히는 것이고, 둘째는
종결어미가 실현하는 문법범주의 설정에 관한 것이고, 셋째는 문장 유
형의 분류에 관한 것이다. 이러한 연구 주제들이 독립적으로 논의된 연
구논문은 적고, 대부분의 문법서들에서는 이 주제들을 함께 다루고 있
는데, 이 책에서는 주제별로 대표적인 연구 업적을 선정해서 전체적인
연구 경향을 검토하기로 한다.

1970~1980년대 들어 조선어 문법 연구는 양적으로 전례 없이 증가
하였다. 많은 문법책과 논문들이 쏟아져 나왔는데 주로 문법이론과 총

---

4) 종결어미가 실현하는 상대높임법과 양태 범주에 대한 연구사 검토는 2장의 해당 부분
에서 부분적으로 진행할 것이다. 그리고 문장종결법과 관련된 다양한 논의에 대한 세
부적인 연구사 검토도 해당 부분에서 살펴볼 것이다. 여기서는 문장종결법 연구와 관
련된 큰 흐름만을 간략하게 다룰 것이다.

체적인 문법체계에 관한 연구들이었다. 그중 조사와 어미를 모두 묶은 '토'에 대한 연구 분야는 차광일(1981), 정만식·김순희(1983), 최희수 외 (1987) 등을 들 수 있다. 이 저서들에서는 주로 형태론적인 연구방법에 치중하여 토의 의미와 용법을 기술하였다. 특히 토를 옳게 쓸 수 있도록 하는 규범적인 목적으로 토의 의미를 상세히 밝혀 공통점과 차이점, 미세한 뜻의 차이 등을 알 수 있게 하는 데 관심을 두었다. 그러나 토가 어떠한 체계를 구성하고 있고 문장 속에서 어떠한 기능을 수행하는지에 대해서는 기술하지 않고 다만 그에 해당되는 예문만 제시하고 있다는 한계를 갖고 있다.

종결어미가 실현하는 문법범주에 대한 논의는 김진용(1986)과 강은국 (1987)이 대표적이다. 김진용(1986)은 종결토의 의미와 기능에 따라 크게 '식'과 '계칭(階稱)'으로 나누어 설명하고 있다. '식'은 문장유형을 분류하는 개념으로 서술식, 의문식, 명령식, 권유식 네 가지로 구분하였고, '계칭'은 상대높임법에 대응되는 개념으로 존대, 대등, 하대로 구분하였다. 여기서 특히 주목할 것은 종결토가 접속되는 형태(주로 서술형에 쓰이는 품사에 따른 것)에 따라 달리 쓰이는 양상을 세분하여 설명하고 있다는 점이다. 동북3성조선어문법편찬소(1983)[5]의 『조선어 문법』 등도 이와 견해를 같이 한다.

그런데 강은국(1987)은 종결토가 '식', '계칭' 외에도 '법'의 문법범주도 실현하고 있다고 본다. '식'의 체계를 서술식, 의문식, 명령식, 권유식으로 나누고, '계칭' 체계를 존대계칭과 대등계칭, 하대계칭으로 나누었으며, '법'의 체계를 직설법, 목격법, 추측법 세 부류로 나누었다. 이

---

5) 이하 동북3성조선어문법편찬소(1983)는 기술과 예문출처를 밝힐 때 동북3성(1983)으로 약칭한다.

때 '법'은 한국어 문법의 '서법'에 대응되는 문법범주로 이해된다. '법' 범주는 서술식 종결토와 의문식 종결토에서만 설정된다고 주장하였다.

김진용(1986)과 강은국(1987)은 종결어미가 실현하는 문법범주를 체계적으로 검토하려는 노력을 하였지만, 종결어미의 양태의미에 대해서는 미처 주목하지 못하였다. 강은국(1987)의 '법'이 한국어 연구의 '양태' 범주와 관련이 있는 듯하나 그 내용은 상당히 다르다고 생각된다. 이 책은 종결어미가 양태 의미의 차이에 따라 선택되어 사용되는 양상도 부분적으로 검토할 것이다.

현대조선어 연구에서는 문장종결법 개념이 명확하게 규정되지 못했는데, 문장유형의 분류라는 측면에서 볼 때 '식'의 범주를 설정한 연구들은 문장을 네 종류나 다섯 종류로 구분하였다. 김진용(1986), 강은국(1987), 최희수 외(1987), 차광일(1981), 최윤갑(1980), 서영섭(1981), 연변교육출판사(1984), 동북3성(1983), 선덕오(1993), 사회과학연구소(2002) 등은 서술식, 의문식, 명령식, 권유식 네 가지로 분류하고 문장종결법과 관련시켜 기술하고 있다. 다섯 종류로 분류한 논의는 김기종·리영순(2006)을 들 수 있다. 이 논의는 위의 분류체계에 약속식 하나를 더 추가하여 기술한 것이 특징이다. '식' 범주 대신에 '문' 범주를 설정한 경우에는 감탄문도 문장유형에 추가하여 보통은 다섯 가지, 많게는 여섯 가지 유형으로 분류하고 있다.

지금까지 중국에서 진행된 조선어의 문장종결법에 관한 연구는 주로 화자가 청자에 대하여 제기하는 이야기의 목적에 따라 '식'의 문법범주를 설정하고 서술, 의문, 명령, 권유 등 네 부류로 나누어 기술하였다. 서술식에는 약속, 허락, 감탄, 경계의 뜻을 나타내는 종결법도 포함하여 다루고 있다. 또한 명제에 대한 화자의 심리적 태도에 따라 '법'이라는

문법범주를 설정하고 직설법, 회상법, 추측법 등 세 가지로 분류해 설
명하고 있다. 이는 종결어미에 의해 실현되는 문법범주는 서로 연관되
어 있으면서 서로 다른 범주를 나타냄을 뜻하는 것이며 동시에 두 가지
혹은 세 가지 범주를 실현하는 것임을 말한다.

  이 책에서는 현대조선어 연구의 성과를 바탕으로 하되, 앞서 지적한
문제점들을 해결하려는 취지에서 문장종결법의 체계를 다시 세우고 그
문장종결법을 실현하는 종결어미들의 의미와 기능을 밝혀보고자 한다.

3. 연구 대상과 방법

3.1. 연구 대상

  앞서 밝혔듯이 이 책에서는 중국에서 사용하는 현대조선어의 종결어
미를 연구 대상으로 삼아 문장종결법의 체계를 세우려고 한다. 이때 현
대조선어는 조선어 표준어를 위주로 하되, 문학작품이나 개별 문법서에
서 자주 등장하는 방언형까지 부분적으로 포함한다. 이는 표준어와 방
언형의 비교를 통해 조선어 표준어의 의미·기능적 특성을 더 잘 이해
할 수도 있고, 널리 쓰이는 방언형에 대해서도 구체적으로 살펴볼 수
있는 기회가 되기 때문이다.

  문장종결법을 실현하는 대표적인 형식은 종결어미이다. 하지만 문장
종결법은 명사, 명사형 어미, 명사+조사, 부사 등에 의해서도 실현된다.
이러한 실현 방법은 여러 가지 복잡한 담화 상황과 사용 조건 및 생략
현상 등이 부수적으로 더 검토되어야 하는 독립적인 연구 주제가 될 수

있기 때문에 여기서는 제외하기로 한다.6) 따라서 이 책은 용언의 종결형 외의 형식에 대해서는 다음 기회로 미루고 용언의 종결형이 문장종결법을 실현하는 경우만을 연구 대상으로 삼는다.

현대조선어의 종결어미는 형태적 구성의 측면에서 볼 때, 하나의 형태소로 이루어진 단일형과 둘 이상의 형태소로 이루어진 합성형이 있다. 기존의 연구에서 합성형으로 제시되었더라도 공시적으로 분석이 가능한 것은 분석된 형태소만을 연구 대상으로 삼고, 공시적으로 분석이 불가능하다고 판단되는 것은 그 자체를 연구 대상으로 삼았다. 또한 이러한 종결어미들이 남자와 여자의 성별 차이, 어른과 아이의 연령 차이, 구어체와 문어체의 문체 차이 등을 보이기도 하는데, 이러한 차이에 따라 표준어에서 제외되는 경우도 있지만 이 책에서는 가능한 한 모두 연구 대상으로 삼기로 하였다. 그리고 아주 제한된 환경에서 쓰이는 종결

---

6) 장경현(1995)은 한국어의 명사 및 명사형이 종결형으로 사용되는 양상에 대한 연구인데, 명사 및 명사형의 서술기능 및 화행기능을 구체적으로 논의하고 있다.
다음은 이 책의 연구 대상에서 제외되는 문장종결형 예문을 제시한 것이다.

(1) ㄱ. 우리는 새 중국의 앞날의 주인.(동북3성, 1983 : 364)
　　ㄴ. 우리 주 농촌들에서 모내기 결속.(동북3성, 1983 : 364)
　　ㄷ. 뻐꾹새 뻐꾹뻐꾹, 종달새 지종지종.(강은국, 1987 : 556)
(2) ㄱ. 모두 지휘에 복종할 것.(양홍앵, 2008a : 94)
　　ㄴ. 오늘 회의는 8시부터 시작함.(강은국, 1987 : 556)
　　ㄷ. 빨리 빨리!(동북3성, 1983 : 367~368)
　　ㄹ. 전체 오른쪽으로!(강은국, 1987 : 566)

(1)은 명사가 종결형으로 사용되어 설명법을 실현한 경우이다. 이런 방식은 주로 표현의 간결성 및 각종 문체적 효과를 위하여 사용된다. (2)의 종결부는 명령법을 실현하는 경우이다. 연구자에 따라 (1)이나 (2ㄱ), (2ㄷ), (2ㄹ)의 예를 용언의 종결형이 생략된 것으로 처리하기도 하지만, 장경현(1995)에 따르면 이런 형식들이 문장의 종결부에 쓰이는 현상은 이들의 화행 기능과 정보 전달 기능의 측면에서 차이를 보이기 때문에 단순히 용언의 생략현상으로 보기는 어렵다.

어미도 일부분 연구 대상에 포함시켰다. 그 쓰임에 제한이 있는 것은
사용 연령층에 의한 제한, 시대적 제한 등의 경우로 나누어 볼 수 있다.
사용 연령층에 의한 제한은 성인에서만 쓰이는 것과 어린이에서만 쓰
이는 것으로 이들 모두 연구 대상에 포함시켰다. 시대적 제한으로 현재
조선어에서 옛말의 잔재에 해당하나 제한적으로 쓰이는 것과 옛말에서
비롯되었으나 지금의 말에서는 완전히 없어져 생명력을 잃은 것으로
나눌 수 있는데 뒤의 것은 연구 대상에서 제외시킨다.

이 책에서 제시하는 예문은 1970년대부터 2000년대에 발간된 사전
류, 문법서, 연변지역 현대작가들이 쓴 소설과 희곡 등 문학작품에서
인용한 것들이다.

(1) 연변조선족자치주 사회과학원 언어연구소(2002), 『조선말사전上, 下』.

(2) ㄱ. 연변인민출판사(2009), 『개혁개방 30년 중국조선족 우수단편소
설선집』.

ㄴ. 흑룡강조선민족출판사(2007), 『2006년도 중국조선족문학우수작
품집』.

ㄷ. 흑룡강조선민족출판사(2008), 『2007년도 중국조선족문학우수작
품집』.

ㄹ. 리종훈(2008), 『털 없는 개』, 연변인민출판사.

ㅁ. 양홍앵 저, 김염홍 역(2008), 『한 책상에 앉게 된 앙숙』, 연변교
육출판사.

ㅂ. 양홍앵 저, 한련분 역(2008), 『딱정벌레차를 모는 여교장』, 연변
교육출판사.

ㅅ. 리영철(2009), 『용이와 그의 벗들』, 연변인민출판사.

(3) 조선어 종결어미에 관하여 중국에서 이루어진 각종 문법서 및 연
구논문.

(1)은 중국 조선어사전 중 가장 최근에 출판된 책이다. 이 책에서는 주로 이『조선말사전』(2002)에 등재되어 있는 '말체'에 쓰인 종결어미[7]의 유형과 분류체계 및 예문을 활용할 것이며 낱말로 올라와 있는 모든 '말체'에 쓰인 '종결토'를 연구 대상으로 한다.

(2)는 중국의 동포 작가들이 쓰거나 번역한 문학작품들이다. 장르는 소설이 중심이 된다. (2ㄱ)의『개혁개방 30주년 중국조선족 우수단편소설선집』은 1978년부터 2008년 사이에 발표된 단편소설 중 가장 대표적인 작품을 1년에 한 편 기준으로 뽑아서 실은 소설집이다. 이 소설집에서는 시대의 변화와 역사는 물론 조선족 사회생활상의 흐름도 이해할 수 있으며 동시에 본 논문의 주요 연구 대상인 종결어미에 대한 변화도 엿볼 수 있다. (2ㄹ)의『털 없는 개』가 유일하게 희극인데 이 작품에는 조선어의 구어체 특징이 생생하게 살아 있다. 예문의 출처는 작가, 연도순으로 밝힌다. 아울러 2(ㄱ~ㄹ)의 구체적 작품의 목록은 <부록 3>에 제시했다.

(3)은 지금까지 중국에서 이루어진 조선어 관련 연구논저들이다. (3)의 자료는 이 책의 논의 구성과 관련된 내용들을 적극적으로 참고하는 것을 원칙으로 하였다.

3.2. 연구 방법

현대조선어의 문법형태소에 관한 연구에서 종결어미가 차지하는 비중이 가장 크다고 할 수 있다. 종결어미는 문법 실현에 있어서 여러 가

---

7) 『조선말사전』(2002)에 올라와 있는 243개의 종결토 중에서 주로 '말체' 위주로 된 종결토와 그 예를 활용한다.

지 역할을 담당하고 있으며 이에 대한 연구는 대체적으로 네 분야에서 다양하게 이루어져 왔다. 즉 형태론, 통사론, 의미론, 화용론적 측면에서 연구가 진행되었다. 문장종결법을 기술하는 이 책의 입장도 각 종결어미의 이러한 기능에 입각하여 논의를 진행할 것이다. 앞에서 제시한 연구목적을 달성하기 위하여 다음과 같은 방법론을 활용하고자 한다.

첫째, 의미·기능적 접근 방법을 선택한다. 지금까지 이 분야의 연구는 형태 중심의 접근이었으며, 종결어미에 따른 문법범주 분류가 주종을 이루어 왔다. 현대조선어의 문말에서 나타나는 언어현상을 올바르게 설명하려면 그 언어현상이 가지는 형태적 특성과 함께 그것이 지니는 의미에 대하여도 살펴보아야 한다. 문장종결법은 대부분 종결어미에 의하여 이루어진다. 종결어미는 문법적인 기능을 가짐과 동시에 그 자체의 의미적 기능도 가지고 있다. 문장종결법은 종결어미의 형태적 기능보다 의미적 기능에 의해 실현되므로 종결어미의 구체적인 의미적 특성을 파악하는 것이 중요한 작업이 된다.

둘째, 담화문법적 접근 방법을 선택한다. 문장종결법은 많은 문법적 현상들 가운데 그것을 실현시키는 형태적 특징과 함께 화행에 대한 고려가 반드시 이루어져야 한다. 이는 현대조선어의 문장종결법이 문장을 구성하는 요소들 사이의 상관관계에 의해 결정되는 현상만이 아니라 문장을 넘어서 담화 상황 안에 존재하는 여러 요소들 사이의 관계를 표현하는 현상이라는 점에 근거한 것이다. 문장 안의 어떤 언어요소가 문장을 넘어서는 언어 단위 또는 상황과 관련될 수 있다는 점에 대해서는 이미 많은 연구가 이루어져 왔다.

문장은 단순히 보면 하나의 통사적 결과물이지만 동시에 구체적인 담화 상황에서 화행 능력을 갖는다. 문장종결법이 담화 상황 안의 요소들과 관련되기 때문에, 화자와 청자의 담화내용은 물론 그 담화가 놓인 시간적·공간적 상황, 화자와 청자와의 관계(예를 들면 상하관계, 친소관계) 등도 함께 고려될 것이다.

셋째, 귀납적인 전개 방법으로 논의를 진행한다. 현대조선어 문장종결법의 체계화를 위한 논의과정에서 기존의 논의를 검토하고, 담화상황에 근거하여 문장종결법과 관련되는 요소를 추출하여 문장종결법의 양상을 추론할 것이다. 또한 각 문장종결법의 의미를 정의하고, 관련 예문을 통하여 그 사용영역을 밝힐 것이다. 이 과정에서 중국에서 시도된 기존의 연구와는 다른 분류체계로 상세히 세분하여 기술하는 연구 방법을 사용할 것이다.

제2장 문장종결법 연구를 위한 기본 논의

1. 문장종결법과 분류체계

1.1. 문장종결형과 문장종결법

조선어는 한국어와 마찬가지로 서술어의 어간에 여러 가지 어미들이 결합한다. 여러 선어말 어미들과 어말어미들이 일정한 순서에 따라 결합되어 하나의 어미결합체를 이루나 결국 대부분의 문장은 종결어미로 완결된다.

물론 문장은 종결어미뿐만 아니라 명사, 명사형 어미, 명사+조사, 부사 등에 의해서도 종결될 수 있다. 따라서 문장종결형은 엄밀히 말하면 문장을 끝맺는 데 사용되는 모든 언어적 형식을 포괄한다. 그러나 대부분의 경우에 문장 종결은 무표적으로 종결어미가 담당하고, 그 외의 형식들은 다양한 담화 상황과 사용 조건 및 생략 현상 등이 고려되어야만 문장종결형으로 간주될 수 있다.

문장의 통사적 완결은 문장종결형이 담당하는 고유한 통사적 기능이다. 이러한 통사적 기능을 담당하는 문장종결형은 매우 다양하다. 이는 문장종결형이 문장의 통사적 완결이라는 기능 외에 다른 기능도 가지

고 있음을 짐작하게 한다. 그 다른 기능의 하나가 상대높임법이다. 문
장종결형은 청자에 대한 화자의 대우 의도를 드러내는 기능을 담당하
고 있는 것이다.

　문장종결형의 상대높임법 기능은 문장 내적인 요소들 사이의 문제가
아니라 담화 상황 안의 요소들인 화자와 청자의 관계에 대한 것이므로
문장종결형과 담화 상황과의 관련성을 보여주는 것이다. 상대높임법의
실현형을 보면 문장 유형에 따라 여러 개의 형태가 특정 상대높임 등급
을 나타내기도 하는데 이는 문장종결형과 상대높임법이 다대다(多對多)
의 대응관계를 보이고 있음을 말한다.

　문장종결형의 또 다른 기능은 문장의 유형을 표시한다는 점이다. 그
런데 문장유형과 문장종결법을 동일한 것으로 보는 것은 타당하지 않
다. 왜냐하면 평서문 형식이 때로 의문법을 나타낼 수 있고, 의문문 형
식이 때로 감탄법을 나타낼 수 있기 때문이다.[8]

　　　(1) ㄱ. 우리 철이가 일등을 했다?(강은국, 1987 : 557)
　　　　　ㄴ. 얼마나 아름다운 조국강산인가?(강은국, 1987 : 565)

　(1ㄱ)은 문장종결형 '-다'가 쓰인 것으로 문장유형의 기준으로 보면
평서문이지만 여기에 의문을 나타내는 억양이 결합되면 의문법을 실현
하게 된다. 설명법을 실현하는 전형적인 문장종결형 '-다'가 이 경우에
는 의문법을 나타내게 된 것이다. (1ㄴ)은 전형적인 의문법 종결어미
'-ㄴ가'가 쓰인 수사의문문으로 감탄법을 실현하고 있다. 따라서 문장

---

8) 강은국(1987 : 555)은 화자가 청자에 대하여 어떤 목적을 가지고 말하는가 하는 각종
　관계의 성격에 따라 문장은 서술문, 의문문, 명령문, 권유문으로 나눌 수 있으며 또 이
　런 문장들이 일정한 감정적 정서를 동반할 때에는 감탄문으로 쓰이기도 한다고 하였다.

유형은 종결어미의 형식과 기본 기능에 따라 설정되는 문법범주이고, 문장종결법은 종결어미와 억양 등의 담화적 조건이 결합되어 설정되는 의미·화용적 성격의 문법범주라고 할 수 있다. 그래서 문장종결형과 문장종결법은 다대다 대응관계를 형성하게 된다.

지금까지 논의를 정리하면 문장종결형은 문장 종결의 기능과 상대높임법의 기능, 문장유형 분류의 기능과 문장종결법의 기능을 함께 담당하고 있다고 볼 수 있다. 그 중에서 문장종결의 기능과 문장유형의 표시 기능은 통사적 기능이라고 볼 수 있으며, 상대높임법과 문장종결법의 기능은 의미·화용적 기능이라고 볼 수 있다.[9]

1.2. 문장종결법의 분류기준

지금까지의 연구를 검토해 보면 문장종결법은 연구자에 따라 적게는 네 가지에서 많게는 열 가지로 분류하고 있다. 이와 같이 문장종결법의 종류가 여러 가지로 나뉘는 것은 분류기준의 차이 때문이다. 문장의 의미는 문장 내적인 요소뿐만 아니라 문장 외적인 요소들과도 관련되어 있기 때문에 문장종결법을 분류하는 기준 역시 다양할 수 있다. 다시 말하면 무엇을 기준으로 하였느냐, 그 기준을 어떤 순서로 어떻게 적용하느냐에 따라 문장종결법의 분류체계가 달라질 수 있기 때문이다.

여기서는 문장종결법의 분류기준에 대해 조선어 문법의 연구와 한국어 문법의 연구를 나누어서 검토한 다음에 이 책의 분류기준을 제시하려고 한다.

---

9) 문장종결형과 문장종결법의 관계에 대해서는 윤석민(2000)에서 자세하게 검토하고 있다. 이 책은 이 견해를 전적으로 수용하였다.

① 현대조선어 문장종결법의 분류기준

먼저 조선어 문법서 중에서 몇 가지 대표적인 것을 대상으로 하여 문장종결의 '식'[10]을 살펴보고 그 분류와 정의를 비교·검토하고자 한다.

(2) 최윤갑·리세룡(1984)의 분류[11]

　ㄱ. 서술식 : 화자가 청자에게 어떤 사실, 현상을 알리려고 서술하는 식.

　ㄴ. 의문식 : 화자가 청자에게 어떤 사실, 현상을 알려고 물음을 제기하는 식.

　ㄷ. 명령식 : 화자가 청자에게 어떤 행동을 하도록 요구하거나 명령하는 식.

　ㄹ. 권유식 : 화자가 청자에게 어떤 행동을 함께 할 것을 요구하는 식.

(3) 김진용(1986)의 분류

　ㄱ. 서술식 : 화자가 청자에게 어떤 사실, 현상을 알리려고 서술하는 것.

　ㄴ. 의문식 : 화자가 청자에게 무엇을 알려고 의문을 제기하는 것.

　ㄷ. 명령식 : 화자가 청자에게 어떤 행동을 하라고 요구하거나 시키는 것.

　ㄹ. 권유식 : 화자가 청자에게 어떤 행동을 함께 할 것을 요구하는 것.

(4) 강은국(1987)의 분류

　ㄱ. 서술식 : 화자가 청자에게 어떤 사실을 알리려고 서술하는 식.

　ㄴ. 의문식 : 화자가 어떤 사실을 청자에게서 알려고 의문을 제기하는 식.

　ㄷ. 명령식 : 화자가 청자에게 어떤 행동을 할 것을 요구함을 나타

---

10) 조선어 연구에서의 '식'은 한국어 연구의 '문'에 해당한다고 볼 수 있다. 따라서 '서술식', '의문식', '명령식', '권유식'은 한국어 문법의 '평서문', '의문문', '명령문', '청유문'에 대응된다.

11) 조선어 문법서에서는 '화자'를 '말하는 사람' 또는 '말하는 이'로, '청자'를 '듣는 사람' 또는 '듣는 이'로 부른다. 이 책은 일괄적으로 '화자'와 '청자'라는 용어를 사용한다.

내는 식.

ㄹ. 권유식 : 화자가 청자에게 어떤 행동을 함께 할 것을 권고하는 식.

위의 정의들은 모두 '화자가 청자에게 무엇에 대해 어떻게 말을 한다'는 형식을 취하고 있다. 따라서 위의 문장종결법들은 '무엇에 대해'와 '어떻게 말을 한다'의 두 가지 기준에 따라 분류된다고 할 수 있다. 연구자별로 용어상의 차이가 조금 있으나 개념상으로는 크게 다르지 않아서 이 세 문법서의 정의 내용을 통합하여 정리하면 다음 <표 1>과 같다.

〈표 1〉 '무엇에 대해'와 '어떻게 말 한다'의 기준에 따른 분류

	무엇에 대해	어떻게 말 한다
서술식	사실, 현상	알리려고 서술한다.
의문식	사실, 현상	의문(질문)을 제기한다.
명령식	행동	요구하거나 명령한다.
권유식	행동	함께 할 것을 요구 또는 권고한다.

<표 1>의 '무엇에 대해'는 명제 내용의 성격과 관련된 부분이다. 즉 화자가 청자에게 전달 혹은 요구하는 명제 내용이 사실이나 현상이냐 아니면 행동이냐 하는 것이다. 이 부분은 화행에서 언표에 해당되는 것으로 분석할 수 있다.

<표 1>의 '어떻게' 부분은 진술방식에 해당하는 것인데 '서술', '의문 제기', '요구 또는 명령', '함께 요구 또는 권고'의 네 가지로 설정되어 있다.

그런데 조선어 문법의 문장종결법 분류기준은 몇 가지 문제점을 갖는다. 우선 첫 번째는 진술방식이 네 가지로 나열되어 있을 뿐이지, 이

진술방식들의 공통점과 차이점을 드러내 줄 수 있는 분류기준이 명확하지 않다는 점이다. 다시 말해 서술, 물음, 명령, 요구의 네 가지 진술방식이 독립적으로 존재한다는 것은 분명하게 보여주지만, 어떤 면에서 이 네 가지가 공통점을 가지고 있고 차이점을 드러내는지 쉽게 파악하기 어렵다. 그러나 이들을 서로 구분할 수 있는 자질로 표현한다면 보다 쉽게 그 특성이 드러날 것이다. 따라서 이 네 가지는 결국 최종적인 문장종결법의 명칭으로 사용되어야지 이 명칭이 각 문장종결법의 정의 내용에 포함되어 사용되어서는 안 된다.

두 번째는 조선어에서도 감탄법, 약속법, 경계법, 허락법12)을 실현하는 종결어미가 확인되는데, 위의 분류체계에는 이러한 문장종결법이 포함되어 있지 않다는 점이다. 만일 이러한 문장종결법도 고려하여 분류기준을 설정한다면 분류기준은 더 늘어날 것이다. 조선어 문법에서 이러한 문장종결법을 적극적으로 다루지 않은 이유는 설명법, 의문법, 명령법, 공동법이 모든 상대높임법 체계에 속하는 종결형을 가지고 있는데 반해 이들은 제한된 일부의 등급에서만 종결형을 가지고 있어 빈칸으로 남는 경우가 있기 때문으로 파악된다.

세 번째는 <표 1>의 분류기준에서 행위참여자 즉, 화자 중심인지 청자 중심인지에 대해서는 언급하지 않고 있다는 점이다. (2), (3), (4)의 정의 방식을 보면 화자가 청자에게 '어찌'하거나 '어떻게 할 것'을 요구하거나 함께 할 것을 제의하여 말하는 형식으로 되어 있어 모두 화자 중심으로 기술되어 있다. 문장종결법은 명제 내용에 대하여 화자의 청자에 대한 태도를 나타내는 문법범주인 만큼 화자가 자기 자신의 입장

---

12) 조선어 문법의 용어대로라면 '감탄식, 약속식, 경계식, 허락식'이 될 것이지만, 조선어 문법에서는 이를 다룬 적이 없어서 이 책의 용어를 사용하였다.

에서 전달 또는 요구할 수 있는 것이 우선임은 물론이다. 하지만 권유식 즉 공동법은 화자와 청자가 모두 참여하는 문장종결법이므로 다른 문장종결법과는 구분되어야 한다.

② 한국어 문장종결법의 분류기준

한국어에서는 문장종결법에 대한 연구가 활발하게 이루어져 왔다. 연구자에 따라 문장종결법의 종류가 네 가지에서 열 가지에 이른다.[13] 이러한 차이의 결정적인 원인은 문장종결법에 대한 관점의 차이, 즉 형태 중심적 관점에서 접근했느냐 아니면 의미·화용적 관점에서 접근했느냐는 관점의 차이지만, 다른 요인들도 차이의 원인으로 작용하고 있다. 이러한 차이의 원인들을 집약적으로 보여 주는 것이 바로 어떤 특성들을 문장종결법의 분류기준으로 설정했느냐 하는 것이다.

대표적인 한국어 문법 연구에서 제안된 문장종결법의 분류기준을 정리하면 다음과 같다.

(5) 최현배(1937)의 분류기준

ㄱ. 따로냐, 함께냐

ㄴ. 단독적 태도냐, 관계적 태도냐

ㄷ. 말하는 이 중심이냐, 맞은 편 이 중심이냐

---

13) 연구자에 따른 문장종결법의 종류를 간단하게 소개하면 다음과 같다.

4종류	최현배(1937) 허 웅(1995)	베풂월, 물음월, 시킴월, 꾀임월
5종류	정인승(1956)	베풂월, 느낌월, 물음월, 시킴월, 이끎월
7종류	이희승(1957)	설명법, 약속법, 감탄법, 의문법, 명령법, 공동법, 허락법
8종류	고영근(1974) 윤석민(2000)	설명법, 감탄법, 약속법, 의문법, 명령법, 허락법, 경계법, 공동법
10종류	김민수(1960)	설명형, 의문형, 질문형, 응락형, 명령형, 소원형, 경계형, 청유형, 추측형, 감탄형

(6) 허웅(1995)의 분류기준

　ㄱ. 들을이에게 요구가 있느냐, 없느냐

　ㄴ. 대답을 요구하느냐, 일하기를 요구하느냐

　ㄷ. 들을이에게만 요구하느냐, 함께 요구하느냐

(7) 고영근(1976)의 분류기준

　ㄱ. 단독적 장면과 상관적 장면

　　(청자의 의도에 영향을 미치느냐 안 미치느냐)

　ㄴ. 전달이냐, 요구이냐

　ㄷ. 정보 요구냐, 행동 요구냐

　ㄹ. 함께 요구하느냐, 따로 요구하느냐

(8) 윤석민(2000)의 분류기준

　ㄱ. 명제내용이 상태인가, 행동인가

　ㄴ. 화자 중심인가, 청자 중심인가

　ㄷ. 진술방식에 있어서 전달인가, 요구인가

　ㄹ. 주관적 정서가 반영되었는가, 아닌가

　우선 눈에 띄는 점은 분류기준의 수가 다르다는 점이다. 최현배(1937)와 허웅(1995)은 세 가지 분류기준을, 고영근(1976)과 윤석민(2000)은 네 가지 분류기준을 설정하였다. 용어의 측면에서 볼 때, 동일 용어가 사용되기도 하였으나 동일 개념에 대해 다른 용어가 사용되기도 하였고, 크게 보면 유사하나 구체적인 내용이 달라서 용어에 차이가 생긴 경우도 있다.

　그리고 분류기준이 적용되는 순서를 고려할 때 허웅(1995)과 고영근(1976)은 '화자 중심이냐 청자 중심이냐'가 가장 먼저 적용되었는데, 최현배(1937)는 '따로냐, 함께냐'가, 윤석민(2000)은 '상태인가, 행동인가'가 가장 먼저 적용되었다. 그리고 분류기준의 적용 범위 측면에서 볼 때 모든 문장종결법에 적용되는 분류기준도 있고, 부분적으로 적용되는 분류기준도 있다. 예를 들어, '화자 중심이냐, 청자 중심이냐'의 기준과 '전달이냐 요구냐'의 기준은 모든 문장종결법에 적용되는 분류기준인데, '대답을 요구하느냐, 일하기를 요구하느냐'나 '정보 요구냐, 행동 요구냐'는 진술방식이 '요구'인 경우에만 적용되는 분류기준이고, '주관적 정서' 기준은 진술방식이 '전달'인 경우에만 적용되는 분류기준이다.

이렇게 다양한 면에서 차이를 보이지만, 이 책의 관점에서 몇 가지 개념을 설정하여 정리하면 다음 <표 2>와 같다.

〈표 2〉 문장종결법의 분류기준들

범 주		최현배(1937)	허 웅(1995)	고영근(1976)	윤석민(2000)
기본 범주	행위 참여자	단독적 태도 − 관계적 태도		단독적 장면 − 상관적 장면	화자 중심 − 청자 중심
	진술방식		들을이에 대한 요구의 유무	전달 − 요구	전달 − 요구
	명제내용				상태 − 행동
부차 범주	요구내용	말하는 이 중심 − 맞은 편 이 중심	대답 요구 − 일하기 요구	정보 요구 − 행동 요구	
	행위 참여자의 단, 복수	따따로 − 함께	들을이만 요구 − 함께 요구	함께 요구 − 따로 요구	
	주관적 정서				정서 반영 여부

이 책은 (5)~(8)에서 제시된 분류기준들을 <표 2>에서와 같이 총 여섯 개의 범주로 다시 나누었다. 또한 여섯 개의 범주 중에서 모든 문장종결법에 적용되는 분류기준들은 '기본범주'로, 일부 문장종결법에만 적용되는 분류기준들은 '부차범주'로 다시 묶었다. 이 책은 여섯 개 중에서 네 개, 즉 '행위참여자', '진술방식', '요구내용', '주관적 정서'만

있으면 문장종결법을 분류하고 효율적으로 기술할 수 있다고 생각한다. 기본범주의 '명제내용'과 부차범주의 '행위참여자 단, 복수'는 불필요하다고 보는 것이다. 아래에서는 유용한 분류기준 네 개의 성격에 대해서 먼저 소개하고, 두 개의 기준은 왜 불필요한지에 대해 검토하기로 하겠다.

<표 2>의 '행위참여자'는 문장의 명제내용과 관련하여 명제내용의 정보를 화자가 소유하고 있는 것인지 아니면 명제내용의 정보가 행동에 대한 것이라면 그 행동의 실현자가 누구인지를 말한다. 다시 말해 명제내용의 정보를 소유하거나 실현하는 행위참여자가 화자인지 청자인지를 구분하는 것이다.[14] 이러한 기준을 최현배(1937)는 '단독적 태도 – 관계적 태도', 고영근(1976)은 '단독적 장면 – 상관적 장면'으로 개념화했는데, 여기서는 윤석민(2000)을 따라 '화자 중심 – 청자 중심'으로 부르기로 한다.

<표 2>의 '진술방식'은 화자가 청자에게 어떤 방법으로 자신의 의사를 진술하느냐를 말한다. 여기에는 화자가 명제내용의 정보나 행동을 단순하게 전달하는 방식과 명제내용이 지시하는 행동을 요구하는 방식이 있다. 전달 방식은 청자의 반응을 이끌어내는 것을 고려하지 않는데 반해 요구 방식은 화자가 청자의 대답이나 행동을 기대한다는 점에서 청자의 반응이 필수적이라고 할 수 있다.

<표 2>의 '요구내용'은 '진술방식'이 '요구'에 해당될 경우에 그 요구내용이 무엇이냐 하는 것을 뜻한다. 명령법과 의문법의 진술방식은 모두 요구인데, 명령법은 행동을 요구하고, 의문법은 정보를 요구한다

---

14) 윤석민(2000 : 58)의 내용을 참고함.

는 점에서 이 기준은 매우 유용하다. 그런데 '전달'의 진술방식에서도 전달의 내용이 정보와 요구로 나뉠 수 있는데, 기존의 연구에서는 이러한 점이 반영되지 못했다. 예를 들면 설명법은 '정보'를 전달하는 것이고 약속법은 '행동' 의사를 전달하는 것이다. 그러므로 진술내용이 '정보인가 행동인가'의 분류기준은 전달과 요구의 진술방식에 모두 적용되어야만 한다. 따라서 이 책에서는 <표 2>의 '요구 내용'을 '진술내용'으로 바꾸고 모든 문장종결법에 적용되는 분류기준으로 삼고자 한다.

<표 2>의 '주관적 정서'는 화자의 주관적 정서가 강하게 표현되었느냐 하는 것을 말한다. 이에 대한 논의는 윤석민(2000)에서 구체적으로 다루고 있다. 이 기준은 설명법과 감탄법의 구분, 명령법과 허락법, 경계법의 특징을 설명하는 데에 유용하게 적용될 수 있다. 다만 이 분류기준은 모든 문장종결법이 아니라 일부 문장종결법에 적용된다는 점에서 부차적 기준의 성격을 갖는다. 또한 한 가지 종결어미가 주관적 정서에 의해 서로 다른 문장종결법을 실현하는 경우에도 이 기준을 적용한다.

이제 <표 2>의 '행위참여자의 단복수'와 '명제내용'의 설정이 불필요한 이유를 검토하기로 하겠다. '행위참여자 단복수'는 <표 2>의 '행위참여자' 기준으로 충분히 설명될 수 있기 때문에 따로 설정할 필요가 없다. 예를 들어 고영근(1976)의 '함께 요구－따로 요구'는 명령법과 공동법을 구분하는 데 적용되어 있는데, '행위참여자' 기준으로 볼 때 명령법은 '화자 중심'이고 공동법은 '화자－청자' 중심으로 다르게 나타날 수 있기 때문이다.

<표 2>의 '명제내용'은 윤석민(2000)에서 제안된 분류기준으로 명제내용이 상태정보냐, 행동정보냐 하는 기준이다. 윤석민(2000)에서는 명

제내용이 상태정보라는 것은 명제내용의 정보 인식 여부와 관련된 것이고, 행동정보라는 것은 정보에 드러난 행동의 실현 여부와 관련된 것이다. 상태정보는 정적인 것으로 화자가 이미 알고 있거나 청자가 알고 있다고 예측하는 정보라고 보며 행동정보는 동적인 것으로 명제내용이 아직 도달 되지 않은 미래의 모습으로서 움직임을 통하여 도달될 수 있는 것이라고 설명하고 있다. 그러나 이러한 기준 설정은 다음과 같은 문제점을 가지고 있다.

첫째, 이 기준에 잘 들어맞지 않는 예들이 있다. 명제내용이 상태냐 행동이냐는 기준은 명제내용이 행동으로 실현되어야 하느냐 그렇지 않느냐 하는 것이다. 이는 결국 상태정보를 나타내는 문장종결법은 그 명제 내용이 이미 실현되어 있다는 것을 전제하는 셈이다. 그러나 다음과 같은 문장들은 이러한 구분이 얼마나 모호한 것인지를 잘 말해 준다.

(9) ㄱ. 나는 내일 서울에 가겠다.
ㄴ. 내일은 비가 오겠구나.
ㄷ. 너는 내일 무엇을 할 것이냐?

(9ㄱ, ㄴ)의 명제내용은 내일 발생할 일이므로 아직 발생한 일이 아니다. 이는 의문문인 (9ㄷ)에 대해서도 마찬가지로 설명할 수 있다. 청자가 내일 무엇을 할 것인지는 아직 발생한 일이 아니다. 그렇다면 (9)의 명제내용은 행동이라고 보아야 하는데, 윤석민(2000)에서는 설명법, 감탄법, 의문법의 명제내용을 상태로 보고 있다. 이는 명제내용의 '상태 − 행동' 기준은 특정 문장종결법에 따라 결정되는 것이 아니라는 점을 보여 준다.

둘째, 윤석민(2000)의 '상태-행동' 기준의 역할을 이 책의 '정보-행동' 기준이 대신할 수 있다는 점이다. 다음은 윤석민(2000)의 분류기준과 분류체계이다.

(10) 윤석민(2000 : 79)의 분류기준과 분류체계[15]

	상태-행동	화자-청자	전달-요구	주관적 정서
설명법	상태	화자	전달	[-정감]
감탄법	상태	화자	전달	[+정감]
의문법	상태	청자	요구	
약속법	행동	화자	전달	
허락법	행동	청자	전달	[-정감]
경계법	행동	청자	전달	[+정감]
명령법	행동	청자	요구	
공동법	행동	화자/청자	전달/요구	

(10)의 분류체계에는 4개의 분류기준이 적용되어 있다. 이 분류기준들 중에서 가장 먼저 적용되는 것은 '상태-행동' 기준이다. 그런데 이 분류기준을 적용하지 않고 나머지 분류기준들만 적용하면 의문법과 명령법을 제외한 나머지 여섯 개의 문장종결법이 서로 구분된다. 의문법과 명령법은 '상태-행동' 기준에서만 차이를 보인다. 그런데 (9ㄷ)의 예에서 보았듯이 의문문의 명제내용을 일괄적으로 상태라고 할 수 없다. 이 책의 '정보-행동' 기준에 따르면 의문법은 '정보'를 요구하고, 명령법은 '행동'을 요구하므로 '상태-행동' 기준이 없더라도 의문법과 명령법은 구분될 수 있다.

윤석민(2000)에서 '상태-행동' 기준을 설정한 것은 담화를 구성하는

---

15) 윤석민(2000 : 79)에서는 수형도로 분류했는데, 여기서는 편의상 자질만 보이기로 한다.

모든 요소들을 문장종결법의 분류기준으로 사용하고자 하는 필자의 생각이 반영된 것으로 보인다. 그래서 담화 구성 요소 중의 하나인 명제내용을 어떤 식으로든지 분류기준으로 설정한 것으로 판단된다. 그러나 문장종결법은 명제내용 그 자체와 직접 관련을 맺는다기보다는 명제내용에 대한 화자의 태도가 어미를 통해서 나타나는 것이기 때문에 명제내용은 화자의 태도와는 다소 간접적으로 관련을 맺는다고 보아야 할 것이다. 따라서 윤석민(2000)의 명제 내용이 상태냐 행동이냐 하는 것은 문장종결법 분류의 적절한 기준이라고 하기 어렵다.

③ 문장종결법의 분류기준

조선어 문법에서 제시된 두 가지 분류기준은 '무엇에 대해'와 '어떻게 말한다'이다. 이 중에서 '무엇에 대해'는 '정보-행동'의 '진술내용' 범주에 속하는 것이고, '어떻게 말한다'는 '진술방식' 범주에 해당되는 것이나, 그 기술에서 부적절한 것으로 보았다. 한국어 문법에서 제시된 분류기준을 검토한 결과는 '행위참여자' 범주, '진술방식' 범주, '진술내용' 범주, '주관적 정서' 범주가 유용한 것으로 보았다. 문장종결법의 분류기준을 정리하면 다음과 같다.

> (11) ㄱ. 행위참여자 범주 : 화자 중심인가, 청자 중심인가
> ㄴ. 진술방식 범주 : 전달인가, 요구인가
> ㄷ. 진술내용 범주 : 정보 관련 내용인가, 행동 관련 내용인가
> ㄹ. 주관적 정서 범주 : 주관적 정서가 반영 되었는가, 반영되지 않았는가

이 책에서는 (11ㄱ)의 '행위참여자', (11ㄴ)의 '진술방식', (11ㄷ)의

'진술내용'는 모든 문장종결법에 적용되는 기본범주로 설정하고, (11ㄹ)
의 '주관적 정서'는 일부의 문장종결법에 적용되는 부차범주로 활용할
것이다.

1.3. 문장종결법의 분류체계

앞에서 설정한 문장종결법의 분류기준에 따라 현대조선어의 문장종
결법 체계를 도시하면 다음과 같다.

〈표 3〉 현대조선어의 문장종결법 분류체계

분류기준 문장종결법	행위참여자 화자-청자	진술방식 전달-요구	진술내용 정보-행동	주관적 정서 〔±정감적〕
설 명 법	화자	전달	정보	−정감적
감 탄 법	화자	전달	정보	+정감적
약 속 법	화자	전달	행동	
의 문 법	청자	요구	정보	
명 령 법	청자	요구	행동	+정감적
허 락 법	청자	전달	행동	−정감적
경 계 법	청자	전달	행동	+정감적
공 동 법	화자-청자	요구	행동	

<표 3>에 제시된 문장종결법들의 내용과 특성에 대해서는 해당 부
분에서 구체적으로 검토하기로 하겠다. 여기서는 이 책의 견해가 현대
조선어 문법서와 다른 점에 대해서만 간략하게 소개하기로 한다.

현대조선어 문법서에서는 주로 네 가지 문장종결법, 즉 설명법, 의문
법, 명령법, 공동법만을 설정하였는데, 이 책에서는 약속법, 감탄법, 허
락법, 경계법을 더 설정하였다.

　감탄법은 설명법, 의문법, 명령법, 공동법의 문장에 '감정만 넣으면 두루 표현된다'는 점에서 독립된 문장종결법으로 설정하지 않는 경향이 있었다. 또한 '-구나', '-구려', '-도다' 등과 같은 소수의 종결어미에 의하여 표현되며 그 사용범위도 제한적이라 모든 상대높임법 등급에 다 걸쳐 나타나지는 않는다는 것도 또 다른 이유였다. 그러므로 일반적으로 감탄법을 서술법에 포함시켜 분류하였다. 그러나 그 수가 적더라도 감탄법어미들이 확인되며, [+정감적]이라는 의미자질도 화자의 청자에 대한 태도에서 비롯된 것이기 때문에 문장종결법의 분류기준으로 설정될 수 있다. 기존의 조선어 연구에서 약속법, 허락법, 경계법에 대해 거의 주목하지 않았는데, 이 책의 조사 결과 이들 문장종결법을 실현하는 종결어미가 확인되기 때문에 이 책에서는 별도의 문장종결법으로 설정하였다.

　현대조선어 문법 연구에서는 '권유식'16)이라는 용어를 사용하고 있으나 이 책에서는 행동을 공동으로 함께 할 것을 권한다는 점에서 '공동법'이라는 용어를 사용한다.

---

16) '권유식'에 대해 이 책 1.2.1의 문법범주에 대한 분류용어를 참고할 수 있다. 한국에서는 '청유'라는 용어를 쓰기도 하나 권유나 청유가 다 '상대편에게 일정한 행동을 하도록 권하거나 달래는' 뜻을 나타내므로 여기에서는 '공동'이라는 용어를 쓰고자 하는 것이다.

2. 문장종결법과 관련 범주

2.1. 문장종결법과 상대높임법[17]

2.1.1. 문장종결법과 상대높임법의 관계

상대높임법은 문장종결형에 기대어 담화상황에서 화자가 청자에 대한 높임의 정도를 나타내는 문법범주이다. 상대높임법은 문장종결법을 실현하는 종결어미에 의해 실현된다. 또한 상대높임법이 청자에 대한 화자의 고려를 바탕으로 하는 점도 문장종결법과 같다. 이러한 동질성은 이 두 범주가 밀접한 관련을 맺고 있음을 말하는 것이다. 이처럼 상대높임법은 문장종결법과 같은 위치에서 실현되면서 담화상황 안의 정보를 제공하는 한편 문장 밖의 요소들과도 관련을 가진다.

다음에 한국어의 학교문법에서 설정하고 있는 상대높임법 체계에 따라 설명법 문장들의 예를 제시하고 그 화행적 특징을 통해 문장종결법과 상대높임법 체계의 관계를 약술한다.[18]

> (12) ㄱ. 순희는 학교로 갑니다.
> ㄴ. 순희는 학교로 가요.

---

17) 조선어 연구에서 높임법은 존대, 존칭, 계칭 등의 용어로 사용되어 왔고 한국어 연구에서는 경어법, 대우법, 공대법 등이 주체높임, 객체높임, 상대높임의 세 범주를 포괄하는 용어로 사용되어 왔다. 종결어미가 주로 상대높임법을 실현하므로 이 책에서는 한국어 학교문법에 따라 상대높임법이라는 용어를 사용하며 상대높임법을 위주로 연구한다.

18) 한국어 학교문법에서는 우선 격식체와 비격식체를 나눈 다음에 격식체를 '아주 높임(하십시오체), 예사 높임(하오체), 예사 낮춤(하게체), 아주 낮춤(해라체)'으로 나누고, 비격식체를 '두루 높임(해요체), 두루 낮춤(해체, 반말체)'으로 나누는 이원적 체계의 상대높임법 체계를 설정한다. 여기서는 편의상 격식체-비격식체 분류는 생략하기로 한다.

ㄷ. 순희는 학교로 가오.
ㄹ. 순희는 학교로 가네.
ㅁ. 순희는 학교로 가.
ㅂ. 순희는 학교로 간다.

(12)는 '순희는 학교로 가다'라는 명제를 여러 가지 상대높임법으로 실현한 것이다. 이는 화행에서 화자와 청자의 상대적 관계를 기준으로 하여 형성된 것이다. 문장종결법의 관점에서 보면 이 여섯 가지 종결어미는 서로 다른 형태로 실현되었음에도 불구하고 설명법이라는 같은 문장종결법을 나타낸다. 이와 같이 상대높임법은 문장종결법과 같은 위치에서 실현되면서 담화 상황 안의 정보를 제공한다는 점에서 문장종결법의 실현에 중요한 요소로 작용한다.

그러나 이 두 범주는 서로 중요한 관련을 맺고 서로 영향을 주면서도 독립적으로 기능하는 별개의 문법범주이다. 즉 한 가지 문장종결법이 다양한 상대높임의 등급을 나타내는 종결어미로 실현되기도 하며, 반대로 동일 상대높임의 등급에 속하는 종결어미들이 서로 다른 문장종결법을 실현하기도 한다.

2.1.2. 현대조선어 상대높임법의 분류체계

조선어 연구에서 계칭(階稱)이라는 용어로 쓰인 상대높임법에 대한 연구는 상대높임의 분류체계에 따라 등급을 나누고 다시 종결어미들의 의미기능을 낱낱이 살펴보는 작업이 위주였다.

조선어의 상대높임법은 주로 3등급과 4등급, 6등급, 7등급으로 분류되어 왔다. 3등급으로 분류한 논저로는 주로 동북3성(1983 : 217), 강은국(1987 : 240), 서영섭(1981 : 203~204), 최희수 외(1987), 김진용(1986 : 244)

등을 들 수 있다. 이 논저들에서는 '높임, 같음, 낮음' 혹은 '존대, 대등, 하대'의 등분으로 나누어 기술하였다. 김흥실(2004 : 6)에서는 연변지역어 종결어미를 '높임'과 '안 높임'의 2등급으로 분류하였으나 '안 높임'에는 '낮춤'과 '같음'의 등급이 포함된다고 보고 있어서 사실상 3등급의 분류체계이다.

4등급으로 나눈 연구로는 방채암(2008)을 들 수 있다. 방채암(2008 : 15)에서는 상대높임의 등급을 '안 높임, 조금 높임, 보통 높임, 아주 높임'으로 나누고 그에 해당되는 용어를 해라체, 하게체, 하오체, 합소체19)로 정하였다. 한국어 문법의 해체와 해요체는 4등급 체계 속에서 다룬다고 별도로 기술한 점을 미루어 보아 격식체와 비격식체를 구분한 것으로 볼 수 있다.

6등급의 체계로 기술한 연구는 김향화(1999)와 최윤갑(1987 : 217), 최윤갑 · 리세룡(1984)을 들 수 있다.20) 이들은 합쇼체, 하오체, 하게체, 해라체, 해요체, 해체의 등급으로 분류하였다. 그 중 최윤갑(1987 : 217), 최윤갑 · 리세룡(1984)은 1차적으로 존대, 대등, 하대의 3등급으로 나누고, 존대를 합쇼체와 해요체로, 대등을 하오체와 하게체로, 하대를 해체와 해라체로 하위분류하였다.

7등급의 체계를 주장한 논의로는 차광일(1981)을 들 수 있다. 1차적으로 '존칭, 대칭, 비칭'의 3등급으로 나눈 다음에, '존칭'을 '특수극존칭, 극존칭, 보통존칭'으로, '대칭'을 '보통대칭, 준대칭'으로, '비칭'을 '보

19) 방채암(2008)은 연변지역의 조선어 종결어미에 관한 연구인데 방언형도 포함시켜 다루고 있어 조선어 표준어에서 합쇼체로 명명한 것을 합소체로 대체하여 사용한 것이다.
20) 최윤갑(1987: 217), 최윤갑 · 리세룡(1984)의 분류체계는 다음 표와 같다.

계 칭	존 대		대 등		하 대	
	하십시오	해요	하오	하게	해	해라

통비칭, 반말'로 나누었다. 다른 논의에 비해 '특수극존칭'을 추가한 점
이 특징적이다. 이는 '하옵니다' 계열과 '합니다' 계열이 상대높임의 등
급에서 차이를 보인다고 판단한 것이다.

김향화(1999), 김홍실(2004), 방채암(2008)이 연변지역의 조선어를 방언
의 시각에서 연구한 것이라면 연변지역 안의 특정 지역의 조선어를 대
상으로 상대높임법을 논의한 연구로 박경래(2003)를 들 수 있다. 박경래
(2003)은 주로 충북 출신들이 집단 이주하여 정착한 연변 정암촌의 조선
어를 조사한 것인데 여기서는 상대높임의 체계를 '응응체, 야야체, 예예
체'의 3등급으로 나누어 기술한 것이 특징적이다. 연변지역어 전반을
대상으로 한 연구는 아니나 행정구역상 연변에 속해 있으므로 부분적
으로 방언의 특징을 잘 살펴볼 수 있는 연구이다.

현대조선어 연구에서 나타난 상대높임법의 분류체계에는 다음과 같
은 문제점들이 있다. 첫째, 지나치게 소략한 논의들이 많다는 점이다.
강은국(1987)이나 서영섭(1981)과 같은 문법서들에서는 '높임, 같음, 낮
춤' 혹은 '존대, 대등, 하대'의 3등급으로 나누었다. 이는 상대높임법을
구체적으로 설명할 수 없으며 실제 언어생활과도 부합되지 않는다. '높
임'에도 '아주 높임'과 '예사 높임'과 같은 등급이 있기 때문이다. 실제
로 조선어의 종결어미 중에는 '하소서체'에 해당하는 어미들이 사전에
등록되어 있다.

> (13) ㄱ. 설명법 : -사이다, -쇠다, -쉐다, -나이다, -옵니다, -외다, -웨다
> ㄴ. 의문법 : -나이까, -소이까, -오이까, -오리이까, -외까, -웨까
> ㄷ. 명령법 : -소서, -옵소서, -옵시오

이들은 쓰임이 제한적이기는 하나 하십시오체보다 높은 등급을 표시

하고 있는 것만은 분명하다. 따라서 이러한 용법에 대한 등급을 구체적으로 구분하는 것이 마땅하다.

둘째, 언어 현실을 제대로 반영하지 못했다는 점이다. 언어를 이용하는 사회계층은 남녀노소의 구분이 있고 존비귀천도 있다. 이러한 복잡한 관계를 소략한 3등급으로 구분하는 것은 논의에 한계가 있을 수밖에 없다.

> (14) ㄱ. 작은어머니 : 적은데 애들 학비에 보태오.
>   ㄴ. 조카며느리 : 이 꾸레미는 받아도 돈은 못 받겠어요.(림원춘, 1983 : 174)
> (15) ㄱ. 손아랫동서 : 나도 방금 왔는데 형님은 무슨 차를 타고 오셨소?
>   ㄴ. 손윗동서 : 버스를 타고 왔소(림원춘, 1983 : 179)

(14)는 작은어머니와 조카며느리의 대화이고, (15)는 손아랫동서와 손윗동서의 대화이다. 이들은 항렬상의 차이에도 불구하고 서로 종결어미 '-오/소'를 사용하여 대화하고 있다. 작은어머니와 손윗동서는 조카며느리와 손아랫동서를 어느 정도 대우한다는 의도에서 '-오/소'를 사용하는 것으로 보이고, 조카며느리와 손아랫동서의 '-오/소' 사용은 하오체가 윗사람에게도 사용될 수 있다는 것을 말한다. 이는 '-오/소'의 등급을 단순히 '대등'이라고 할 경우 '-오/소'의 상대높임법상의 특성을 제대로 기술해 줄 수 없다는 것을 의미한다.

본래 하오체는 현대조선어에서 화자와 청자가 대등한 관계에서 사용되는데, (14)나 (15)와 같이 그렇지 않은 경우에도 사용될 수도 있다고 보아야 한다. 이는 현대조선어의 '-소/오'의 쓰임이 한국어와 다름을 나타낸 예라고 할 수 있다. 박경래(2003 : 50~51)에서는 정암촌 방언의 종결어미에서 '-소/오'는 기본적으로 동무지간에 쓰이는 어미이지만 상황에 따라서 손윗사람과 손아랫사람에게도 쓰인다고 보고 있다. 곽충구(1997 : 243)에서도 동일한 의견을 찾아볼 수 있다.

이 책은 최윤갑·리세룡(1984)의 상대높임법 체계에 하소서체 등급을 더 추가하여 문장종결형에 대한 구체적인 논의를 진행하고자 한다. 현대조선어에 대한 이 책의 상대높임법 체계를 정리하면 다음과 같다.[21)]

〈표 4〉 현대조선어의 상대높임법 체계

	존 대			대 등		하 대	
	하소서체	하십시오체	해요체	하오체	하게체	해체	해라체
설명법	-나이다 -옵니다 -외다 -쇠다	-습니다	-어요	-오	-네	-어	-다

<표 4>의 '존대, 대등, 하등'은 상대높임법상 종결어미의 기본적인 등급을 나타낸 것이고, '하소서체, 하십시오체, 해요체, 하오체, 하게체, 해체, 해라체'라는 용어는 종결어미의 명령형어미의 형식에 따른 용어이다. 따라서 '하소서체, 하십시오체, 해요'체는 기본적으로 윗사람에게 사용되는 존대 등급의 성격을 갖고, '하오체, 하게체'는 기본적으로 대등한 지위에 있는 사람에게 사용되는 대등 등급의 성격을 갖고, '해체, 해라체'는 기본적으로 아랫사람에게 사용되는 하대 등급의 성격을 갖는

---

21) 존대 계칭의 해요체는 해체에 보조사 '요'가 결합한 것이다. 해요체의 '-어요'의 '-어' 와 해체의 '-어'는 동일한 어미이기 때문에 해요체와 해체에서 모두 기술해 주면 내용상 중복되는 부분이 많이 발생할 수 있다. 상대높임법상의 사용 양상은 달라서 서로 구분해서 기술해 주어야 하겠지만, 문장종결법상으로는 중복되는 부분이 많이 생길 수 밖에 없다. 따라서 보조사 '요'와 결합하는 경우에는 해체 등급 부분에서 그 어미 의 의미기능을 다루기로 한다.

다는 것을 의미한다.

이러한 방식은 특정 종결어미가 어느 한 등급만으로 사용되지는 않는다는 것을 효과적으로 기술해 줄 수 있다. 예를 들어 하오체는 기본적으로 대등한 관계에서 사용되는 상대높임법이지만, (14), (15)에서 볼 수 있듯이 나보다 낮거나 높은 사람에게 사용될 수도 있는 것이다. 어미에 따른 상대높임법의 기본 등급과 다양한 사용 양상은 3장에서 다루기로 한다.

2.2. 문장종결법과 양태

2.2.1. 문장종결법과 양태의 관계

문장은 객관적으로 파악되는 명제와 화자의 심리적 태도를 나타내는 요소로 구성되어 있다.[22] 여기서 화자의 심리적 태도를 나타내는 부분은 주로 서법(mood) 혹은 양태(modality)라는 두 가지 용어로 논의되어 왔다.[23] 서법과 양태는 용어 사용에서 다른 측면을 보이나 모두 '명제에 대한 화자의 심리적 태도'라는 의미를 위주로 범주화한 것으로 볼 수 있으며 넓은 의미의 양태와 좁은 의미의 양태로 나누어 논의되기도 하였다.

양태는 명제내용의 사실성에 대한 화자의 인지적 태도 즉 심리적 태도를 말한다.[24] '심리적 태도'는 '주관성'을 띠므로 명제에 대한 화자의

---

22) 이러한 관점은 고영근(1986), 장경희(1985, 1998), 서정수(1990) 등을 참고할 수 있다.
23) 한국어 연구에서는 서법, 양상, 양태 등 용어로 많이 연구되고 현대조선어 연구에서 '법'이라는 용어를 주로 사용하고 있다.
24) 박재연(2004), 엄녀(2010)는 양태를 명제에 대한 화자의 심리적 태도로 정의하고 장경희(1985)에서는 감정적인 요소를 배제하는 의미에서 명제에 대한 화자의 정신적 태도

심리적 태도도 결국 화자의 주관적 특성을 가지게 된다. 따라서 이 '주
관성'은 명제내용을 사실적으로 전달하는 것과 달리 그것에 대한 화자
의 태도, 즉 명제에 대한 화자의 특정 관점의 태도를 표현하게 된다. 따
라서 양태는 억양과 같은 음운적인 영향도 받지만 어휘, 문법적 영향도
받는다. 실제로 화자의 심리를 표현하는 양태는 다음과 같은 다양한 요
소로 표현될 수 있다.

    (16) ㄱ. 음운적 요소 : 억양, 강약, 휴지, ……
        ㄴ. 형태적 요소
          선어말어미 : -더-, -디-, -겠-, -리-, ……
          종결어미 : -군, -구나, -지, -네, -어/아, ……
          어미와 결합된 복합형 : -ㄹ까 싶다, -ㄴ가 보다, ……
        ㄷ. 어휘적 요소
          명사 : 짐작, 추측, 생각, 상상, ……
          동사 : 추측하다, 생각하다, ……
          형용사 : 틀림없다, 확실하다, ……
          부사 : 반드시, 확실히, 부디, 절대, 결코, ……
        ㄹ. 통사적 요소 : 문장성분의 도치, ……

  (16)에서 볼 수 있듯이 양태를 나타내는 요소들은 다양하며 그에 의
해 표현되는 양태의 의미범위도 넓다. 이는 넓은 의미에서의 양태에 대
한 개괄이라 볼 수 있다.
  좁은 의미에서의 양태에 대한 논의는 주로 (16ㄴ)에 한정된다. 그 양
태성은 대부분 '서법'이라는 용어로 연구되기도 하였다. 대표적인 논의

로 기술하고 있으나 정신적 태도 또한 화자의 심리에서 비롯된 것이라 보고 이 책에
서는 심리적 태도라는 용어를 쓴다.

로는 고영근(1965, 1974, 1976)을 들 수 있는데 서법적인 의미는 종결어
미나 비종결어미로 실현될 수 있다고 보고 있다. 종결어미가 담당하는
서법에는 명령법, 약속법, 허락법, 공동법 등이 있으며, 비종결어미가
실현하는 서법에는 직설법, 회상법, 추측법, 확인법, 원칙법 등이 있다
고 하였다. 문장종결법을 서법이나 양태의 범주 속에 포함되는 것으로
보는 경우도 있으나 이는 타당하지 않다. 왜냐하면 종결어미 전체가 모
두 양태성을 띠는 것이 아니며 일부 종결어미만 양태성을 띠므로 문장
종결형에 의하여 실현되는 문장종결법 전반을 양태의 범주에 두는 것
은 타당하지 않다.

　문장종결법과 양태 범주는 분명히 구분되는 문법범주이기는 하지만,
현대조선어의 종결어미 중에는 양태적 의미를 갖는 경우도 있기 때문
에 문장종결법을 실현하는 조선어 종결어미의 의미를 구체적으로 분석
할 때 양태와 관련된 의미 기능에 대한 분석도 함께 진행할 것이다. 다
음 예는 상대높임의 등급과 문장종결법이 같지만, 양태의 의미에 따라
종결어미가 달리 선택되는 경우이다.

　　(17) ㄱ. 너희들 그 말을 믿어?
　　　　 ㄴ. 너희들 그 말을 믿지?

　(17ㄱ)의 '-어', (17ㄴ)의 '-지'는 '해체' 등급의 의문형 어미이다.
(17ㄱ)은 화자가 명제내용에 대해 단순하게 물어 보는 질문의 의미를
나타내고, (17ㄴ)은 화자가 명제내용에 대해 어느 정도 확신을 가지고
물어보는 질문의 의미를 갖는다. (17ㄴ)의 화자의 '확신'은 '-지'가 갖
는 양태 의미라고 할 수 있다.

2.2.2. 현대조선어의 양태에 대한 논의

현대조선어 연구에서 '양태' 범주에 대한 연구는 그리 활발하지 못했다. 넓은 의미에서의 양태를 취급한 논의는 김진용(1986)을 찾아볼 수 있다. 김진용(1986 : 388)에서는 양태성을 띤 부사와 어울리는 표현들에 대해 낱낱이 설명하면서 양태부사의 의미를 '화자가 명제내용에 대해 가지는 심리적 표현'이라고 하였다. 주로 말하는 사람의 확신성, 부정, 당위성, 가능성, 희망, 가정, 추측, 의혹 등의 태도를 나타내는 것이라고 설명하였다.

조선어 문법에서는 '법'이라는 문법범주 안에서 종결어미의 양태성에 대해 다루고 있다. 조선어 문법에서는 '법'을 '말하는 이가 동사, 형용사 등으로 표현되는 행동이나 상태에 대하여 가지는 관계를 나타내는 문법적 범주'라고 정의하고 있다. 여기서 '동사, 형용사 등으로 표현된 행동이나 상태에 대하여'는 한국어 양태 정의의 '화자가 명제내용에 대하여'에 대응되는 것으로 볼 수 있고, 이 '행동이나 상태에 대하여 가지는 관계'는 한국어 양태 정의의 '심리적 태도'를 의미하는 것으로 해석할 수 있다.

그런데 조선어 문법에서 '법'은 '계칭', '식' 범주와 함께 종결어미의 문법범주로 기술되어 왔다. 김기종 · 리영순(2006)은 '법' 범주에 직설법, 목격법, 추측법을 설정하고, 이들이 서술식과 의문식에서만 나타난다고 기술하고 있다. 강은국(1987)도 동일한 입장인데, 그의 예를 제시하면 다음과 같다.

(18) ㄱ. 해당화가 아름답게 피었습니다.(강은국, 1987 : 238)
     ㄴ. 백두산이 보인다.(강은국, 1987 : 224)

(19) ㄱ. 영옥이는 방금 학교로 갑디다.(강은국, 1987 : 238)

ㄴ. 진달래가 벌써 붉게 피었더군.(강은국, 1987 : 225)

(20) ㄱ. 그 책은 우리 학교 도서관에도 있을걸.(최희수 외, 1987 : 103)

ㄴ. 아마 지금쯤 산의 단풍이 아름다우리다.(강은국, 1987 : 239)

(18ㄱ)의 '-습니다', (18ㄴ)의 '-ㄴ다'는 서술형 어미로 직설법을 나타내고, (19ㄱ)의 '-ㅂ디다'와 (19ㄴ)의 '-더군'은 서술형 어미로 목격법을 나타내고, (20ㄱ)의 '-ㄹ걸'과 (20ㄴ)의 '-리다'는 서술형 어미로 추측법을 나타낸다고 기술하고 있다. 그런데 '-습니다, -ㄴ다, -습디다'는 형태소 분석을 더 할 수도 있지만 통시적으로 융합되었다고 보아 하나의 종결어미로 처리할 수도 있다. 하지만 '-더군, -리다'는 하나의 종결어미로 볼 수 없다. '-더군'은 선어말어미 '-더-'와 종결어미 '-군'이 결합한 어미통합체이고, '-리다'는 선어말어미 '-리-'와 종결어미 '-다'가 결합한 어미통합체로 보아야 한다. 결국 (18ㄱ)의 '-습니다'와 (18ㄴ)의 '-ㄴ다'의 직설법과 (19ㄱ)의 '-ㅂ디다'의 목격법, (20ㄱ)의 '-을걸'의 추측법은 종결어미에 의한 '법'의 예이지만, (19ㄴ)은 선어말어미 '-더-'가, (20ㄴ)은 선어말어미 '-리-'가 각각 목격법과 추측법을 실현하는 예이다. 따라서 조선어의 '법'은 종결어미뿐만 아니라 선어말어미가 실현하는 양태범주를 모두 포괄하는 범주라고 할 수 있다.

조선어 문법 연구에서 종결어미의 양태적 의미에 대해서는 체계적으로 이루어지지 않았다. 하지만 조선어 사전의 일부 종결어미들에 대한 사전적 정의에서 종결어미의 양태 의미에 대한 언급을 찾아볼 수 있다.

(21) 『조선말사전上』(2002 : 891)의 '-ㄹ가'

'-ㄹ가' : '같음'의 계칭으로 물음을 나타낸다. 용언에서는 '-ㄹ' 이외의 받침 밑에서 '-을가'로 된다. 미래시칭토 '-겠' 뒤에서는 쓰이지 않는다.
   ① 추측의 뜻을 같이 나타낸다.
      ㄱ : 그분은 지금 어니에 계실가요?
   ② 의지의 뜻을 같이 나타낸다. 과거시칭토 밑에서는 쓰이지 않는다.
      ㄴ : 영화구경을 같이 갈가?
   ③ 가능성의 뜻을 같이 나타낸다.
      ㄷ : 이 일은 오늘 중으로 끝낼 수 있을가?

(21)의 ①은 추측의 의미를, (21)의 ②는 본인의 의지 즉 주관적 의도를, (21)의 ③은 가능성의 뜻을 나타낸다고 기술하고 있다. 여기서 '추측', '의지', '가능성' 등을 종결어미 '-ㄹ가'의 양태의미로 인정할 수 있을지는 더 검토해 보아야 하지만, 적어도 '-ㄹ가'가 단순한 의문형어미이면서도 추가적으로 다양한 의미를 더 갖고 있다고 기술하고 있다는 점에서 종결어미의 양태의미에 대한 인식을 찾아볼 수 있다. 그러나 조선어 사전의 종결어미 항목에서 양태의미와 관련된 언급은 그리 많이 보이지 않는다.

이 책은 문장종결형이 갖는 양태의 의미에 대해서는 아직 준비가 부족하여 본격적으로 논의하지 못하지만, 능력이 닿는 한도 내에서는 종결어미의 양태 의미도 파악해 볼 것이다. 현대조선어 종결어미의 양태의미는 조선어 사전이나 문법서에 언급된 내용들을 바탕으로 하되, 한국어 문법에서의 연구 성과들을 참고하는 방식으로 분석해 볼 것이다.

2.3. 현대조선어의 종결어미 설정과 형태소 분석

현대조선어의 문장종결법을 살피기에 앞서 기술 대상이 되는 종결어미의 범위를 확인하는 작업이 먼저 수행되어야 한다. 그것은 형태소 분석을 어디까지 할 것이며, 어떤 어말어미가 문장 종결의 기능을 갖는지를 확인하는 문제와도 관련된다. 조선어 종결어미에 대한 연구에서는 형태소 분석을 하지 않는 경우가 많다. 특히 회상법을 나타내는 선어말어미 '-더-'는 분석되지 않고 종결어미의 한 부분으로 보는 경우가 많다.

종결어미의 형태소 분석에 앞서 먼저 어미의 구조를 살펴본다. 어미는 선어말어미와 어말어미로 나뉘며 어말어미는 비종결어미와 종결어미로 나뉜다. 그 중 종결어미의 위치를 살펴보면 다음과 같다.

(22) 가+-시-+-었-+-겠-+-습-+-더-+-이-+종결어미

(22)에서 종결어미는 여러 형태의 선어말어미와 결합하여 문장을 완결함을 알 수 있다. 그중 '-시-'는 주체높임법을, '-습-, -이-'는 상대높임법을 나타내고 '-었-, -겠-, -더-'는 시제나 서법 범주를 나타낸다. 종결어미가 선어말어미와 융합하여 새로운 의미를 갖는 종결어미를 형성하기도 하지만, 대체로 위와 같은 선어말어미들은 종결어미와 분리되는 것으로 처리해야 한다.

어미에 대한 형태소 분석의 입장에는 두 가지가 있다. 하나는 서태룡(1988), 한동완(1988), 고영근(1989), 김태엽(2001) 등과 같이 분석된 형태소가 독자적인 어미로 쓰일 수 있건 없건 최대한 분석해 보자는 입장이다. 다른 하나는 최현배(1971), 김석득(1992), 한길(2004), 김홍실(2009) 등과 같이 분석된 형태소가 독자적인 문법 기능을 수행한다고 판단되는 정도까지만 분석하는 입장이다. 만일 더 분석하여 문법적 기능을 수행하지 못할 경우에는 그 형태가 앞이나 뒤에 오는 형태와 융합하여 하나

의 새로운 형태소를 이룬다고 보는 것이다. 이 책은 후자의 입장을 수용한다. 공시적 연구의 관점을 갖는 이 책의 입장에서 볼 때 그 문법적 기능이 불명확한 수준까지 형태소를 분석하는 것은 문장종결법 기술에 도움이 되지 않기 때문이다. 형태소 분석에 대한 이 책의 입장을 다음의 예를 통해 간략하게 소개하고자 한다. 종결어미로 확인되는 경우에도 이 책의 준비 부족으로 인해 기술 대상에서 제외되는 경우가 있다는 점을 밝혀 둔다.

(23) -다, -라, -어, -지
(24) ㄱ. -네, -데
    ㄴ. -습니다, -습디까
    ㄷ. -ㄴ걸, -ㄹ걸, -ㄹ세
(25) ㄱ. -다네, -자네, -라네
    ㄴ. -단다, -다니까
    ㄷ. -죠, -지요, -어요, -ㄴ걸요, -ㄹ걸요
(26) -거니, -거든, -는데

(23)의 종결어미들은 더 이상 분석의 여지가 없는 단일형들이다. 문제는 (24), (25), (26)과 같은 형태들이다. (24ㄱ)의 '-네, -데'를 '-느-+-이'와 '-더-+-이'로 분석하는 견해도 있으나 '-이'라는 종결어미가 거의 쓰이지 않고 , '-느-+-이'가 '-네'가 되는 과정을 공시적인 음운론으로 설명할 수 없으므로 이렇게 완전히 융합된 형태들은 더 분석하지 않고 하나의 형태소로 처리한다. (24ㄴ)의 '-습니다'는 '-습디다'와 비교하면 계열관계상 '-니-', '-디-'가 분석되기 때문에 '-습-+-니-+-다'로 분석하기도 한다. 그러나 '-습-', '-니-'의 분포가 매우 제한적이고 그 문법적 기능이 명확하지 않기 때문에 이 책에서는 '-습니다'

를 하나의 종결어미로 처리한다. '-습디까'도 마찬가지이다. (24ㄷ)의 '-ㄴ걸, -ㄹ걸, -ㄹ세'는 기원적으로 '관형사형어미+의존명사'의 통사적 구성이었지만, 이 구성이 현대에는 종결어미의 의미 기능을 획득하게 되어 본래의 통사적 구성과는 완전히 달라졌다는 점에서 현대조선어의 공시적 관점에서는 더 이상 분석하지 않는다.

(25)는 하나의 종결어미로 보지 않는 예들이다. (25ㄱ)의 '-다네'는 '-다고 하네', (25ㄴ)의 '-단다'는 '-다고 한다'의 준말인 경우도 있고, 준말이 그대로 굳어져서 새로운 의미를 획득하게 되면 구성요소들이 서로 융합되어 하나의 종결어미로 기능하는 경우도 있다. 원칙적으로 후자의 경우는 문장종결법의 논의 대상이 되지만 이 책에서는 아직 준비가 충분하지 못해 이런 경우는 모두 논의 대상에서 제외하였다. (25ㄷ)의 '-지요, -어요' 등은 '해체' 어미 '-지, -어'와 보조사 '요'가 결합한 형식으로 하나의 종결어미는 아니지만 문장종결법 논의에서는 기술의 대상으로 삼는다. (26)의 어미들은 연결어미의 용법도 갖고, 종결어미의 용법도 갖는다. 후자의 경우에는 당연히 문장종결법 기술의 대상이 되어야 하지만, 이 책에서는 아직 준비가 충분하지 못해 기술 대상에서 제외하였다.

다음 (27)은 방언형이고, (28)은 고어형이다. 이들은 가급적 문법서나 사전에서 제시한 형식 그대로를 종결어미로 인정하여 기술하기로 하겠다.

> (27) -쇠다, -쉐다, -외다, -웨다
>   -ㅂ데/습데, -ㅂ네다, -ㅂ닌다,
>   -ㄹ레, -ㄹ사,
>   -지비
> (28) -소이다, -사이다,

-오나이다, -올시다, -옵니다,
-나니, -나이다, -도다,
-르지니리, -르지어다, -르다

(27)은 방언형이다. 현대조선어의 모태가 되고 표준이 되는 것은 연변조선족자치주에서 사용되는 연변어이다. 그런데 연변어는 함경도 방언에 기초해 있기 때문에 현대조선어에는 방언형들이 많이 들어와 있다. 문학작품, 사전류, 문법서 등에서도 방언형을 쉽게 찾아볼 수 있다. 따라서 이 책은 현대조선어를 연구 대상으로 삼되 비교가 되는 방언형들도 함께 다루고자 한다.[25] (28)은 사전류나 작품에 등재되어 있는 고어형이다. 오늘날 그 사용이 많지 않으나 아직도 특정 화행에서는 사용되고 있으므로 이들에 대한 형태소 분석은 구체적으로 하지 않고 그 형태대로 받아들여 논의를 진행한다.

이상 몇 가지 형식들을 대상으로 하여 형태소 분석에 대한 이 책의 견해를 밝히고, 동시에 종결어미라고 할지라도 문장종결법의 기술 대상으로 삼는 경우와 그렇지 못한 경우를 밝혀 놓았다. 보다 구체적인 내용은 3장에서 언급하기로 한다.

---

25) 선덕오 외(1991 : 4)에 따르면 중국 조선어의 방언은 여러 형태로 나타난다. 그 중 연변조선족 자치주는 조선족 인구가 가장 밀집되어 있는 지역으로 연변지역을 대표하는 함경도 방언이 현대조선어에 영향을 미치게 되었다.

제3장

현대조선어의 종결어미와 문장종결법의 실현 양상

1. 설명법

설명법은 화자가 자신이 알리려고 하는 정보를 아무런 요구 없이 청자에게 객관적으로 전달하는 문장종결법이다. 설명법 종결어미는 발화의 맨 끝에 오며 문장종결법을 실현함과 동시에 상대높임의 등급을 나타내기도 한다. 따라서 화자는 청자와의 관계, 사회적 지위, 발화환경 등 화행의 여러 요인을 고려하여 다양한 종결어미를 채택하여 사용한다.

같은 설명법을 실현하면서도 다양한 문장종결형이 존재하는 이유는 바로 그것이 화행에 근거를 둔 데서 비롯되었다고 본다. 종결어미는 각각의 형태·통사적 특성은 물론이고, 서로 다른 의미·화행적 특성을 가지게 된다. 본 장에서는 담화상황에 대한 배려를 기반으로 하여 설명법을 실현하는 종결어미의 기본기능을 살펴보고 아울러 다른 문장종결법을 실현하는 부차적인 기능도 살펴보고자 한다.

1.1. 설명법의 의미

1.1.1. 기존 연구의 검토

현대조선어 연구에서 설명법은 하나의 '식범주'로 기술된 '서술식'에 해당한다. 조선어문법의 서술식은 형태·통사적 특성을 바탕으로 이루어져서 담화상황에 대한 고려가 충분하지 못하다는 한계를 지니고 있다. 먼저 설명법의 의미에 대한 기존의 연구를 살펴본다.

    (1) ㄱ. 김진용(1986) : 화자가 청자에게 어떤 사실, 현상을 알리려고 서
           술하는 것.
        ㄴ. 강은국(1987) : 화자가 청자에게 어떤 사실을 알리려고 서술하
           는 식.

(1)의 서술식 정의26)는 '무엇을' 부분과 '어떻게' 부분에만 초점을 맞추고 있다. 이 책은 문장종결법의 분류기준으로 네 가지를 제시했는데, 조선어 문법의 '무엇을' 부분은 '진술내용' 범주에 해당하고, '어떻게' 부분은 '진술방식' 범주에 해당한다. (1)의 정의에는 '행위참여자' 범주와 '주관적 정서' 범주에 대한 부분을 고려하지 않고 있다.

또한 현대조선어 문법에서는 문장종결형의 형태·통사적 특성을 위주로 연구하여 설명법을 실현하는 어미가 일정한 억양을 갖고 담화상황에서 다른 문장종결법을 실현하기도 한다는 점을 다루지 못하고 있다.

    (2) ㄱ. 홍철이와 웅철이는 자나깨나 엄마를 그리워하고 있소.(정세봉,
           1980 : 3)

---

26) 김기종·리영순(2006), 최윤갑(1980), 동북3성(1983) 등의 문법서도 상황이나 현상에 대하여 알리려고 한다는 내용으로 정의를 내리고 있다.

ㄴ. 가만 있소. 할 말이사 속시원히 다 털어놔야지.(차룡순, 1981 :
   100)

ㄷ. 하늘이 무너진대도 나는 금희만을 사랑하겠소!(정세봉, 1980 : 6)

ㄹ. 나도 방금 왔는데 형님은 무슨 차를 타고 오셨소?(림원춘, 1983 :
   179)

(2)의 '-소'는 하오체로 상대방을 대우하면서 문장종결법을 실현하는 종결어미로서 여러 가지의 문장종결법을 실현한다. (2ㄱ)은 설명법을, (2ㄴ)은 명령법을, (2ㄷ)은 약속법을, (2ㄹ)은 의문법을 각각실현하고 있다. 조선어 연구에서 이 '-소'에 대해 서술식, 명령식, 의문식 세 가지 범주에 걸쳐 기술하고 있다. 그러나 약속법에 대한 기술은 미비하다. 이처럼 조선어의 설명법 연구는 형태 위주로 분류되어 있으며 의미기능과 담화상황에 대한 고려가 부족하다.

한국어의 경우 고영근(1976), 김주미(1992), 윤석민(2000)은 설명법에 대한 기술을 상세히 하고 있다. 고영근(1976)과 김주미(1992)는 용어의 해석에만 치중하여 정의를 내리려고 한 반면, 윤석민(2000)은 담화상황을 충분히 고려하고 또 네 가지 분류기준을 적용하였으므로 보다 객관적인 정의를 내렸다고 볼 수 있다. 아울러 설명법을 실현하는 종결어미에 대한 검토도 구체적으로 진행되어 있는 실정이다.

이 책은 2.1.2.에서 제시한 문장종결법의 분류기준을 적용하여 설명법의 의미를 살펴보고 개별 종결어미의 기본적인 기능과 부차적인 기능들을 검토해 볼 것이다.

1.1.2. 설명법의 의미

현대조선어의 설명법은 문장종결법의 분류기준 중에서 세 개의 기본

범주와 한 개의 부차범주가 모두 적용된다.

우선, 행위참여자 범주에서 볼 때 설명법은 화자 중심의 문장종결법이다. 문장이 하나의 담화행위인 만큼 그 담화행위에 참여하는 화자와 청자가 설정된다. 그러므로 문장으로 표현되는 내용이 화자를 중심으로 하는 것이냐 청자를 중심으로 하는 것이냐에 따라 서로 다른 문장종결법으로 나타날 수 있다. 설명법은 '말하려고 하는 정보가 화자를 중심으로 하여 이루어지는 것'이라고 할 때 성립된다. 즉 화자는 문장에 담긴 '사실이나 현상'을 화자만 알고 있다고 보는 것이다. 따라서 화자는 자신이 알리려고 하는 명제내용을 청자는 전혀 모르거나 불완전하게 알고 있다고 생각한다.

화자가 청자에게 명제내용을 알리려고 한다는 것은 또한 이 문장이 화자 중심의 문장이라는 것을 가리킨다. 화자 중심의 문장은 단지 설명법에 의해서만 나타나는 것이 아니다. 약속이나 감탄도 화자 중심의 문장종결법을 나타내고 있기 때문이다.27) 따라서 이 첫 번째 기준으로 설명법의 의미를 완전히 밝혔다고 볼 수 없다.

둘째, 진술방식의 기준을 적용해 보면, 현대조선어의 설명법은 전달의 진술방식을 갖는다. 진술방식은 명제내용을 화자가 청자에게 전달하느냐 아니면 요구하느냐 하는 것이다. 설명법은 화자는 청자가 전혀 모르거나 불완전하게 안다고 생각하기에 명제내용을 전달할 수밖에 없는 것이다. 즉, 화자는 청자에게 전달은 할 수 있으나 요구는 할 수 없다.

'행위참여자' 범주와 '진술방식' 범주를 적용한 결과를 바탕으로 하

---

27) 지금까지의 논의를 검토해 보면 실제로 중국 현대조선어의 종결어미에 의한 문법범주 분류에서 감탄이나 약속의 의미를 나타내는 종결어미들은 모두 '서술식'에 포함하여 기술하고 있다.

여 현대조선어의 설명법의 의미를 정리하면 다음과 같다.

    (3) 화자는 자신이 알고 있는 내용을 전혀 모르거나 불완전하게 알고
        있다고 생각하는 청자에게 전달하려고 한다.

그런데 위의 정의로는 설명법을 약속법이나 감탄법과 구별해 줄 수 없다. 현대조선어 문법 연구에서도 약속법과 감탄법을 설정하지 않고 있다. 이 책은 적어도 설명법은 진술내용의 측면에서는 약속법과 구별되고, 주관적 정서의 측면에서는 감탄법과는 구별된다고 본다. 따라서 '진술내용' 범주와 '주관적 정서' 범주가 더 적용되어야만 현대조선어의 설명법의 의미가 정확하게 정의될 수 있다고 생각한다.

셋째, 현대조선어의 설명법은 정보 관련 내용을 진술내용으로 갖는다. 진술내용 기준은 명제내용이 정보 관련 내용이냐 행동 관련 내용이냐 하는 기준이다. 설명법의 화자는 청자가 어떤 내용을 모르거나 불완전하게 알고 있다고 생각해서 무엇인가를 전달하려는 입장에 서 있다. 따라서 설명법의 진술내용은 정보 관련 내용의 성격을 갖는다.

바로 이것이 약속법과 다른 점이다. 약속법의 화자는 자신이 어떻게 할 것이라는 행동의사를 청자에게 전달하는 태도를 갖는다. 따라서 약속법의 화자는 담화내용의 주어가 되어야 하고, 서술어는 동작성을 지녀야 한다. 다시 말하면 화자가 자신이 어떻게 하려는 의지를 청자에게 전달하는 것은 어떤 정보가 아니라 행동 관련 내용인 것이다.

넷째, 현대조선어의 설명법은 정보 내용을 전달하는 태도가 객관적이어서 [−정감적]이다. '주관적 정서' 범주는 진술 태도가 정감적이냐 아니냐 하는 기준이다. 이 기준을 적용하면 설명법은 비교적 객관적이지

만 감탄법은 자기의 느낌이나 정서를 표현하는 [+정감적]이기 때문에 설명법과 구분된다.

이상의 논의를 정리하면 설명법의 의미는 다음과 같다.

(4) 화자는 자신이 알리려고 하는 정보를 아무런 요구 없이 청자에게 비교적 객관적으로 전달하는 문장종결법이다.

1.2. 설명법 종결어미

이 책의 설명법은 현대조선어 문법의 '서술식'에 대응되지만 그 개념과 범위는 일치하지 않는다. 현대조선어 문법의 '서술식'은 이 책의 '감탄법, 경계법, 약속법'의 문장종결법을 포함하고 있다. 따라서 이 책의 설명법은 현대조선어 문법의 서술식을 나타내는 종결어미들 중에서 설명법 실현을 그 기본 기능으로 갖는 형태만을 대상으로 삼는다.[28]

설명법을 실현하는 종결어미들 일부는 담화상황에 따라 기타 문장종결법을 실현하는 경우도 있다. 이 경우에는 종결어미의 형태·통사적 특성, 의미·기능적 특성을 고려하여 그 종결어미의 기본 기능을 분류 대상으로 삼는다. 또한 설명법 종결어미가 다른 문장종결법을 나타내는 경우에는 그 종결어미의 부차 기능으로 본다.

한편 종결어미는 문장종결법 뿐만 아니라 상대높임법도 실현한다. 현대조선어의 문장종결어미는 이 책이 설정한 7등급, 즉 하소서체, 하십시오체, 해요체, 하오체, 하게체, 해체, 해라체의 모든 등급에서 나타난다. 따라서 이 책은 문장종결법을 기술함에 있어 종결어미의 의미기능

---

28) 현대조선어의 종결어미에 대한 전체적인 분류와 체제는 부록에 제시되어 있다.

을 상대높임의 등급에 따라 분류하여 구체적으로 살펴본다.

〈표 5〉 설명법 종결어미

상대높임 등급		표 준 형	방 언 형
존대	하소서체	-나이다, -오이다/소이다, -올시다, -옵니다	
	하십시오체	-ㅂ니다/습니다, -ㅂ닌다/습닌다, -ㅂ네다/습네다 -외다/쇠다, -웨다/쉐다	-ㅁ다/슴다, -우다/수다, -ㅂ지/습지, -ㅂ지비/습지비 -꾸마/습꾸마
	해요체	-어요/아요, -ㄴ걸요/는걸요, -ㄹ걸요/을걸요, -ㄹ래요	-ㅂ지요/습지요, -ㅂ죠/습죠
대등	하오체	-오/소, -우/수	-ㅂ데/습데, -ㅂ네/습네, -다이/라이
	하게체	-네, -데, -느니, -이, -ㄹ세	
하대	해체	-어/아, -지, -ㄴ걸, -ㄴ데, -ㄹ래	
	해라체	-다/라, -니라/으니라, -느니라, -네라	

1.2.1. 하소서체

현대조선어에서 하소서체에 속하는 설명법 종결어미들은 원형 그대로 유지하는 경우도 있고 그 형태가 축소되어 쓰이는 경우도 있다. '-쇠다'와 '-외다'는 '-소이다', '-오이다'의 축약형인데 상대높임법의 등급은 다른 것으로 보인다. 이들의 상대높임법 등급은 학자에 따라 여러 의견이 있으나 이 책은 화행 특성에 근거하여 하십시오체에 넣어 설명한다.

① -나이다

'-나이다'는 하십시오체의 '-ㅂ니다/습니다'에 해당되는 고어체이다.

예스러운 표현으로 화자가 청자에게 정중하게 자기의 의사를 전달하거
나 '-나이까'에 해당되는 질문에 답할 때 쓰인다.

(5) ㄱ. 삼가 감사를 드리나이다.(『조선말사전上』, 2002 : 493)

ㄴ. 조국이 그리워 아침저녁으로 생각하였나이다.(최희수 외, 1987 :
50)

ㄷ. 그분도 우리와 함께 가시나이다.(허동진, 2006 : 23)

ㄹ. 어머님을 생각하며 우등불 앞에서 이 글을 쓰옵나이다.(최윤
갑・리세룡, 1984 : 268)

(6) ㄱ. 불빛이 붉나이다.(차광일, 1981 : 275)

ㄴ. 착한 사람이었는데 그럴 까닭이 없나이다.(허동진, 2006 : 23)

(7) 고향이 그리워 늘 고향 생각에 잠기군 하나이다.(최윤갑・리세룡,
1984 : 268)

'-나이다'는 대부분 동사 어간에 많이 붙으며, 형용사 '없다'의 어간
에 붙는 경우도 있다. (5)는 동사 어간에 붙은 예이고, (6)은 형용사 어
간에 붙은 예이고, (7)은 보조동사 '-곤 하다'에 붙은 예이다. 통사적
특징을 살펴보면 (5ㄴ)과 같이 시제를 나타내는 '-었/았-', '-겠-' 등과
결합하기도 하고, (5ㄹ)과 같이 극존칭을 나타내는 선어말 어미 '-옵-'
과도 결합이 가능함을 볼 수 있다.

'-나이다'는 화자의 주관적인 의사 전달로 많이 쓰이나 (5ㄷ)처럼 객
관적인 사실 전달에도 쓰인다. 또한 (6ㄴ)의 경우처럼 자신의 의지를 강
조하여 전달할 경우에도 쓰임을 알 수 있다. '-나이다'는 청자에 대하
여 정중함을 나타내는 예스러운 표현에 쓰이며, 현대에 와서 일반 담화
상황에서는 쓰이지 않고 서신, 특수 문체 등과 같은 제한된 글에서만
사용된다.

② -오이다/소이다

이 종결어미는 옛 말투의 구어체에서 많이 쓰이던 어미이다.

> (8) 죄송하오이다(『조선말사전下』, 2002 : 1786)
> (9) ㄱ. 찾는 사람이 있소이다.(차광일, 1981 : 276)
> ㄴ. 령리한 사람이였소이다.(차광일, 1981 : 276)
> ㄷ. 그 어른께서는 벌써 갔겠소이다.(『조선말사전上』, 2002 : 1926)
> (10) 장백산에서 나는 산삼이로소이다.(차광일, 1981 : 276)

'-오이다'는 선행요소의 음운론적 조건과 형태론적 조건에 따라 이형태로 실현된다. (8)의 '-오이다'는 선행 어간이나 어미의 말음이 모음일 때, (9)의 '-소이다'는 선행 요소의 말음이 자음일 때 나타난다. (10)의 '-로소이다'는 선행요소가 서술격조사 {-이다}[29]인 경우에 나타난이형태이다. 통사적 특징으로 보면 시제어미와 자유롭게 쓰임을 알 수있다. '-오이다/소이다'는 청자를 최고로 높여 대접하면서 보다 겸양있게 청자를 예우하고 자신을 낮추어 표현하는 의미를 갖는다. 현대조선어에서는 특수한 문체 외에 잘 쓰이지 않는다.

③ -올시다

'-올시다'는 어떤 사실을 단순히 알리되 정중하게 긍정하면서 상대방을 높여 동작이나 상태가 어떠하다고 말하는 데 쓰인다.

> (11) ㄱ. 여기가 바로 제가 어릴 때 살던 고향이올시다.(최윤갑·리세룡, 1984 : 343)

---

29) 서술격조사는 활용을 하기에 여기서는 {-이다}와 같은 형식으로 표시한다.

ㄴ. 저이가 주임이올시다.(『조선말사전上』, 2002 : 1800)

(12) ㄱ. 시키는 일은 무엇이든지 할 각오가 있는 사람이올시다.(허동
진, 2006 : 24)

ㄴ. 거 참 훌륭한 솜씨올시다.(허동진, 2006 : 24)

(13) ㄱ. 그이야말로 훌륭한 분이올시다.(차광일, 1981 : 282)

ㄴ. 이런 성과는 다 여러분의 덕택이올시다.(허동진, 2006 : 24)

(14) 아니올시다, 그런 뜻이 아닙니다.(김학철, 1985 : 258)

'-올시다'는 서술격조사나 형용사 '아니다'의 어간에 붙어 쓰인다. 발화시 화자가 정중하게 청자에게 어떤 사실을 알리려고 할 때 쓰인다. (11), (14)는 화자가 자신이 알리려고 하는 정보 혹은 아니라고 생각하는 정보를 청자에게 단순 전달하는 의미를 가진다. 그러나 (12)는 청자가 알고 있는 정보를 단순 전달하는 것이 아니라 화자가 그 명제내용에 대해 긍정하는 의미도 담고 있다. 예를 들어, (12ㄱ)은 일에 임해서 만반의 준비를 하고 있는 사람임을 본인이 인정하고 청자에게 전달하는 것이다. (13)은 화자가 명제내용의 주어에 대해 인정과 더불어 찬사의 의미를 더하여 청자에게 전달하고 있다. 이 경우 기타의 예문에 비해 상대적으로 강조의 의미가 짙다.

④ -옵니다

'-옵니다'도 하소서체에 속하는 설명법 종결어미이다. 차광일(1981)은 '-옵니다'의 원형은 '-옵다'에서 기원한 것이라 보고 있다. 옛말체이기는 하나 현대조선어의 '-ㅂ(습)니다'와 비슷한 쓰임의 종결어미이다.

(15) ㄱ. 존경하는 당신의 건강을 축하하옵니다.(차광일, 1981 : 274)

ㄴ. 하늘이 푸르옵니다.(차광일, 1981 : 274)

ㄷ. 저분이 영웅이옵니다.(차광일, 1981 : 274)

'-옵니다'는 보통 용언의 어간과 서술격조사에 붙어 일반적인 서술의 뜻을 나타낸다. 화자가 청자에게 정보를 전달할 때 비교적 정중하게 표현하는 의미를 담고 있다.

1.2.2. 하십시오체

① -ㅂ니다/습니다, -ㅂ닌다/습닌다, -ㅂ네다/습네다

'-ㅂ니다/습니다'는 하십시오체로 청자를 대우하면서 설명법을 실현하는 문장종결형이다. 이 종결형은 화자가 자기가 알고 있는 사실을 서술거나 청자에게 전달하고자 하는 의미를 나타내며, 선행 요소의 말음이 자음이냐 모음이냐에 따라 이형태가 선택된다.

(16) ㄱ. 선생님, 반성문을 써 왔습니다.(양홍앵, 2008b : 55)
ㄴ. 이건 저의 반성문입니다.(양홍앵, 2008b : 55)
ㄷ. 쟤네들보다 우리가 힘이 더 셉니다.(양홍앵, 2008b : 56)

(16)에서 화자는 학생이고 청자는 '선생님'이다. 이 경우 화자는 청자를 아주 높여 정중하게 대한다는 것을 알 수 있다.

그런데 '-ㅂ니다/습니다'는 청자를 정중하게 높여 대하는 것이지만 상하관계에서만 이루어지는 것이 아니다. 상하관계뿐만 아니라 청자가 대중인 경우나 일반 독자인 경우에도 쓰인다.

(17) 햇빛이 유난히도 눈부신 하루입니다. 오늘 같은 날에 여러 학부모님들을 모시고 동년의 추억을 떠올리게 된 것을 저는 영광으로 생

각합니다.

사람은 누구나 자기의 동년을 잊어서는 안 되며 자기가 어떻게 커
왔는지 그것을 잊어서는 너구나 안 됩니다.(양홍앵, 2008b : 148)

(18) 겨울날입니다.

큰 눈이 내린 뒤여서 날씨는 퍽 포근합니다.

아이들은 좋아서 미끄럼질도 하고 눈사람도 만들었습니다.

봄입니다.

애기구름은 쉬지 않고 정답게 떠갑니다.

시내물이 골짜기를 따라 돌돌돌 굴러 내렸습니다.(최희수 외, 1987 :
160)

　

(17)은 '교장 선생님'이 학부모 수업식에서 한 개막사이다. 지위고저
를 막론하고 나이제한 없이 객관적으로 의사를 전달하는 경우이다. 이
러한 객관성 특징 때문에 '-ㅂ니다/습니다'는 다양한 등급의 다수 청자
를 상정할 수 있다. (18)은 어린이들을 상대로 하는 동화책이나 기타 문
체에서도 다양하게 쓰일 수 있다는 것을 보여준다.

한편 현대조선어에는 '-ㅂ니다/습니다'와 같이 하십시오체 등급으로
쓰이지만, 양태적 의미가 다른 '-ㅂ닌다/습닌다'와 '-ㅂ네다/습네다'가
있다.

(19) ㄱ. 여기는 여름에는 장마가 꼭 한번은 집닌다.(최윤갑·리세룡,
　　　　1984 : 321)[30]

ㄴ. 산봉우리는 세계에서 제일 높습닌다.(최윤갑·리세룡, 1984 :
　　　321)

ㄷ. 옥희는 집에 갔습닌다.(『조선말사전上』, 2002 : 2023)

---

30) 현대조선어 맞춤법에서 수사와 단위명사는 띄어 쓰지 않는 것을 원칙으로 하고 있어
　　이 책에서는 예문을 그대로 인용하였다.

(20) ㄱ. 그렇습네다. 지당한 말씀입네다.(최윤갑·리세룡, 1984 : 321)

ㄴ. 거기에 가면 기후도 좋고 인심도 후하여 살기가 좋답네다.(최
윤갑·리세룡, 1984 : 321)

ㄷ. 곧 나갑네다.(『조선말사전上』, 2002 : 1279)

(19)의 '-ㅂ닌다/습닌다' 종결형은 진리나 일상적으로 반복되는 사실
에 대하여 화자가 확신한 바를 확인하거나 주장하는 뜻을 나타낸다. 그
러나 이야기하는 사람의 공손한 태도에 있어서는 '-ㅂ니다/습니다'의
경우보다 덜하다. (20)의 '-ㅂ네다/-습네다'는 주로 예스러운 말에 쓰이
면서 어떤 일에 대하여 자신 있게 긍정하는 뜻을 나타낸다. '-ㅂ닌다/
습닌다'와 '-ㅂ네다/습네다'는 현대조선어에서 사용빈도가 그리 많지
않다. 특정한 연령층에서만 제한적으로 사용되고 있다.

② -ㅁ다/슴다

'-ㅁ다/슴다'는 함북지역 방언이다. 황대화(1998 : 202)에서는 '-ㅁ다/
슴다'가 '-ㅂ니다/습니다' > '-ㅁ니다/슴니다' > '-ㅁ다/슴다'의 과정을
거쳐 통시적으로 변화된 것으로 보고 있다. '-ㅂ니다/습니다'가 청자를
아주 높이거나 윗사람에게 공손함을 표시할 때 쓰이는 가장 높은 등급
의 표현이라면 '-ㅁ다/슴다'는 그보다 등급이 낮지만 격식을 갖춘 표현
이라고 할 수 있다. '-ㅂ니다/습니다'에 비해 친근한 느낌을 주며 보통
어린이가 어른에게 말할 때 많이 사용된다.

(21) ㄱ. 애땜에 그러는 게 절대 아님다. 내 칭도우(靑島)엘 가기로 했
슴다. … … 아무튼 그 기간 좋은 집에서 속편하게 잘 지냈슴
다. 와늘 감사했슴다.(김혁, 2004 : 642)

ㄴ. 엄마, 아부지는 오늘 점심에 뉘네 잔치집에 가기 때문에 시간
이 없담다. …엄마가… 딴단이 봐주쇼. 오늘은 떠날 준비 때문
에 영 정신이 없었슴다. 딴단이한테 공부를 시키다가 그만 딴
단이를 밖에 놔두고 왔슴다… 그냥 놔두면 위험함다. 지금쯤
엄마엄마 하면서 울고있을겜다… (리혜선, 2006 : 4)

　(21ㄱ)은 가정집에 고용된 가정부가 바깥주인과 나눈 담화이다. 이것
은 가정부가 비록 나이는 많지만 고용관계로 엮여 있는 연고로 나이가
어린 바깥주인에게 격식적인 용어를 사용한 일례에 해당된다. (21ㄴ)은
딸과 엄마의 대화이다. 딸이 엄마에게 자기의 인터넷상의 캐릭터를 잘
돌봐 달라는 부탁을 하고 있다. 이것은 현대조선어에서 '-ㅂ니다/습니
다'에 해당하는 말로서 실제로 연변지역에서 가장 많이 쓰이는 설명법
종결어미이다.

　③ -외다/쇠다, -웨다/쉐다

　'-외다'와 '-웨다', '쇠다'와 '-쉐다'는 [ö]와 [we]의 음운적인 차이
를 달리 표기한 것으로 보인다.31) 그런데 이것은 표기상의 차이뿐만 아
니라 의미적인 측면에서도 약간의 차이를 보인다. [we]계열은 [ö]계열
에 비해 전달하고자 하는 내용을 좀 더 수수하게 표현한다. 실제로 현
대조선어의 각 연구저서들에서도 서로 다르게 표기하고 있다.32) 어원을

---

31) 실제로 화자에 따라 좀 더 순한 표현과 강한 표현의 차이를 보일 수 있다. 이는 화자
의 발음구조와 방법 등과 실제로 [ö]를 발음하는 확률이 낮아지고 오히려 이중모음인
[we]로 발음하는 빈도가 더 많은 등 여러 요인에 따른 표기상의 차이로 볼 수 있다.
32) 『조선말사전下』(2002)는 '-외다'와 '-웨다'의 두 가지 표현을 다 등재하고 있고 최희
수 외(1987)과 최윤갑·리세룡(1984)은 '-외다'만을, 차광일(1981)과 선덕오(1993)는
'-웨다'만을 취급하고 있다. 『조선말사전下』(2002)에서 '-웨다'는 '-외다'를 좀 더 수
수하게 표현하는 종결어미라고 해석하고 있어 이 두 어미가 양태의 의미에서 약간의

따지면 '-쇠다'는 '-소이다'의 준말이고, '-외다'는 '-오이다'의 준말이
지만 공시적으로는 원형식과 상대높임법의 등급이 달라진 변화형이라
고 할 수 있다. 실제 생활에서 고어체인 '-소이다'와 '-오이다'에 비해
'-쇠다'와 '-외다'가 보다 많이 쓰인다. '-외다/쇠다'는 선행 음절의 말
음이 자음이냐 모음이냐에 따라 서로 달리 선택되어 쓰인다. 구어체로
주로 장년층에서 많이 사용하는 특징을 가지고 있다.

(22) ㄱ. 어머니, 난 불효외다. 어머니 부디…(리원길, 1980 : 68)
　　 ㄴ. 잘 알았쇠다.(『조선말사전上』, 2002 : 2157)
　　 ㄷ. 그의 큰아들은 동네 일판에서 모두 칭찬이 자자하던 청년이외
　　　　 다.(최윤갑·리세룡, 1984 : 349)

　의미적 측면에서 보면 '-외다/쇠다'는 화자 자신의 생각이나 뜻을 청
자에게 전달하거나 혹은 화자가 알고 있는 정보를 청자에게 전달하는
기능을 가진다. (22ㄱ, ㄴ)은 화자가 자신의 의사를 전달하는 것이고,
(22ㄷ)은 그 청년에 대해 자신이 들은 바를 청자에게 전달하는 것이다.
화행적 측면에서 살펴보면 (22ㄱ)은 장성한 아들이 노모에게 올리는 인
사이다. 이는 청자인 어머니에 대해 성심껏 예우하면서 평소에 잘 쓰는
구어체로 표현한 것이다.

　다음 (23)은 '-웨다/쉐다'의 형태로 표기되어 쓰인 것들이다. 『조선말
사전』(2002)에서는 '-외다/쇠다'를 좀 더 수수하게 표현하는 형태라고
설명하고 있다. 의미·화행적 측면이나 상대높임의 등급 측면에서는
'-외다/쇠다'와 차이를 드러내지 않는다.

차이를 보이는 것을 알 수 있다.

(23) ㄱ. 부끄러운 말이지만 정말이웨다.(차룡순, 1981 : 100)

ㄴ. 키가 자그마하구 몸이 뚱뚱하구 얼굴이 동그란 사람말이웨다.

(빅신석, 1990 : 398)

ㄷ. 미안하지만 그건 임자가 따로 있쉐다.(강효근, 1998 : 548)

(24) 옳수다. 옳아요. 바로 그 사람 말이웨다.(박선석, 1990 : 398)

(23)의 '-웨다/쉐다'는 상대높임법의 등급에서 『조선말사전』(2002 : 2157)에서 지적했듯이 이들이 비록 하소서체에 속하는 '-소이다'와 '-오이다'에서 기원한 것이며 그것의 준말로 생각되나 청자에 대한 상대높임의 범주를 나타낼 때는 그보다 존경의 뜻이 약하다는 사실에 주목해야 한다. 이러한 견해는 (24)의 예를 통해서 확인할 수 있다. (24)는 장년층 사이의 대화에 속한다. '옳아요'라는 해요체의 표현과 곁들여 쓴 점으로 미루어 보아 하십시오체에 속하는 것은 분명하다.

한편 현대조선어에서 '-쉐다'가 쓰여야 할 자리에 (24)의 '옳수다'와 같이 '-수다'가 나타남도 확인할 수 있다. 이는 음운론적으로 '옳쉐다'보다 '옳수다'가 더 쉽게 실현되는 현상으로 인하여 '-수다'가 '-쉐다'의 영역을 잠식해 간 것으로 추정된다.

위의 기술을 종합해 보면 '-웨다/쇠다'는 화자가 예스러운 느낌으로 어떤 사실을 정중하게 서술하는 뜻을 나타낸다. 그것은 종결어미 '-소이다/오이다'가 줄어든 형태이지만 이들보다 친근한 느낌을 주므로 화자가 더 편하게 쓰는 경향이 있다. 아직까지 '-외다/쇠다'가 '-오이다/소이다'보다 더 많이 사용된다는 빈도수 조사가 나와 있지 않고 또 정중성 정도 여하에 어떤 차이가 있는지 구체적으로 연구되어 있지 않으나 [+친근감]을 의미자질로 가지므로 언중들에게 보다 쉽게 선택되어 쓰이는 것이라고 말할 수 있다.

④ -우다/수다

'-우다/수다'는 문학작품에서 부분적으로 나타나고 또 사전에 등재되어 있지 않는 점을 미루어 이 책에서는 방언형으로 처리한다. '-웨다/쉐다'가 발음하기 어렵기 때문에 이것에서 일정한 변화를 거쳐 '-우다/수다'로 바뀌었을 것으로 생각된다.

(25) 약진 때는 더 말할 것 없구 대채평공 때에두 우리 량주가 일년에
    천공안을 번 때는 한 번도 없었다는 걸 여기 계시는 로사원치고
    모를 분은 없을거우다.(차룡순, 1981 : 99)
(26) ㄱ. 그에겐 꼬리가 있수다.(박은, 1983 : 209)
    ㄴ. 퇴근이고 뭐고 외지 출장을 나갔수다.(홍천룡, 1981 : 133)
    ㄷ. 내 자랑 같수다만 나는 지난 20년동안 집체에서 맡긴 일은 무
      어나 다 했수다. 황소같이 일했수다.(차룡순, 1981 : 99)
(27) 나는 이렇게 제 욕심만 채우려는 몹쓸 인간이였수다.(차룡순, 1981 :
    101)
(28) 뜨락또르두 자동차두 씽씽 다닐 큰길을 내겠수다.(차룡순, 1981 :
    101)

(25)의 '-우다'는 선행 요소의 말음이 모음인 경우에 쓰였고, (26), (27), (28)의 '-수다'는 선행 요소의 말음이 자음인 경우에 쓰였다. '-우다/수다'는 용언 어간이나 서술격조사, 시제를 나타내는 '-았/었-', '-겠-' 등과 자유롭게 결합된다.

의미·기능적 측면에서 살펴보면 주로 화자가 스스로 알고 있는 정보를 단순히 청자에게 전달하는 기능을 나타낸다. (26)이 바로 그런 예로서, 자신이 이미 겪었거나 알고 있던 정보를 단순히 청자에게 전달하는 의미를 나타내고 있다.

그러나 화자가 청자에게 정보를 전달함에 있어 위와 약간 다른 경우가 있다. (25)는 자신도 알고 있고 청자도 알고 있는 사실을 회상하여 전달하면서 강조하는 의미를 나타내고, (27)은 화자가 자신에 대한 평가를 청자에게 공개하는 의미를 나타내고 있다. (28)은 선어말어미 '-겠-'과의 결합으로 자신의 의지를 표현하였다. 이처럼 '-수다'는 설명법 어미로 쓰이며 화자의 단순 전달에서부터 심리적 의미가 추가된 의도나 의사까지 전달하는 기능을 갖는다. 현대조선어에서 실제 생활에 쓰이기는 하나 방언형으로서 그 사용이 적어서 조선말사전에도 등재되어 있지 않다.

한편 '-우다/수다'는 설명법 이외의 문장종결법을 실현하기도 한다.

  (29) 근심 마시우다. 절대 빈손으로 안 오리다.(박은, 1983 : 215)

(29)의 '-우다'는 존경을 나타내는 '-시-'와 결합되어 상대방에게 '걱정하지 말라'는 의미로 명령법을 실현하고 있다. 화행에서 보면 이 문장은 주어가 생략되어 있으나 청자가 주어로 해석되며 또 청자에 대해 '근심하지 말 것'을 부탁하는 의미를 나타낸다. 이 문장 뒤에 '절대 빈손으로 안 오리다'라는 약속법 문장이 이어지는 것으로 보아 '-우다/수다'가 저지의 뜻을 나타내는 명령법을 실현하고 있다는 것을 알 수 있다.

  ⑤ -ㅂ지/습지, -ㅂ지비/습지비
 이 두 종결어미는 현대조선어에서 표준어가 아니라 방언으로 분류되어 있는 것들이다. 함경도 방언에서 '-지비 > -지'의 변화과정을 겪었

듯이 '-ㅂ지/습지'도 '-ㅂ지비/습지비'에서 '비'가 생략된 것으로 볼 수 있다.

(30) ㄱ. 아유, 10원이 아니라 20원이래두 있으면야 드려야 합지.(홍천룡, 1981 : 130)

ㄴ. 좀 푼푼히 줍소. 그 애두 나가 먹어야 삽지.(리종훈, 1991 : 12)

ㄷ. 내사 문제 없습지.(중국조선어실태조사보고집필조, 1985 : 143)

ㄹ. 세 마리면 허망 몇 만원을 버는 판인데 생사결판으루 업구, 안구, 메구 목숨 바칠 각오를 해얍지.(리종훈, 1991 : 12)

(31) ㄱ. 아니꾸마! 절대 돈 때문이 아닙지비.(홍천룡, 1981 : 141)

ㄴ. 아주버니는 선을 보이면 못슴둥? 한 번 쭉 빼구 나서 봅소. 영 씩씩합지비.(리종훈, 1991 : 38)

ㄷ. 귀먹다나이 무슨 말으 하는지 알아 못 듣습지비.(중국조선어실태조사보고집필조, 1985 : 143)

'-ㅂ지/습지', '-ㅂ지비/습지비'는 선행 요소의 말음이 모음일 때는 '-ㅂ지'와 '-ㅂ지비'가, 선행 요소의 말음이 자음일 때는 '-습지'와 '-습지비'가 선택된다. 이 종결어미들은 동사, 형용사, 서술격조사와 자유롭게 결합한다. 시제선어말어미 '-았/었-' 및 '-겠-'과는 결합하지 않는다. 이는 '-지비'의 의미 때문인 것으로 보인다.

'-ㅂ지/습지', '-ㅂ지비/습지비'는 명제에 담긴 내용을 청자에게 긍정적 분위기를 담아 전달하는 의미를 나타낸다. (30)은 '-ㅂ지/습지'를 사용한 예이다. (30ㄱ)은 돈이 있으면 당연히 드려야 한다는 것을, (30ㄴ)은 돈이 있어야 굶지 않는다는 것을, (30ㄷ)은 화자 자신은 문제가 없다는 것을 의미한다. (30ㄹ)은 본인이 하는 일에 대한 각오를 확신을 담아 전달한다. 이때 당연하다는 화자의 태도도 표현된다. 따라서 '-ㅂ

지/습지'가 설명법을 실현할 경우 화자가 명제내용에 대한 확신과 믿음을 가지고 전달한다고 말할 수 있다. (31)은 '-ㅂ지비/습지비'가 사용된 예문이다. '-ㅂ지비/습지비'도 '-ㅂ지/습지'와 같은 의미를 나타낸다.

상대높임법의 측면에서 볼 때 이 두 종결어미는 모두 하십시오체로 청자를 대우한다고 볼 수 있다. 기존의 조선어 문법서에서는 서로 다른 두 가지 견해를 보인다. 중국조선어실태조사보고집필조(1985 : 143)와 전학석(1998 : 169-170)은 각각 '높임'과 '존대'의 등급으로 분류하여 기술하고 있는 데 반해 황대화(1998 : 229-230)는 '같음'의 등급 중에서 하오체에 해당되는 것으로 분류하고 있다.[33] 그런데 이 종결어미들이 (31ㄱ)의 '-꾸마'나 (31ㄴ)의 '-슴둥'과 어울려 쓰이는 것으로 보아 하십시오체에 속하는 것으로 파악된다. 현대조선어에서 이 종결어미들의 구성요소로 '-ㅂ/습'이 남아 있다는 점도 이 종결어미들이 하십시오체에 속한다는 사실을 뒷받침해 준다.

한편 이 종결어미는 상승조 억양의 도움을 받아 의문법을 실현한다.

⑥ **-꾸마/습꾸마**

'-꾸마'는 '-옵꾸마 > -오꾸마/ㅂ꾸마 > -꾸마'의 변화과정을 거쳐서 형성된 것이다(황대화 1998 : 210). 이때 역사적으로 써 오던 겸양의 '-옵-'은 중부방언을 비롯한 여러 방언에서 높임을 나타내는 'ㅂ'으로 바뀌어 쓰이다가 차츰 그마저 탈락하고 '-꾸마'의 형태만 남게 된 것이다. 현대조선어에서도 '-습꾸마'의 형태를 볼 수 있다는 사실은 '-꾸마'

---

33) 김태균(1986 : 452)은 '-지비'가 '-지요'에 해당되는 어미로 주로 명천지역에서 쓴다고 기술하였고, 중국조선어실태조사보고집필조(1985 : 143)는 '-ㅂ지'와 '-ㅂ지비'가 표준어 '-지요'에 해당되는 어미라 기술하였다.

가 '-ㅂ꾸마'의 형태로부터 변화했음을 말해준다.

   (32) ㄱ. 이게 다 공평한 정책이 우로부터 내려왔기 때문이꾸마.(홍천
         룡, 1981 : 141)
      ㄴ. 헌데 글쎄 이번 달엔 주인이 출장나가 진 빚을 몽땅 갚고 쌀
         을 타다보니 지금 부엌바닥이 반반해지는데 석탄도 못 사들
         이고 있는 형편이꾸마.(홍천룡, 1981 : 130)
   (33) ㄱ. 그런 말은 집에서 하는 것보다 장마당에 나가 하는 것이 좋겠
         습꾸마.(홍천룡, 1981 : 130)
      ㄴ. 어이구, 돈을 그리 많이 받으며 큰소리는? 받자마자 그 자리에
         서 다 없어졌습꾸마.(홍천룡 1981 : 131)
      ㄷ. 제가 왔습꾸마.(홍천룡, 1981 : 136)

   (32)의 '-꾸마'는 선행 요소의 말음이 모음일 때 쓰인 것이고, (33)의
'-습꾸마'는 선행 요소의 말음이 자음일 때 쓰인 것이다. '-꾸마/습꾸
마'는 현대조선어의 '-ㅂ니다/습니다'에 해당되는 의미를 갖는다. 그러
나 실제로 표준어에 비해 방언에서 많이 쓰이며 지금은 나이든 중장년
층에서 주로 쓴다. '-꾸마/습꾸마'는 화자 자신이 아는 정보 혹은 사실
을 청자인 상대에게 전달하는 설명법을 실현하는데, '-ㅂ니다/습니다'
보다는 화자가 명제내용을 강조하여 전달한다는 특징을 갖는다.

   기존의 조선어 문법 연구에서는 '-꾸마'와 '-습꾸마'의 상대높이법
등급에 대해 서로 다른 견해를 보여 왔다. 중국조선어실태조사보고집필
조(1985 : 142, 167)에서는 '-ㅂ(습)-'이 붙으면 극존대를 나타내고 붙지
않으면 보통존대를 나타낸다고 하였다. 이와 달리 황대화(1998 : 208)에
서는 '-꾸마'가 육진 지역과 함경북도 일부 지역에서 최대 높임을 나타
낸다고 하였을 뿐, '-ㅂ/습-'이 있느냐 없느냐에 따라 높임의 정도가

달라지는 것으로 보지 않았다. 이 책은 '-ㅂ/습-'의 유무가 상대높임의 등급에 차이를 가져 오는 것이 아니라 '-꾸마'와 '-ㅂ꾸마/습꾸마'가 모두 같은 하십시오체에 속하는 것으로 본다. 이는 (33ㄷ)에서처럼 화자가 '저'라는 겸양의 1인칭 대명사를 사용하여 자신을 낮추고 상대를 높여 대우하는 경우에서도 확인할 수 있다.

한편 '-꾸마/습꾸마'는 미래시제를 나타내는 선어말어미 '-겠-'과 결합되어 약속법을 실현하기도 한다. 이 경우는 단순 전달이 아니라 '보답한다'는 화자의 구체적인 행동을 통해 실현될 것이므로 약속법을 실현한다고 볼 수 있다.

(34) 이제 꼭 수리부를 잘 꾸려 이 크나큰 방조에 보답하겠습꾸마.(홍
천룡, 1981 : 140)

1.2.3. 해요체

해요체는 해체의 종결어미에 높임의 보조사 '요'가 붙는 경우가 대부분이다. 중국 현대조선어에는 이와 같은 보편적인 경우 외에 '요'가 붙어 하나의 어미로 융합되어 가면서 그 지역어의 특징을 나타내고 있는 어미들이 있다. 이 절에서는 해요체 종결어미에 대한 구체적인 논의에서 '-ㅂ지요/습지요'와 '-ㅂ죠/습죠' 두 종결형만 다루고 반말과 '요'가 결합된 형태는 해체에서 기술하기로 한다.

① -ㅂ지요/습지요

'-ㅂ지요/습지요'는 '-ㅂ지/습지'에 '요'가 결합된 형태이다. 일반적으로 해체 종결어미에 보조사 '요'가 결합하여 해요체를 실현한다고 보

는 것인데, 하십시오체 종결어미인 '-ㅂ지/습지'에 보조사 '요'가 결합한 것은 특이한 현상에 속한다.

> (35) ㄱ. 이 꽃은 참 아름답지요.(『조선말사전上』, 2002 : 2025)
> 　　ㄴ. 이 대목을 열 번 읽었다는 표식입지요.(박은, 1983 : 209)
> 　　ㄷ. 걱정마세요. 그 애도 꼭 모범소년단원이 될 수 있겠습지요.(최
> 　　　희수 외, 1987 : 164)

선행 요소의 말음이 모음이면 '-ㅂ지요'가, 선행 요소의 말음이 자음이면 '-습지요'가 나타난다. 『조선말사전上』(2002 : 1279)에서는 'ㄹ' 이외의 받침 아래서 '-읍지요'로 될 수 있으나 흔히 '-습지요'로 쓴다고 기술하고 있다. 이는 맞춤법 등 여러 가지 요인으로 오늘날은 '-읍지요'로 표기하지 않고 있음을 설명한 것이다.

'-ㅂ지요/습지요'는 화자가 자신이 확실하다고 믿는 사실을 전달할 때 쓰인다. (35ㄱ)에서는 화자가 자신이 이 꽃이 아름답다고 확신하고 청자에게 전달한 경우이다. 이때 이 꽃의 아름다움에 대한 청자의 판단은 반영되지 않고 단지 화자 자신의 판단만이 반영되었다. (35ㄴ)도 (35ㄱ)과 마찬가지로 화자가 명제에 대한 자신의 확신을 표출해 보이고 있다. 즉 청자가 의문을 제기할 수도 있는 상황에 대해 자신만이 알고 있는 '열 번 읽었다는 표식'을 강하게 전달하는 의미를 가진다.

이 종결어미의 상대높임법은 논란의 여지가 있다. 하십시오체 종결어미인 '-ㅂ지/습지'에 보조사 '요'가 결합하여 형성된 종결어미이기 때문이다. 그런데 비록 '-ㅂ지/습지'가 하십시오체 어미라고 하더라도 '요'가 결합하여 융합된 '-ㅂ지요/습지요'는 독립적인 종결어미이기 때문에 실제 쓰임을 분석하여 상대높임법의 등급을 가려야 한다.[34] 이 책

은 (35ㄷ)에서 볼 수 있는 바와 같이 담화상에서 '걱정마세요'와 같은 해요체 종결어미와 잘 어울려 쓰이기 때문에 해요체로 분류하였다. 또한 보조사 '요'가 형식을 갖추지 않고 친근감을 강조하는 [-격식]의 의미자질을 갖기 때문에 논리적으로 보아 하십시오체에 속하는 '-ㅂ지/습지'의 등급을 낮추는 역할을 한다고 분석할 수도 있는 것이다.

'-ㅂ지요/습지요'는 설명법 외에 다음 (36)과 같이 의문법을 실현하기도 한다. 의문법을 실현할 경우 억양이 가세하는데, 이때는 상승조의 억양을 띤다.

> (36) ㄱ. 신문사에서 왔답지요? 반갑수다. 제가 바로 장새움지요(박은,
> 1983 : 205)
> ㄴ. 배구시합은 내일부텁지요?(최윤갑 외, 1984 : 324)
> ㄷ. 아침안개 자욱한 농촌마을은 마치도 아름다운 한 폭의 그림
> 같습지요?(최희수 외, 1987 : 164)

② -ㅂ죠/습죠

'-ㅂ죠/습죠'는 '-ㅂ지요/습지요'가 줄어든 형태인데 이형태의 교체 양상과 분포상태는 '-ㅂ지요/습지요'와 동일하다. 다만 사용되는 담화적 상황과 양태적 의미에서 다소 차이를 보인다.

> (37) ㄱ. 인제는 날씨가 꽤 서늘합죠(『조선말사전上』, 2002 : 1279)
> ㄴ. 많은 사람을 령도하자니 의례 주임도 많아야 합죠(박은, 1983 :
> 217)

---

34) 황대화(1998 : 206~207)는 이 어미를 하십시오체 등급으로 분류하고 있다. 그리고 '-ㅂ지요/습지요'는 동북(함북)방언, 중부방언에서 쓰이고 있는 것으로 보인다고 기술하였다.

ㄷ. 순 김가성을 가진 주임만 해도 아홉이나 되는데 전 아직 그
   이름도 채 기억하지 못했습죠(박은, 1983 : 216)

ㄹ. 실은 그래서 찾아왔습죠(류원무, 1982 : 160)

'-ㅂ죠/습죠'는 '-ㅂ지요/습지요'보다 화자가 청자에게 더 수수하게 명제내용을 전달하는 의미를 나타낸다. 주로 중장년층에서 많이 쓰이며, (37ㄴ, ㄷ)과 같이 화자가 나이가 많지만 직급에서 자신보다 높은 상사를 예우하여 말하는 특징을 보인다. (37ㄹ)은 화자보다 나이가 많은 청자를 예우하여 청자의 물음에 대답하는 경우이다. 이처럼 '-ㅂ죠/습죠'는 행위참여자와의 관계나 나이의 영향을 받는다는 것을 알 수 있다.

'-ㅂ죠/습죠'도 알맞은 억양 조건이 부여되면 다음 (38)과 같이 의문법을 실현한다. 이 경우 의문을 나타내는 어휘는 동반하지 않는다.

(38) 내일은 날씨가 개이겠습죠?(최윤갑 외, 1984 : 324)

1.2.4. 하오체

하오체에 속하는 대표적인 설명법 종결어미는 '-오/소'이다. 하오체에 속하는 설명법 종결어미로는 이 '-오/소' 외에 '-우/수, -ㅂ데/습데, -ㅂ네/습네, -수다' 등이 더 있다. 설명법을 실현할 때 이들이 갖는 특징이 무엇인지 살펴본다.

① -오/소, -우/수

이 문장종결형은 하오체로 상대방을 대우하면서 설명법을 실현한다. 주로 화자가 알고 있는 어떤 사실에 대해 객관적으로 기술하는 의미를 가지고 있다.

(39) ㄱ. 이 꽃이 곱소.(『조선말사전上』, 2002 : 1895)

ㄴ. 비가 오오.(『조선말사전下』, 2002 : 1758)

(40) ㄱ. 영란동무, 동무 언니가 복숭아를 싣고 왔소.(최희수 외, 1987 :
214)

ㄴ. 그러잖아도 엊저녁에 이 소식을 듣고 온밤을 뜬 눈으로 새웠
댔소!(윤림호, 1980 : 31)

ㄷ. 내가 그때 당신의 총에 맞아 절름발이가 되자 경찰서에서는
병신은 쓸모없다고 쫓아버렸댔소.(윤림호, 1980 : 31)

(39ㄱ)의 '-소'는 선행 요소의 말음이 자음인 경우에, (39ㄴ)의 '-오'
는 선행 요소의 말음이 모음인 경우에 선택된다. '-오/소'는 (40ㄱ)과
같이 과거시제 선어말어미 '-었-'과의 결합이 자유롭다. 그런데 현대조
선어에는 '-었-'과 동일한 기능을 하는 '-댔-'이 있는데, (40ㄴ, ㄷ)과
같이 '-오/소'는 '-댔-'과도 자유롭게 결합한다.

상대높임법의 측면에서 볼 때 '-오/소'는 일반적으로 동년배나 동급
의 관계를 가지는 사이에서 쓰이지만, 예외적인 경우도 가끔 나타난다.

(41) ㄱ. 자, 조부님, 그 잔마저 내오. 앞으로는 농촌생활이 도시생활보
다 나으면 나았지 못하지 않을 게요.(홍천룡, 1981 : 139)

ㄴ. 동서에게 주려구 끊었는데 마음에 들겠는지 모르겠소.(림원춘,
1983 : 187)

(41ㄱ)은 조카인 화자가 청자를 '조부님'이라 호칭하면서 하오체로
대화하는 예문이다. 여기서 조카와 조부는 나이 차이가 별로 나지 않는
다. (41ㄴ)은 동서 사이의 대화이다. 이처럼 현대조선어에서 '-오/소'는
어느 정도 나이가 든 어른들 사이에서 상하의 관계라고 하더라도 나이
차이가 별로 나지 않으면 사용될 수 있다.

'-오/소'는 다음 (42)의 예와 같이 서술격조사 뒤에서는 '-요'로 나타난다.

> (42) ㄱ. 그건 우리 며느리가 동서에게 드리는 거요.(림원춘, 1983 : 196)
>   ㄴ. 저 붉은 벽돌집이 백화상점이요.(동북3성, 1983 : 219)
>   ㄷ. 눈물을 흘리기 시작하면 매일 동이로 쏟아도 부족이요 눈물을 깨물어먹고 살아야 하오. 특히 여자들 말이요(림원춘, 1983 : 185)

현대조선어 문법서 중 일부는 '-요'가 '-오/소'와 다른 의미기능을 갖는다고 기술한다.[35] 하지만 이 책은 '-오'가 서술격조사의 어간인 '이-'와 결합하면서 음운론적으로 '-요'로 실현되는 것이라고 해석한다.[36] 이는 (42ㄷ)의 대화를 통해서도 확인할 수 있다. (42ㄷ)은 화자인 손위동서가 손아래 사촌동서에게 '살아야 한다'는 자신의 의사를 확고하게 전달하는 의미를 표현한다.

'-오/소'는 설명법 외에 약속법, 의문법, 명령법 등의 문장종결법을 실현하기도 한다. 의문법의 경우에는 상향조의 억양을 띠고, 명령법의 경우에는 급하강조의 억양을 띤다. 의문법과 명령법은 해당 장절에서 논의하고 여기서는 약속법의 경우만 살펴본다.

> (43) ㄱ. 하늘이 무너진대도 나는 금희만을 사랑하겠소! (정세봉, 1980 : 6)
>   ㄴ. 나는 래일 당장 비술나무 안쪽 내 터밭 가운데다가 신작로같이 넓은 새 길을 내겠소.(차룡순, 1981 : 101)

---

35) 『조선말사전』(2002)과 최윤갑·리세룡(1984)의 경우가 그러하다.
36) 동북3성(1983)에서는 '대화체에서 친절하게 말할 때에 흔히 체언의 용언형에 쓰인다'고 기술하고 있다.

(43ㄱ)은 화자가 청자에게 사랑한다고 고백하며 사랑할 것을 약속하는 의미를 나타내는 예인데, 화자는 자신의 감정을 실어 약속보다 더 강한 맹세에까지 이르렀다고 볼 수 있다. (43ㄴ)도 화자 자신이 청자에게 자신의 텃밭을 내어 새 길을 내겠다고 약속하는 경우이다.

한편 현대조선어의 '-오/소'는 중장년층 사이에서 '-우/수'로 실현되기도 한다.

> (44) ㄱ. 진작 큰사람 하잔 대로 했으면 어떻겠수, 어유, 부산해라……
> (정세봉, 1980 : 6)
>
> ㄴ. 먼길 오시느라 수고하셨수.(박은, 1983 : 205)
>
> ㄷ. 우리는 석 달이나 한 푼도 다치지 않았다우. 그렇지만 돈이야 쓰기 마련이지. 그래 우리 령감 로친은 그 돈을 세몫으로 나눴다우. 우리 조선 사람은 부모없인 살아두 소 없인 못 산다구 둥글쉐지를 한 마리 사고 그 담엔 저 비단이불을 하고 강동무가 오늘 첫 사람이라우. 그래서 저 령감이 더구나 무뚝뚝해졌던 게라우.(류원무, 1982 : 151)
>
> ㄹ. 거, 보우, 말리는 말을 쇠통 듣지 않고 뿌득뿌득 나가더니 팔자 좋게 됐수. 우리 집에 땔 것이 없어 그 부산이유, 쯧쯧, 그 잘란 삭정이를 자꾸 주어들여선 뭘 하우, 우리나 어지럽혀 실없는 개들이 똥이나 쌌지 별게 있수.(최국철, 1987 : 302)

(44ㄱ)은 시어머니가 넋두리하듯이 하면서 며느리에게 핀잔을 주고 있는 상황을 표현한 경우의 발화이다. (44ㄴ)은 늙은 부부사이에 이루어진 대화이다. (44ㄷ)은 집에 찾아온 손님에게 자신들의 상황을 설명하는 내용이다. (44ㄹ)은 추운 날 밖을 돌아다니며 부지런을 떠는 영감에 대한 안노인의 푸념이다. 여기서 '-우/수'는 '-오/소'에 비해 연장자들 사이에서 많이 쓰이며 '-오/소'보다 자신의 의사를 수수하게 전달하

는 느낌을 준다고 말할 수 있다.

② -ㅂ데/습데

'-ㅂ데/습데'는 청자에게 자기가 직접 겪은 사실을 회상하여 알리는 설명법 종결어미로 방언형이다. 주로 회화체에 쓰여 화자의 주관적인 의사를 전달한다. '-ㅂ데/습데'는 선행음절이 모음이냐 자음이냐에 따라 달리 선택된다.

> (45) ㄱ. 인민대회당은 정말 웅장합데.(동북3성, 1983 : 219)
> ㄴ. 앞마을에서는 이미 모내기를 시작했습데.(동북3성, 1983 : 219)
> ㄷ. 모두들 잘 있습데.(『조선말사전上』, 2002 : 2024)
> ㄹ. 너무 잘 견딥데, 형님네 빨래줄처럼.(리혜선, 1997 : 499)
> ㅅ. 동서가 없으니 한 자리 빈 것 같습데.(림원춘, 1983 : 172)

'-ㅂ데/습데'는 동사, 형용사 어간은 물론 서술격조사와도 결합이 자유롭다. (45ㄹ)과 같이 과거시제 선어말어미와도 결합이 가능하다. 그러나 미래시제 선어말어미와는 결합하지 않는다. 이는 '-ㅂ데/습데'가 자신이 보거나 겪은 사실을 회상하여 알리는 의미적 특성 때문인 것으로 파악된다.

(45)는 화자가 직접 보았거나 확인한 사실을 청자에게 전달하는 경우다.[37] (45ㄱ)은 화자가 직접 인민대회당을 보고 느낀 웅장함을 청자에

---

37) 다음과 같은 예에서는 '-ㅂ데/습데'의 형태가 확인되지만 실제로는 다른 사람에게서 들은 내용을 청자에게 전달하는 '-ㅂ대/습대'로 보인다.
ㄱ. 박동무는 내일 아침 차로 북경에 회의 하러 간답데.(최윤갑・리세룡, 1984 : 322)
ㄴ. 그분은 세계에서 이름난 수학가랍데.(최윤갑・리세룡, 1984 : 322)

(ㄱ)은 박동무가 내일 출장 간다는 사실을, (ㄴ)은 그 분이 수학가라는 것을 누군가로

게 전달하는 것이고, (45ㄴ)은 화자가 앞마을에서 모내기를 시작한 상황을 자기가 직접 본 경험을 바탕으로 청자에게 전달하는 것이다. (45ㄷ, ㄹ)도 화자가 확인한 것을 전달하는 담화의 예이다. (45ㅅ)은 이와는 약간 다르다. 여기서 화자는 동서의 부재에 대해 '한 자리 빈 것 같다'고 느끼고 그 느낌을 청자인 동서에게 전달하는 것이다. 하지만 '-ㅂ데/습데'가 직접 보고 들은 것이든 느낀 것이든 간에 자신의 직접적인 경험을 회상하여 청자에게 전달한다는 점은 동일하다.

'-ㅂ데/습데'는 회상의 의미를 가진다는 점에서는 '-데'와 공통점을 가지지만, '-데'보다는 상대높임의 등급이 더 높다. 그래서 상대방을 어느 정도 존경하는 태도를 나타내는 경우에 사용된다. 물론 통시적인 관점에서 본다면 '-ㅂ/습-'과 '-데'를 분석할 수도 있겠지만, 공시적인 언중의식에서는 하나의 종결어미로 굳어진 것으로 보는 것이 더 합리적이다.

③ -ㅂ네/습네

'-ㅂ네/습네'는 표준어의 '-오/소'에 대응되는 방언형으로서 상대방을 대우하면서 자신의 의견이나 주장, 자신이 알고 있는 정보를 청자에게 전달하는 의미를 나타낸다. 현대조선어의 방언 연구에서는 주로 '-ㅁ네/슴네', '-ㅁ메/슴메'의 형태로 제시되었다.[38] '-ㅁ네/슴네'나 '-ㅁ메/슴메'는 '-ㅂ네/습네'에 일정한 음운변화가 일어난 결과라고 보고

부터 들어서 안 사실을 청자에게 전달하는 문장이다.

38) 중국조선어실태조사보고집필조(1985 : 144, 168)에서는 '-ㅁ네/슴네'와 '-ㅁ메/슴메'의 두 가지 형태를 다 취급하고 있고 방채암(2008 : 24)에서는 '-ㅁ네/슴네'의 형태만을, 황대화(1998 : 227~228)에서는 두 가지 형태 외에 '-ㅁ마/슴마'의 형태도 취급하고 있다. 이런 형태적 차이는 지역적, 화자의 습관적 차이에서 비롯된 것으로 보인다.

이 책에서는 '-ㅂ네/습네'를 취급한다.

> (46) ㄱ. 에구에구, 사람질을 못합네, 에구! 저 돼지 굴을 마스구 또 나
>   오네. 두-두두, 저 돼지 사람질을 못합네.(리종훈, 1991a : 3)
>   ㄴ. 이제 어느때 제 새끼들 낯에다 똥칠을 합네.(리종훈, 1991a :
>   45)
>   ㄷ. 남쪽으루 나가문 중학교 밭임네.(중국조선어실태조사보고집필
>   조, 1985 : 144)

'-ㅂ네/습네'는 동사나 형용사 어간과 서술격조사 뒤에 붙어 쓰인다.
선행 요소의 말음이 모음일 때는 '-ㅂ네'가, 자음일 때는 '-습네'가 선
택된다. '-ㅂ네/습네'는 과거시제 선어말어미 '-었/았-'과는 결합이 가
능하지만, 미래시제 선어말어미 '-겠-'과는 결합하지 못한다. 예를 들
어 '갔음네', '놀았음네' 등과 같이 지난 일을 청자에게 전달하는 경우
는 가능하지만, '*가겠습네', '*놀겠습네' 등과 같이 앞으로 이루어질
행동을 표현하는 경우는 불가능하다.

(46ㄱ, ㄴ)은 화자의 염려스러운 넋두리를 표현한다. 이 경우에는 청
자를 적극적으로 인식하지 않지만 청자에게 자신의 주장을 확실하게
전달하는 의미를 나타낸다. (46ㄷ)도 청자를 적극적으로 인식한 담화이
다. 남쪽으로 나가면 중학교 밭이라는 정보를 청자에게 전달하고 있다.
이때 화자는 정보를 이미 알고 있으며 앞으로 청자가 가게 될 것을 대
비하여 알려주는 것이다. '-ㅂ네/습네'는 현재 표준어의 '-오/소'의 위
세에 밀려나 중장년층의 사람들 사이에서만 제한적으로 쓰인다.

한편 '-ㅂ네/습네'는 설명법 외에 다음 (47)과 같이 의문법을 실현하
기도 한다. 의문법의 경우는 억양의 가세가 필수적이다.

(47) 집으루 감네?(중국조선어실태조사보고집필조, 1985 : 144)

(47)은 '-ㅂ네'가 자음동화된 '-ㅁ네'로 표기된 경우이다. 중국조선
어실태조사보고집필조(1985)는 '-ㅁ네/습네', '-ㅁ메/습메'가 '-오/소'
대신 쓰여 의문법을 실현한다고 기술하였다. 그런데 '-ㅂ네/습네'가 의
문법을 실현하는 예는 매우 적다.

④ -다이/라이

현대조선어에서 '-다이/라이'는 방언형이다. 그런데 '-다이/라이'의
상대높임의 등급이나 의미기능에 대해서는 학자들 사이에 견해 차이가
크다. 이 책은 '-다이/라이'가 하오체의 종결어미로서 화자가 전달하고
자 하는 명제내용을 강조하여 전달하는 설명법 종결어미라고 본다.

(48) ㄱ. 오늘은 조용히 숨이나 돌릴가 했는데 또 젊은이가 찾아오니
　　　　너무도 기막혀 웃는다이. 하하…(리종훈, 1991a : 34)
　　ㄴ. 당신 티켓을 본 건 아이(니)라이.(리혜선, 2006 : 13)
(49) ㄱ. 허참, 이거 오늘 류령감에게 단단히 구제를 하게 됐다이.(최국
　　　　철, 1987 : 306)
　　ㄴ. 뉘 가시나 임내를 내자 하다가 아까운 내 코 깰 번했다이.(리
　　　　종훈, 1986c : 296)
　　ㄷ. a. 맏아바이, 우리 아버지를 살려줍소 예! 4백 50원이면 안됨둥?
　　　　b. 4백 50원? 그런데 한 발 늦었다이.(리종훈, 1991a : 35)
　　ㄹ. 내 전번 장날에 장마당에서 집의 미화 에미를 만났는데 미화
　　　　신랑감을 말하더라이.(리종훈, 1991a : 4)
(50) ㄱ. 령감 같으면 난 편안히 앉아 호강하겠다이.(최국철, 1987 : 316)
　　ㄴ. 야, 이 대가리에 도루 머리 나는 약을 바른다는 소리 나야겠다
　　　　이.(리종훈, 1991a : 24)

'-다이/라이'는 동사와 형용사 어간은 물론이고 서술격조사와도 자유롭게 결합한다. '-라이'는 서술격조사와만 결합하는 형태이다. 그 외의 경우에는 '-다이'가 선택된다. 또한 시제선어말어미와도 자유롭게 결합하는데, (48ㄱ)은 '-는-'과, (49)는 '-었/았-'이나 '-더-'와, (50)은 '-더-'와 결합한 예이다.

'-다이/라이'의 의미에 대해서 조선어실태조사보고집필조(1985 : 145)에서는 '-다이'를 언어습관에 따라 '-다' 뒤에 '-이'를 덧붙여 쓰는 현상으로 보았고, '-이'는 아무런 뜻이 없이 군더더기로 쓰이나 때로는 확정의 뜻을 나타내는 의미를 갖기도 한다고 하였다. 그런데 이 책은 '-다이/라이'가 화자가 전달하고자 하는 명제내용을 강조하여 전달하는 의미를 갖는다고 생각한다. (48ㄱ)은 어이가 없어서 웃는 화자의 심정을 강조하는 의미를 보여 준다. (48ㄴ)은 티켓을 통하여 청자의 향후 방향을 어쩔 수 없이 알아버린 화자의 격동되고 흥분된 심리를 전달하면서 '아이라이'라는 말로 꼭 알려고 애쓰지 않았음을 강조하고 있다. (49ㄱ)은 화자인 '영감'의 확신에 찬 독백을 표현하고, (49ㄴ, ㄷ)은 이미 지난 일에 대한 놀람과 강조의 의미를 나타내고 있다. (50ㄱ)은 청자인 '령감'을 부러워하는 심리적 태도를 나타내면서 자신이 상대방의 처지와 같으면 '어찌어찌하리라'는 자신의 부러움이 동반된 강한 주장을 나타내고 있다. 이처럼 명제내용을 전달함에 있어 '-다이/라이'는 '-다'에 비해 화자의 의중을 더 강조하여 전달하는 의미를 가진다.

'-다이/라이'의 상대높임의 등급에 대해서 조선어실태조사보고집필조(1985 : 145)와 황대화(1998 : 235)는 '낮춤'의 등급으로 보았으며, 전학석(1998)은 '대등'의 등급으로 처리하였다. 그런데 이 책은 위의 예들의 '-다이/라이'를 '-소/오'로 바꾸어도 높임의 등급에 큰 변화를 갖지 않는다는 점을 중시하여 '-다이/라이'가 하오체 등급을 갖는다고 본다. '-다이/라이'는 함경도 방언에서 쉽게 들을 수 있던 종결어미지만 표준 어를 많이 쓰는 지금은 중장년층의 언어적 특징으로 남아 있다.

1.2.5. 하게체

① -네

'-네'는 상대방을 어느 정도 대우하면서 자신의 생각을 드러내어 말 하는 설명법의 종결어미이다. 동사나 형용사의 어간뿐만 아니라 서술격 조사와도 자유롭게 결합한다. 또한 시제의 선어말어미와도 자유롭게 결 합한다.

> (51) ㄱ. 우리 순희도 중학을 졸업하면 대학에 가네.(최윤갑·리세룡,
> 1984 : 278)
> ㄴ. 사촌동생을 장가보내려다 자네가 드러눕고 말겠네.(림원춘,
> 1983 : 168)
> ㄷ. 흥, 꼴이 좋게 됐네, 이 삐뚜렁이야!(최국철, 1987 : 310)

(51)의 '-네'는 설명법을 실현하는 예문이다. 하게체로 상대방을 대 우하면서 자기의 의사를 전달하고 있다. 윗사람과 성년인 아랫사람이나 장성한 친구 사이에서 많이 쓰이며, 특히 남성들 사이에서 많이 쓰인다.

'-네'는 감탄법을 실현하기도 한다. 이 경우는 꼭 담화상황이 아니더 라도 시나 가사 같은 데서 많이 볼 수 있다.

> (52) ㄱ. 아니, 벌써 살구꽃이 피었네.(최희수 외, 1987 : 64)
> ㄴ. 참으로 맛 좋은 사과네.(최윤갑·리세룡, 1984 : 278)
> ㄷ. 눈이 내리네.(『조선말사전上』, 2002 : 602)

(52ㄱ, ㄴ)은 '-네'가 담화상에서 감탄법을 실현하는 예이고, (52ㄷ)은 시에서 감탄법을 실현하는 예이다. 감탄법의 경우 담화에 '정말, 참으로, 벌써' 등과 같은 정도부사를 동반하는 경우가 많다.

② -데

'-데'는 주로 화자 자신이 경험한 지난 일을 회상하여 상대방에게 말해 줄 때 쓰이는 하게체의 설명법 종결어미이다.

> (53) ㄱ. 피나무꿀이 더 달데.(최희수 외, 1987 : 99)
> ㄴ. 제9차 세계여자배구선수권대회에서 중국여자팀이 1등을 했데.(동북3성, 1983 : 220)
> ㄷ. 순희는 학교에서 이름난 운동선수데.(최윤갑·리세룡, 1984 : 293)

(53ㄱ, ㄴ)은 화자가 직접 체험했거나 들은 것을 청자에게 전달하는 것이고 (53ㄷ)은 자신이 듣고 느낀 것을 상대방에게 말하는 것이다.

한편 '-데'는 자신이 처음이라고 느낀 정보에 대해 전달할 때 감탄의 어조를 동반하는 것을 확인할 수 있다.

> (54) ㄱ. 실내장식이 매우 화려하데.(『조선말사전上』, 2002 : 865)
> ㄴ. 만리장성은 참 굉장하데.(최윤갑·리세룡, 1984 : 293)
> ㄷ. 새로 지은 전보청사가 아주 웅장하데.(최희수 외, 1987 : 99)

'-데'는 또한 의문법을 실현하기도 한다.

> (55) ㄱ. 영애는 학교에서 공부를 잘 한다데?(최윤갑·리세룡, 1984 :

293)

　　ㄴ. 축구시합은 몇 시부터데?(최윤갑 · 리세룡, 1984 : 293)

(56) ㄱ. 영애는 학교에서 공부를 잘 한나넌?

　　ㄴ. 축구시합은 몇 시부터던?

　　(55)의 '-다데'는 '-다+-데'로 분석되고, '-다고 해'의 의미를 담고
있다. 현대조선어에서 이 '-데'는 (56)과 같이 '-던'의 의미를 나타낸다.
최윤갑 · 리세룡(1984 : 293)은 의문법을 실현할 경우 상대높임의 등급에
서도 해라체로 상대방을 대우하게 되므로 하게체의 범위에 들지 못한
다고 보았다.

　　'-데'는 '-ㅂ데/-습데'와 같은 뜻으로 쓰이나 '-ㅂ데/-습데'보다 청
자에 대한 존중의 정도가 덜하다. 또한 두 부류의 종결형은 같은 설명
법 수행에 있어 억양에서도 차이를 보인다. '-데'는 평조로 실행되는
반면 '-ㅂ데/습데'는 '-데'에 비해 하향조가 더 강하다. 이런 점은 '-ㅂ
데/습데'가 '-데'보다 확실성을 더 가지고 있음을 나타내는 것이다.

　③ -느니

　　'-느니'는 구어체에서 쓰이는 설명법 종결어미이다. 동사나 형용사의
어간, 서술격조사 뒤에 두루 쓰인다.

(57) ㄱ. 그렇게 하면 꼭 성공하느니.(『조선말사전上』, 2002 : 571)

　　ㄴ. 여기는 동풍이 불면 꼭 비가 오느니.(최윤갑 · 리세룡, 1984 :
　　　271)

　　ㄷ. 그렇게 고집하다가는 구경 일을 망치고 마느니.(최윤갑 · 리세
　　　룡, 1984 : 271)

(57ㄱ)은 화자가 성공에 이른 경험을 상대방에게 알려 주는 것이다.
(57ㄴ)은 '여기에 동풍이 불면 꼭 비가 온다'는 것을 체험을 통해 알고
있는 화자가 청자에게 이러한 기후 변화와 관련하여 알려 주는 것이다.
(57ㄷ)은 화자가 경험상 옳다고 인정하는 판단을 토대로 상대방을 타이
르는 뜻을 나타낸다.

현대조선어에서 '-느니'는 사용빈도가 낮은 문장종결형이다. 예스러
운 표현이므로 문법서에서는 거의 다루지 않고 있다.[39]

④ -이

'-이'는 주로 구어체에서 쓰이는 설명법 문장종결형이다. 주로 형용
사 어간과 결합하는데, 선행 요소의 말음이 모음일 때는 직접 결합되고
자음일 때는 매개모음 '으'가 개입된다.

(58) ㄱ. 참 미안하이, 그의 말이 옳으이.(『조선말사전上』, 2002 : 1939)
     ㄴ. 끝내 왔구만, 빨리 올라오게. 여기가 서늘하이.(류원무, 1982 :
        159)
     ㄷ. 암, 그렇구말구, 그렇게 생각해주니 고마우이.(류원무, 1982 :
        157)
     ㄹ. 잔두렁 마스고 논을 두부모처럼 반듯반듯하게 만드는 건 옳으
        이.(류원무, 1982 : 154)

이 '-이'에 관한 한국어의 논의를 살펴보면, 이희자·이종희(1999 :
370)에서는 '자기 생각에 약간의 느낌을 담아 설명하여 말하는 뜻을 나
타낸다'고 하였고, 『표준국어대사전』(1999)에서는 '(받침이 없는 형용사

---

39) '-느니'에 대한 종합적인 정리는 이희자·이종희(1999 : 75)를 참고할 수 있다.

어간 뒤에 붙어) 하게할 자리에 쓰여, 상태의 서술이나 느낌을 나타내는 종결어미'라고 하여 '-이'가 화자의 생각에 느낌을 더한다는 공통성을 보여 준다. 현대조선어에서는 '-이'의 뜻을 상세하게 밝히고 있지 않은데, '-네'에 비해 조금 더 부드러운 느낌을 전달한다고 본다.

⑤ -ㄹ세

'-ㄹ세'는 화자가 하게체로 상대방을 대우하면서 자신의 생각을 말하는 뜻을 나타낸다. 주로 서술격조사와 형용사 '아니다'의 어간 뒤에 붙어 쓰인다.

> (59) ㄱ. 이것이 산삼일세.(『조선말사전上』, 2002 : 893)
> ㄴ. 오늘 회의는 동무네 집에서일세.(최윤갑·리세룡, 1984 : 301)
> ㄷ. 이건 소 사러 가지고 왔던 돈 500원일세.(홍천룡, 1981 : 140)
> ㄹ. 그게 바로 변하는 소릴세.(박은, 1983 : 208)
> (60) ㄱ. 전 현 30만 입이 자네한테 매달렸단 말일세.(류원무, 1982 : 153)
> ㄴ. 여보게, 너무 그러지 말게, 철수도 인젠 어린애가 아닐세.(최희수 외, 1987 : 112)

(59)는 화자가 청자에게 자기의 생각이나 아는 것을 그대로 전달하는 의미를 나타낸다. (59ㄱ)은 '이것이 산삼'이라는 사실을 전달하고, (59ㄴ)은 정해진 회의장소를 전달하는 것이다. (59ㄷ, ㄹ)은 '이 돈'과 '이 소리'에 대한 화자의 설명이다.

또한 '-ㄹ세'는 약간의 억양 동반과 함께 명제내용을 강조하여 전달하는 의미도 나타낸다. (60ㄱ)은 '현의 30만 입이 자네한테 달렸다'는 사실을 강조하여 전달하며, (60ㄴ)은 '철수가 이제는 어린애가 아니다'

라는 자신의 주장을 강조하여 전달하고 있다. 이처럼 '-ㄹ세'는 명제내용에 대한 단순 전달의 기능뿐만 아니라 강조하여 전달하는 기능도 갖고 있다.

1.2.6. 해체

① -어/아

'-어/아'는 해체의 종결어미인데, 화자의 억양과 문맥에 따라 설명, 의문, 감탄, 명령 등 여러 가지 문장종결법을 실현한다. 따라서 그 형태만으로는 어떤 문장종결법을 수행하는지 알 수 없다. 설명법을 실현할 경우 화자가 알고 있는 어떤 정보를 청자에게 전달하는 기능을 수행한다.

> (61) ㄱ. 이 종이는 너무 얇아.(『조선말사전上』, 2002 : 1539)
> ㄴ. 그는 나의 중학시절의 동창생이였어.(동북3성, 1983 : 220)
> ㄷ. 나도 보겠어.(차광일, 1981 : 324)
> ㄹ. 얼렁뚱땅 넘어 갈거면 여기로 데려오지도 않았어.(양홍앵, 2008b : 26)
> (62) ㄱ. 이것은 내 책이야.(최희수 외, 1987 : 210)
> ㄴ. 아직은 초순이야.(최동일, 2009 : 105)
> ㄷ. 그런 게 아니야.(차광일, 1981 : 324)

(61)의 '-어/아'는 화자가 청자를 적극적으로 인식하면서 자신이 보고 느낀 바를 청자에게 전달하는 설명법을 실현한다. 이 '-어/아'는 서술격조사나 시제선어말어미와의 결합이 자유롭다. '-어/아'는 '이다'나 '아니다'와 결합할 때는 (62)와 같이 '-여/야'로 교체되어 사용된다. '-야'를 '-어/아'의 이형태로 처리하는 경우가 있고 별개의 종결어미로 다루는 경우도 있다. 전자는 최윤갑·리세룡(1984 : 334)에서 볼 수 있고,

후자는『조선말사전下』(2002 : 1619), 최희수 외(1987 : 210), 차광일(1981 : 324) 등에서 볼 수 있다. '-어/아' 및 '-여/야'의 사용 환경을 볼 때, '이'로 끝나는 용언어간과 서술격조사, 그리고 형용사 '아니다'의 어간과만 결합되므로 이 책에서는 담화상황에서 '-여/야'를 '-어/아'의 이형태로 처리한다.

② -지

'-지'는 억양에 따라 다양한 문장종결법을 실현하는 해체의 종결어미이다. 설명법을 실현할 때는 주로 화자가 어떤 사실을 확정적으로 상대방에게 알려주는 뜻을 나타내며, 청자를 적극적으로 인식한다.

> (63) ㄱ. 선생님께서는 학습은 학생들의 첫째가는 임무라고 하셨지.(최
> 희수 외, 1987 : 180)
> ㄴ. 나도 본 적이 있지.(차광일, 1981 : 299)
> ㄷ. 밤이 깊었는데 당신도 자지.(리원길, 1980 : 66)
> ㄹ. 누군 누구겠소 색시의 손재간이겠지.(림원춘, 1983 : 192)
> ㅁ. 차가 왔으니 돌아가야지.(『조선말사전下』, 2002 : 342)

(63)은 '-지'가 설명법을 실현하는 예문들이다. '-지'는 시제를 나타내는 '-았-', '-겠' 등의 선어말어미와의 결합이 자유롭다. 설명법을 실현할 경우 '-지'의 억양은 하향조를 보인다. 그러나 '-지'가 보편적으로 많이 쓰이는 의문법의 경우는 억양이 상승조를 이루는 것이 특징이다.

③ -ㄴ걸

'-ㄴ걸'은 주로 구어체에서 쓰인다. 해체로 청자를 대우하면서 화자

가 처음 알게 된 사실을 청자에게 그대로 전달하는 설명법 종결어미이
다.40)

'-ㄴ걸'은 다음 (64)에서 볼 수 있듯이, 화자가 문장에 담긴 정보를
청자에게 전달할 경우 주로 그 내용에 대해 인정하는 뜻을 포함한다.

> (64) ㄱ. 저도 인젠 기술자인걸.(『조선말사전上』, 2002 : 476)
> ㄴ. 색깔이 맑은걸.(『조선말사전上』, 2002 : 476)
> ㄷ. 그도 가겠는걸.(『조선말사전上』, 2002 : 476)
> ㄹ. 오늘도 또 눈이 오는걸.(『조선말사전上』, 2002 : 573)

'-ㄴ걸'은 과거시제의 선어말어미 '-더-'와 어울려 지난 일에 대한
화자의 후회의 감정을 나타내기도 한다.

> (65) ㄱ. 좀 노력했으면 성공할 수 있었던걸.(『조선말사전上』, 2002 : 691)
> ㄴ. 조금만 일찍 갔어도 버스를 탈수 있었던걸.(최희수 외, 1987 :
> 83)
> ㄷ. 웬걸, 우리나라 팀이 훨씬 강하던걸.(최윤갑·리세룡, 1984 :
> 261)
> ㄹ. 자네 말과는 달리 퍽 점잖아 보이는걸.(최희수 외, 1987 : 35)

(65ㄱ, ㄴ)은 화자가 이미 있었던 지난 사실에 대하여 아쉽게 생각하
면서 후회하는 뜻을 나타낸다. (65ㄷ)은 자기가 느낀 점을 가볍게 주장
하며 상대방을 논박하는 뜻을 나타내며, (65ㄹ)은 상대방에서 인식을
달리 해달라는 느낌을 전달한다.

---

40) 『조선말사전下』(2002 : 476), 최희수 외(1987), 최윤갑·리세룡(1983) 등에서는 '-ㄴ
걸'을 하게체로 분류하고 있다. '요'와의 통합으로 상대높임법의 등급이 달라지는 점
을 보면 '-ㄴ걸'을 해체로 보는 것이 타당하다.

'-ㄴ걸'은 (66)에서 보듯이 '-ㄴ걸요, -은걸요, -는걸요, -던걸요' 등과 같이 '요'와의 통합 형태를 취하고 해요체의 설명법을 실현하기도 한다.

> (66) ㄱ. 금년은 날씨가 좋아 곡식들이 참 잘 자라는걸요.(최윤갑·리
>   세룡, 1984 : 261)
>   ㄴ. 새로 사온 뜨락또르는 성능이 참 좋던걸요.(최윤갑·리세룡,
>   1984 : 261)

'-ㄴ걸'이 '요'와 자유롭게 통합하는 것은 '-ㄴ걸'이 해체의 종결어 미라는 사실을 말해 준다. 현대조선어의 상대높임법 등급에서는 하게체 로 분류되고 있는 실정인데, 그것은 반말의 특성상 여러 가지 대우법과 어울려 자유롭게 쓰이는 성질을 가졌기 때문이다.

'-ㄴ걸'은 설명법을 실현하는 외에 (67)과 같이 감탄법을 실현하기도 한다.

> (67) ㄱ. 아빠트들이 대단히 웅장한걸.(최희수 외, 1987 : 35)
>   ㄴ. 난 이렇게 고운 꽃을 처음 보는걸.(최윤갑·리세룡, 1984 : 261)

(67)은 화자가 무엇을 새롭게 인식했거나 느낀 점을 감탄하여 말하는 뜻을 나타낸다. (67)의 경우와 같이 감탄법을 실현할 때 '대단히, 이렇 게' 등의 정도부사와 호응하여 화자의 감정을 표현하고 있다.

④ -ㄴ데

'-ㄴ데'는 주로 대화체에 쓰이며 해체로 상대를 대우하는 설명법 문 장종결형이다.[41] 형용사 어간과 서술격조사와 결합하는 경우에는 '-ㄴ

데/은데'가 선택되고, 동사 어간과 결합될 때는 '-는데'가 선택된다.

(68) ㄱ. 똑똑한데.(『조선말사전上』, 2002 : 476)
ㄴ. 괜찮은데.(『조선말사전上』, 2002 : 476)
ㄷ. 허허, 내 다리 길긴 긴데.(홍천룡, 1981 : 129)
ㄹ. 이번 비 참 잘 왔는데.(최윤갑・리세룡, 1984 : 263)

(68)은 화자 자신이 느낀 점을 전달하는 예문이다. 화자가 생각했던 것보다 낫다는 의미를 전달할 수도 있고, 상대방에 대한 긍정의 평가를 전달할 수도 있으며, 화자가 느낀 점을 약간의 감탄의 어조로 표현할 수도 있다.

(69) ㄱ. 거 잘들 놀아대는데.(최희수 외, 1987 : 40)
ㄴ. 좀 저쪽으로 물러서라는데.(최윤갑・리세룡, 1984 : 263)

'-ㄴ데'는 (69)와 같이 화자의 부정적인 측면도 반영한다. (69ㄱ)은 화자의 생각보다 더 잘 노는 상대방에 대해 약간 빈정거리는 뜻을 전달하고 있다. (69ㄴ)은 물러설 것을 바라는 화자의 의도와는 달리 상대방이 물러서지 않음을 귀찮게 여기어 말하는 뜻을 나타낸다.

또한 '-ㄴ데'가 선어말어미 '-더-'와 결합하면 다양한 의미를 추가하게 된다.

(70) ㄱ. 명순이는 춤을 잘 추던데.(『조선말사전上』, 2002 : 691)
ㄴ. 10년이면 강산도 변한다더니 정말 몰라보게 변하였던데.(최윤

---

41) 조선어 연구에서는 '-ㄴ데'의 경우도 하게체로 분류하고 있다. 『조선말사전』(2002), 최윤갑・리세룡(1984), 최희수 외(1987)의 경우가 바로 그러하다.

갑·리세룡, 1984 : 263)

ㄷ. 9월 초인데 백두산엔 벌써 눈이 내렸던데.(최희수 외, 1987 :
84)

(70)은 모두 화자가 직접 듣거나 체험한 사실을 청자에게 회상하여
전달하는 의미를 나타낸다. (70ㄱ)은 명순이가 춤을 잘 추는 것을 직접
목격한 화자가 시간이 흐른 뒤 그것을 회상하여 청자에게 전달하는 것
이고, (70ㄴ)은 세월이 얼마간 흐른 후 화자가 목격한 사실을 의외로 생
각하여 감탄의 어조로 전달하는 것이다. (70ㄷ)은 백두산에 간 화자가
눈이 내린 것을 직접 체험하고 전달하는 것이다.

⑤ -ㄹ래

'-ㄹ래'는 화자가 해체로 청자를 대우하면서 자신의 의지를 나타내
는 설명법 종결어미이다.[42] 앞으로 일어나게 될 일에 대한 의지를 표현
하는 것이기 때문에 이 종결어미는 시제요소와 잘 어울리지 않는다.

(71) ㄱ. 나도 북경에 갈래.(『조선말사전上』, 2002 : 892)

ㄴ. 나는 이 일만은 꼭 성공하고야 말래.(최윤갑·리세룡, 1984 :
299)

ㄷ. 언니, 난 크면 큐리부인과 같은 과학자가 될래.(최희수 외,
1987 : 108)

ㄹ. 엉엉, 아빠 난… 난 때때옷 안 해 입을래, 엉엉…(홍천룡, 1981 :
134)

---

42) 『조선말사전』(2002), 최윤갑·리세룡(1984)에서는 '-ㄹ래'를 하게체로 분류하고 있으
나 이 책에서는 해체로 처리한다.

(71ㄱ)에서는 북경에 가려는 의지를, (71ㄴ)에서는 꼭 성공하려는 의지를, (71ㄷ)은 나중에 크면 과학자가 되려는 의지를 상대방에게 전달하는 것이다. (71ㄹ)은 생떼를 쓰다가 아버지에게 매 맞고 새 옷을 해입지 않아도 된다는 자신의 의지를 밝히고 있다.

한편 '-ㄹ래'는 의문법을 실현하기도 한다. 의문법을 실현할 경우 상향조의 억양을 동반하게 된다. 이는 설명법과 구분되는 점이다.

1.2.7. 해라체

① -다

현대조선어에서 '-다'는 해라체로 상대를 대우하는 설명법 어미이다. 대화체에서 '-다'는 청자를 적극적으로 인식하며, 해라체에 속하는 기타 종결어미와 잘 호응한다.

(72) ㄱ. a : 이번엔 무슨 일이야?

b : 한번 통쾌하게 붙어보자고 그런다.(리영철, 2009 : 29)

ㄴ. 대근아, 니가 오지 않으면 내 그 새애기 데리구 항주에 가겠다. 또 니가 항주 유람 시켜주겠다고 하더라구 거짓말해서 차표를 끊어왔다. 니 더 이상 이러면 엄마 질거 죽어 뿌리겠다. 이틀 후 새벽 다섯 시에 도착된다.(조룡기, 2007 : 33)

(73) ㄱ. 그는 우리나라의 우수한 운동원이다.(최윤갑·리세룡, 1984 : 278)

ㄴ. 생명은 귀중하다.(동북3성, 1983 : 222)

ㄷ. 오늘은 밭갈이에 20여명이 동원된다.(최윤갑·리세룡, 1984 : 278)

(72ㄱ)은 어린이들 사이에서 쓰인 대화의 예이다. 해체로 묻는 물음

에 해체로 대답하고 있다. (72ㄴ)은 화자인 어머니가 결혼을 하지 않으려는 청자인 아들에게 자신의 의사를 전달하는 대화이다. '-다'는 서술격조사나 용언 어간 뒤에 모두 쓰이며 시제를 나타내는 선어말어미 '-았/었-, -겠-' 등과도 자유롭게 결합한다. '-다'는 동사 어간과 결합될 때 (72ㄴ), (73ㄷ)과 같이 '-ㄴ다' 혹은 '-는다'의 형태로 쓰이는 경우가 많다.

'-다'는 [+확실성], [+객관성]의 의미적 특성을 많이 나타내고 있기 때문에[43] 화자가 정보를 전달할 때 거의 주관적 감정이 개재되지 않고 객관적으로 전달하는 특성을 갖는다. '-다'의 이러한 특성은 일반 대중에게 글을 쓸 때 필자가 '-다'를 사용하게 하는 요인이 된다. 최윤갑·리세룡(1984)과 『조선말사전上』(2002)에서는 '-다'가 이런 특징 때문에 기록문에 많이 쓰인다고 하였으며, 보통 동사의 어간에 '-다'가 직접 붙는 일이 많은데 이때는 상대높임의 등급과 무관하게 다만 어떤 사실을 기록하는 기능만을 가지고 있다고 지적하였다.

'-다'는 설명법 외에도 다음과 같이 다양한 문장종결법을 실현하기도 한다.

(74) ㄱ. 와- 진짜진짜 이쁘다!(양홍앵, 2008a : 49)
ㄴ. 뭐 한쌍에서 10만근을 낸다?(서광억, 1982 : 153)
ㄷ. 공부시간에는 장난을 쓰지 말고 가만히 잘 듣는다, 선생님께서 물으시면 대답한다, 알았니?(최윤갑·리세룡, 1984 : 279)
ㄹ. 또 이 옮길가 봐 무섭다.(김학철, 1985 : 261)

(74ㄱ)은 감탄법을 실현하는 경우로서 화자가 처음 알게 된 어떤 사

---

43) '-다'의 의미적 특성을 이와 같이 분석한 논의로는 윤석민(2000 : 105)을 참조할 것.

실에 대하여 주관적인 정서를 동반하여 진술하는 것이다. (74ㄴ)은 의문법을 수행하는 경우이고, (74ㄷ)은 명령법을 실현한 경우이다. 화행을 검토해 보면 이는 학교로 가는 학생인 아이에게 웃어른인 부모나 누군가가 학교에서 청자가 행하게 될 행동에 대해 지시의 어조로 이야기하는 것이다. 비록 강력한 명령은 아니나 청자에게 어떻게 행동할 것을 요구하는 것이기 때문에 청자가 중심이 되며, 또한 단순한 전달이 아닌 구체적인 행동을 요구한다는 점에서 명령법을 수행했다고 볼 수 있다. (74ㄹ)은 경계법을 실현한 경우이다. 설명법 문장종결형 '-다'로 표현되었지만, 전반적인 문장의 의미를 살펴보면 이를 옮길 것이 염려되는 화자가 청자에게 주의를 준 경우이다.

'-라'는 '-다'의 이형태로서 '-더-, -노-, -니-, -리-' 등의 선어말어미와 어울려 쓰이면서 화자의 심리적 태도를 반영한다. 이러한 선어말어미들과 결합하여 사용되기 때문에 현대조선어 연구에서는 '-라'를 하나의 형태소로 분석해 내지 않고 선행하는 선어말어미들과 결합하여 하나의 종결어미를 형성하는 것으로 보고 연구를 진행하여 왔다. 이 책에서는 이들 중에서 '-더라'의 형태만 따로 분리되는 것으로 보고 '-노라', '-니라', '-리라'에 대하여는 더 이상 형태소 분석을 하지 않는다.

② -느니라, -니라/으니라

이 어미들은 모두 해라체의 설명법을 실현한다. 의미기능은 '-느니'와 같으며 주로 나이가 많은 사람들이 쓰는 말투로 중장년층 사람들의 전유물로 파악된다.

(75) ㄱ. 그 쪽으로 가면 길을 도느니라.(최윤갑·리세룡, 1984 : 271)

    ㄴ. 이 약은 위병에도 좋으니라.(『조선말사전上』, 2002 : 581)

    ㄷ. 스승의 은혜는 산보다 크니라.(허동진, 2006 : 106)

    ㄹ. 오직 민중만이 역사의 창소자이니라.(허농진, 2006 : 106)

    ㅁ. 예로부터 충효를 다하는 법은 없느니라. …에미 때문에 대사
       를 망치지 말고 래일부터 차비를 해서 시험친 데를 가야 하느
       니라.(리원길, 1980 : 65)

(76) ㄱ. 그 분이 바로 순희네 담임선생이였느니라.(최윤갑·리세룡,
       1984 : 271)

    ㄴ. 그때의 야영생활은 참으로 의의 있었느니라.(최윤갑·리세룡,
       1984 : 277)

    ㄷ. 그때는 어린 학원들도 참 많았느니라.(최희수 외, 1987 : 54)

  (75)의 종결어미들은 결합상의 제약으로 서로 다른 형태를 보이고 있
다. '-느니라'는 동사 어간이나 시제선어말어미 아래에 붙고, '-니라'는
형용사의 어간이나 서술격조사와 결합하되 선행 요소의 말음이 자음일
때는 매개모음을 취하여 '-으니라'가 된다.

  (75ㄱ, ㄴ, ㄷ)은 화자가 으레 그렇다고 생각하거나 경험으로 얻은
사실을 들어 청자를 타이르는 뜻을 나타낸다. (75ㄹ)은 자신의 경험이
나 당연한 정보를 청자에게 단정적으로 전달하는 뜻을 나타낸다. 이런
의미는 청자의 체험에서 비롯될 수 있으며 주로 과거의 일에 대한 단정
이 많으므로 (76)과 같이 시제선어말어미를 동반하는 일이 많다.

  ③ -네라

  '-네라'는 조선말사전(2002)에 등재되어 있지 않음은 물론이고 모든
논저에서 연구 대상으로 취급하지 않고 있다. '-네라'의 용례를 보여주
는 작가의 출신지역이 경상도 방언권인 흑룡강 지역과 함경도 방언권

인 연변 지역이라는 점을 감안하면 이 종결어미가 방언구획의 특징을 가지고 있지 않다고 말할 수 있다.

> (77) ㄱ. 저 할애비도 폐병으로 죽었고 저 애비도 폐가 좋은 사람은 아
>   니였네라… 당신 혼자 할아버지의 목침을 다듬이 방망이로 막
>   두들겨 패는 걸 내가 보았네라.(박옥남, 2008 : 705)
>   ㄴ. 얘, 룡길아, 늘그막에 손주녀석을 안아볼 생각은 사돈댁이나
>   내나 피차일반이네라.(이종훈, 1985 : 268)
>   ㄷ. 룡길아, 거 단지 안에 닭알도 몇 백 개 있네라.(리종훈, 1985 :
>   268)
>   ㄹ. 에구야, 아니, 이 녀석아, 넌 근 열흘째 간다온다는 소리두 없
>   이 어디 갔다 인제야 오니. 응? 네 사람질을 못하네라, 사람질
>   을 못해.(리종훈 1991a : 2)
>   ㅁ. 옥에두 티 있구 닭알에두 뼈 있다구 밉다구 보면 제 새끼두
>   밉구 곱다구 보면 오리 새끼두 장꿩 같은게 다 곱네라.(리종
>   훈, 1991a : 27)

'-네라'는 하게체의 '-네'와 해라체의 '-라'로 형태 분석을 할 수도 있으나 의미적 측면에서 보면 '-네'와 '-라'가 가지고 있는 본래의 의미를 모두 나타내지는 않기 때문에 이 책은 '-네라'를 해라체의 설명법 어미로 본다. '-네라'는 주로 용언의 어간이나 서술격조사와 결합하며 과거시제 선어말어미 '-았/었-'과의 결합이 가능하다.

의미기능적 측면을 살펴보면 '-네라'는 화자가 과거에 보았거나 들은 사실, 혹은 자신의 경험을 자기보다 어린 상대에게 전달하는 의미를 나타내고 있다. (77ㄱ)은 큰어머니가 조카에게 자신의 시부모님에 대한 정보를 전달하는 것이다. (77ㄴ)은 화자가 당연하다고 생각하고 있는 '손주 맞는 기쁨'에 대해 강조하여 전달하는 경우이다. (77ㄷ)은 단순한

명제정보를 청자에게 전달하는 것이다.

이처럼 '-네라'는 과거시제나 현재시제를 나타내는 어미와 자유롭게 결합되면서 화자가 말하고자 하는 내용을 청자에게 강조하여 전달하는 기능을 한다. '-다'에 비해 화자의 의사전달이 부드럽다는 특징도 가지고 있다. 이것은 다음 (78)의 대조에서 확인할 수 있다.

> (78) ㄱ. 룡길아, 늘그막에 손주녀석을 안아볼 생각은 사돈댁이나 내나 피차일반이네라.
> ㄱ′. 룡길아, 늘그막에 손주녀석을 안아볼 생각은 사돈댁이나 내 나 피차일반이다.
> ㄴ. 당신이 할아버지의 목침을 다듬이방망이로 막 두들겨 패는 걸 내가 보았네라.
> ㄴ′. 당신이 할아버지의 목침을 다듬이방망이로 막 두들겨 패는 걸 내가 보았다.

(78)에서 '-네라'가 '-다'에 비해 어감이 부드러운 느낌을 주어 화자 와의 관계에서 [+친근성]을 보이는 일면도 있으나 설명법을 나타내는 '전달'의 정도는 '-네라'가 '-다'보다 더 강하다.

1.3. 설명법 종결어미와 문장종결법의 관계

지금까지 설명법의 의미와 그것을 실현시키는 문장종결형에 대하여 살펴보았다.

설명법을 실현하는 종결어미들은 그 형태에서 한국어와 같은 모습을 보이는 것들이 있는가 하면 또 지역 방언에 속하여 표준어와 다른 것들 도 발견되었다. 동사, 형용사, 서술격조사와의 통합관계, 그리고 선어말어미와의 통합관계 등에서 개별 설명법 종결어미의 통합적 특성을 규명하였으며, 설명법에 속하는 어미는 '전달'이라는 큰 의미에서 벗어나지 않고 있으나 담화상황에 따라 단순알림, 강조, 화자의 의지, 추측 등 여러 가지 의미를 나타내고 있음을 확인할 수 있었다.

또한 현대조선어의 설명법이 하나의 특정한 종결어미에 의하여 실현되는 것이 아니라 매우 다양한 종결어미에 의해 실현된다는 것과, 설명법 실현을 전형적인 기능으로 갖는 종결어미가 수의적으로 다른 문장종결법을 실현하기도 한다는 사실을 지적하였다. 이런 특징과 분포양상을 정리하여 표로 보이면 다음과 같다.

〈표 6〉 설명법 종결어미와 문장종결법의 관계

	설명법	감탄법	약속법	의문법	명령법	허락법	경계법	공동법
-나이다	○	×	×	×	×	×	×	×
-오이다/소이다	○	×	×	×	×	×	×	×
-올시다	○	×	×	×	×	×	×	×
-옵니다	○	×	×	×	×	×	×	×
-ㅂ니다	○	×	×	×	×	×	×	×
-ㅂ네다	○	×	×	×	×	×	×	×
-ㅂ닌다	○	×	×	×	×	×	×	×
-ㅁ다/슴다	○	×	×	×	×	×	×	×
-쇠다/외다	○	×	×	×	×	×	×	×
-쉐다/외다	○	×	×	×	×	×	×	×
-수다/우다	○	×	×	×	×	×	×	×
-ㅂ지/습지	○	△	×	?	×	×	×	×
-ㅂ지비	○	×	×	×	×	×	×	×
-꾸마/습꾸마	○	×	×	×	×	×	×	×
-ㅂ지요	○	×	×	?	×	×	×	×
-ㅂ죠/습죠	○	×	×	?	×	×	×	×
-오/소	○	?	×	?	?	?	×	×

	설명법	감탄법	약속법	의문법	명령법	허락법	경계법	공동법
-ㅂ데/습데	O	△	×	?	×	×	×	×
-ㅁ네/슴네	O	×	×	×	×	×	×	×
-네	O	△	×	×	×	×	×	×
-데	O	?	×	△	×	×	×	×
-ㄹ세	O	△	ㄹ세	×	×	×	×	×
-느니	O	×	×	×	×	×	×	×
-이	O	△	×	×	×	×	×	×
-어/아	O	?	?	?	?	?	?	?
-지	O	?	?	?	?	?	?	?
-ㄴ걸/을걸	O	△	×	×	×	×	×	×
-ㄹ걸/을걸	O	?	×	×	×	×	×	×
-ㄴ데	O	×	×	×	×	×	×	×
-ㄹ래	O	×	×	?	×	×	×	×
-다/라	O	△	△	△	△	△	△	△
-다이/라이	O	△	×	×	×	×	×	×
-느니라, -니라	O	×	×	×	×	×	×	×
-네라	O	×	×	×	×	×	×	×

O : 전형적 쓰임.   △ : 수의적 쓰임.   × : 안 쓰임.   ? : 여기서 논의하지 않음.

2. 감탄법

현대조선어 연구에서 감탄법은 독립된 문장종결법으로 설정하지 않고 화자의 감정 정서를 함께 강조하여 표현하는 문장이라는 정도로 설명하였다. 감탄법을 실현하는 종결어미의 수가 적고 그 표현에서도 설명법과 크게 차이가 나지 않기 때문에 대부분의 연구에서는 설명법의 하위 범주로 분류하는 데 그쳤던 것이다. 그러나 감탄법은 그 의미와 기능을 엄밀하게 따져 보면 설명법과 다르며 또 그 자체의 특징도 가지

고 있다. 따라서 이 책에서는 감탄법을 독자적인 문장종결법으로 분류
하여 다루고자 한다.

2.1. 감탄법의 의미

2.1.1. 기존 연구의 검토

현대조선어 연구에서 이루어진 감탄법 관련 논의들은 다음과 같다.

> (1) ㄱ. 이야기의 목적에 따라 나뉜 문장종류의 한 가지. 기쁨, 슬픔, 놀
>   램 등의 강한 감정을 나타내는 문장(『조선말사전上』, 2002 : 76)
>   ㄴ. 이야기하는 내용에다 여러 가지 느낌을 덧붙이는 문장(김진용,
>   1986 : 402)
>   ㄷ. 어떤 사상을 전달하면서 동시에 이야기 하는 사람의 감정적 정
>   서도 함께 강조하여 표현하는 문장(강은국, 1987 : 572)

(1)은 현대조선어의 문법서들이 감탄문에 대해 기술한 내용들이다.
이런 기술들은 감탄문이 '감정, 느낌, 감정적 정서'를 강조하거나 표현
하는 문장이라고만 했지 다른 문장종결법들과 어떤 면에서 어떻게 차
이를 보이는지에 대해서는 구체적으로 언급하고 있지 않다. 다시 말해,
이 책이 세운 기준들 중에서 행위참여자가 누구인지, 진술방식은 어떤
것인지, 그리고 진술내용의 성격은 무엇인지에 대해서 (1)의 정의들은
명시적으로 언급하고 있지 않은 것이다. 다시 말해, (1)은 감탄법의 의
미를 깊이 있게 드러내지 못한 것이다.

한국어 연구에서의 감탄법에 대하여 살펴보자. 먼저, 문장유형 분류
에서 감탄문을 취급한 대표적인 논의로는 남기심·고영근(2004)을 들

수 있다. 이 책에서는 감탄문을 '화자가 청자를 별로 의식하지 않거나 독백하는 상황에서 자기의 느낌을 표현하는 문장유형'으로 기술하고 있다. 임홍빈 외(1995 : 358)에서는 감탄문을 '일정한 사실이나 명제에 대한 화자의 느낌의 표현이 두드러지는 문장유형'이라 정의하고 있다. 이러한 논의들은 문장유형의 하나로 감탄문을 분류했음을 알 수 있다. 이는 주로 형태적 특성에 따른 분류이다.

담화상황을 고려하여 문장종결법을 분류한 논의로는 윤석민(2000)을 들 수 있다. 여기서는 네 가지 분류기준을 적용하여 감탄법을 정의하였다. 즉 화자가 청자에게 문장에 담긴 상태정보에 대하여 놀라움이나 감탄 등의 주관적 정서를 담아 전달하는 문장종결법이라고 정의하고 있다(윤석민, 2000 : 125~129). 이 정의는 담화상황을 충분히 고려했다는 점에서 의의가 크다. 그러나 감탄법이 실현될 때 전달이 반드시 이루어지는 것은 아니라는 사실, 곧 감탄법이 실현될 때 전달이 있을 수도 있고 없을 수도 있다는 것을 간과하고 있다.

    (2) ㄱ. 야, 벌써 진달래가 피기 시작하는구나.(최희수 외, 1987 : 22)
        ㄴ. 그의 일솜씨가 대단하구려!(『조선말사전上』, 2002 : 263)

(2)는 모두 화자가 자신이 느낀 점을 표현한 문장이다. 이 문장은 화자의 정감적인 느낌을 나타낸 정서 표현에 그칠 뿐 그것을 전달하는 진술방식을 채택하지는 않았다. 이것은 진술방식에서 전달이냐 요구냐의 두 기준에서 하나를 선택할 수밖에 없었던 사정에 기인한 것으로 보인다.

문장종결법이 담화상황에서 발생하는 화자의 판단을 주요 기준으로 하여 이루어지는 상황이라면, 감탄법의 의미를 파악할 때 그러한 특성

이 충분히 고려되어야 할 것이다. 담화상황에서 표현되고 있는 종결어
미들을 세밀히 살펴 감탄법의 의미를 검토해야 한다.

2.1.2. 감탄법의 의미

감탄법의 의미를 파악하기 위하여 이 책이 제시한 네 가지의 문장종
결법 분류기준을 적용해 보기로 한다.

첫째, 행위 참여자 기준에서 볼 때 감탄법은 화자가 중심이 될 때 이
루어진다. 화자가 명제내용을 전달할 때 청자를 별로 의식하지 않는 점
이 화자 중심의 문장종결법임을 나타낸다. 또한 화자가 스스로 느낀 점
을 위주로 명제내용을 구성하게 되는 것이므로 화자는 명제내용에 대
해서도 분명히 알거나 느끼고 있다고 볼 수 있다. 따라서 화행에서 감
탄법이 이루어지려면 화자 위주로 대화가 진행되어야 한다.

둘째, 전달방식의 기준을 적용해 보면, 감탄법은 단순히 화자의 느낌
이나 정서를 전달하는 기능을 갖는다. 이는 감탄법이 화자가 '느낀 점'
을 표현하는 문장종결법으로서 화자 중심으로 이루어지는 것이므로 자
신의 감정 표현에 청자에게 어떤 요구를 제기할 수 없는 종결법이기 때
문이다. 화행에서 고려한다면 감탄법은 행위참여자인 화자와 청자가 모
두 고려된 상황이므로 전달이라 볼 수도 있다. 그러나 화자와 청자가
모두 포함된 상황이지만 청자에게 영향이 미치지 못하는 경우는 단순
독백이나 감정표현으로 볼 수 있다. 이것은 언표효과가 어느 정도 반영
되었는가 하는 문제라고 생각된다. 따라서 감탄법은 단순 정서표현이나
전달로 보는 것이 옳을 것이다.[44]

---

44) 감탄법이 주관적 정서를 표현하거나 전달하는 것은 감탄법 종결어미가 지니는 특성이
다. 다만 기준 적용에 있어 '전달-요구'의 선택사항이기 때문에 이 책은 전달이라고
표시한다.

셋째, 진술내용의 측면에서 감탄법의 명제내용은 정보적 성격을 갖는다. 감탄법은 담화상에서 화자 중심으로 이루어지며 화자가 전달을 하는 종결법이다. 명제내용은 정보적인 것과 행동적인 것으로 나뉘는데, 감탄법은 화자 자신이 느낀 점을 전달하는 것이므로 정보 전달의 특징을 가진다. 이상의 세 기준을 적용해 보면 감탄법은 설명법과 같은 의미를 가지는 것으로 나타난다. 감탄법이 설명법과 달리 독립된 문장종결법으로 분류되려면 다른 기준이 필요하다.

넷째, 화자의 주관적 정서의 반영 여부를 고려할 때, 감탄법은 화자가 주관적 정서를 가지고 명제내용을 전달하거나 표현하는 문장종결법이다. 이는 화자가 명제내용이 틀림없다고 확신하고 있고 확신한 내용에 대해 놀라움이나 감탄, 안타까움, 실망 등 주관적 정서가 반영되고 있음을 의미한다. 문장종결법 분류기준에서 주관적 정서 동반은 부차적인 분류기준이지만 화행에서 화자의 의도를 고려해 보면 명제내용보다 주관적 정서가 언표효과의 우선적인 목적일 수 있다. 따라서 감탄법을 정의할 때에 [+정감]은 분류의 주요 기준이 된다.

이상의 논의를 바탕으로 감탄법의 의미를 살펴보면 다음과 같다.

> (3) 화자가 문장에 담긴 내용을 느낌이나 놀람, 감탄, 아쉬움 등의 주관
> 정서를 담아 표현하거나 청자에게 전달하는 문장종결법이다.

2.2. 감탄법 종결어미

감탄법을 실현하는 종결어미는 설명법을 실현하는 종결어미에 비해 그 수가 많지 않다. 더구나 감탄법 종결어미들은 상대높임의 등급에 따

라 고루 분포되어 있지 않다. 이런 이유로 감탄법을 설명법에 귀속시켜 논의하기도 하였다. 그러나 감탄법은 다른 문장종결법과 분명히 구분되는 담화적 특성, 즉 주관적 정서를 반영하는 특성을 갖고 있으며, 이 감탄법을 실현하는 것을 기본적 기능으로 갖는 종결어미들이 비록 체계적이지는 않지만 분명히 확인되기 때문에 감탄법의 설정은 충분한 근거를 갖는다.

현대조선어에서 감탄법을 실현하는 전형적인 종결어미로는 '-구나' 계열을 들 수 있다. 여기에 속하는 '-군, -구나, -구려, -구만, -누나, -노라' 등은 서로 다른 상대높임의 등급을 나타내면서 명제와 더불어 화자의 주관적 정서를 표현한다. 현대조선어에서 감탄법을 실현하는 종결어미 중에서 상대높임의 등급이 분명하지 않은 것들도 있다. 이 경우는 대부분 독백 상황에서 주관적 정서를 전달하는 쓰임에 한정되므로 따로 분류하여 다룰 것이다. 한편 감탄법 종결어미는 앞에 오는 서술어의 종류에 따라 달리 표현된다. 이 책에서는 다양한 감탄법 어미들을 낱낱이 논의하여 이들 어미가 갖는 구체적인 특징을 살펴볼 것이다.

현대조선어에서 감탄법을 실현하는 종결어미를 상태높임의 등급에 따라 분류해 보면 다음 도표와 같다.

〈표 7〉 감탄법 종결어미

상대높임 등급		표준형
존대	하소서체	
	하십시오체	
	해요체	-군요/로군요, -구만요/로구만요, -ㄹ걸요
대등	하오체	
	하게체	-구려/로구려, -구만/로구만, -군/로군, -ㄴ걸/을걸, -ㄹ걸, -ㄹ세

상대높임 등급		표준형
하 대	해체	-어/아, -지
	해라체	-구나/로구나/, -누나, -이라/아라, -ㄹ세라, -ㄹ러라, -리라, -랴, -노라
등급 불분명		-도다/로다, -ㄹ시고

2.2.1. 해요체

현대조선어에서 감탄법을 실현하는 해요체 종결어미는 '-군요/로군요, -구만요/로구만요, -ㄹ걸요'를 들 수 있다. 이 어미들은 하게체의 '-군/로군, -구만/로구만, -ㄹ걸'에 보조사 '요'가 붙어 해요체 등급의 감탄법을 나타낸 경우이다. 따라서 여기서는 해요체의 종결어미들을 따로 다루지 않고 하게체 종결어미들을 다루는 장에서 취급한다.

2.2.2. 하게체

① -구려/로구려

'-구려', '-로구려'는 하게체 감탄법 문장종결형으로 화자가 처음 알게 되었거나 스스로의 느낌이나 놀라움 등 주관적 정서를 전달할 때 쓰인다.

(4) ㄱ. 그의 일솜씨가 대단하구려!(『조선말사전上』, 2002 : 263)
ㄴ. 그 동무도 동무의 의견에 찬성하는구려.(최윤갑·리세룡, 1984 : 252)
ㄷ. 다리를 몹시 저는구려.(류원무, 1982 : 147)
ㄹ. 그것 참 재미있는 일이구려, 나도 좀 들어 볼가?(최윤갑·리세룡, 1984 : 252)
ㅁ. 연안은 참 유서 깊은 곳이더구려.(최윤갑·리세룡, 1984 : 252)
ㅂ. 난 정말 자네 동생이 부럽구려.(최희수 외, 1987 : 23)

(4)의 '-구려'는 용언 어간이나 서술격조사에 붙어 쓰이며 시제 선어
말어미와도 자유롭게 결합된다. (4ㄴ, ㄷ)의 '-는구려'와 (4ㅁ)의 '-더
구려'가 이러한 사실을 잘 보여 준다. 현대조선어에서는 이들을 별개의
다른 종결어미로 취급하지만 이 책에서는 '-구려'와 시제형태소의 결합
형으로 처리한다.

담화·의미적 측면에서 보면 감탄, 기쁨, 안타까움 등 여러 가지 주
관적 정서를 동반하여 명제내용을 전달한다. (4ㄱ)은 형용사 어간에 붙
어 일솜씨가 대단함을 나타내고, (4ㄴ)은 그 동무가 청자에게 찬성표를
던진 것을 전달함과 동시에 반가움도 같이 나타내고 있다. (4ㄷ)은 다리
를 저는 청자를 보고 안타까운 심정을 표현한 것이다. (4ㅁ)은 화자가
이미 가 본 적이 있는 연안이 매우 유서 깊은 곳임을 표현하면서 회상
의 선어말어미 '-더-'를 함께 사용하여 감탄의 정서를 나타내고 있다.

'-로구려'는 서술격조사와만 결합하는 감탄법 종결어미이다. (4ㄹ)과
같이 서술격조사 뒤에 '-구려'의 결합이 가능하지만, 다음 (5)와 같이
'-로구려'도 사용된다.

(5) ㄱ. 벌써 오곡백과 무르익는 가을이로구려!(최희수 외, 1987 : 139)
　　 ㄴ. 참으로 지극한 효성이로구려!(최희수 외, 1987 : 139)
　　 ㄷ. 그건 실없는 장난이로구려.(최윤갑·리세룡, 1984 : 252)

(5)의 '-로구려'는 주로 서술격조사에 결합되어 뜻밖의 어떤 사실을
인식하고 나서 감탄하는 뜻을 나타낸다. '-구려'보다 감탄의 뜻을 더
강하게 표현하는 기능을 가지며 주로 예스러운 문장에서 쓰인다. 그러
나 '-로구려'는 '-구려'와 달리 현재를 나타내는 의미에서만 사용된다.
'-구려/로구려' 대신 '-군/로군'을 써도 가능하나 '-구려'는 '-군'보

다 감탄의 정서를 더 강하게 표현한다.

(6) ㄱ. 참으로 지극한 효성이로구려!

ㄱ´. 참으로 지극한 효성이로군!

ㄴ. 그 동무도 동무의 의견에 찬성하는구려.

ㄴ´. 그 동무도 동무의 의견에 찬성하는군.

(6)에서 (6ㄱ´, 6ㄴ´)는 (6ㄱ, 6ㄴ)보다 담담한 느낌을 준다. 그 이유는 '-구려'가 전달의 의미가 강한데 비해 '-군'은 독백의 의미가 강하기 때문이다. 이것은 '-구려'가 감탄법의 대표적인 종결어미임을 나타내는 증거이기도 하다.

한편 '-구려'는 동작성을 나타내는 용언 어간과 결합하여 명령법을 실현하기도 한다.

(7) ㄱ. 당신은 참 저 옆집 로친처럼 기백을 내보구려.(리선희, 1987 : 298)

ㄴ. 여기서 몇 해 더 지내구려.(최희수 외, 1987 : 23)

ㄷ. 왔던 걸음에 며칠 더 묵어가구려.(최윤갑・리세룡, 1984 : 252)

ㄹ. 자네는 모든 일에서 좀 더 대담하구려.(최윤갑・리세룡, 1984 : 252)

(7ㄱ, ㄴ, ㄷ)은 '-구려'가 동사 어간과 결합한 예이고, (7ㄹ)은 [+통제성]45)의 형용사 어간과 결합한 예인데, 화자는 청자에게 어떤 행동을

---

45) (7ㄹ)의 '대담하다'는 형용사이어서 원칙적으로 명령법을 실현할 수 없다. 이 책은 (7ㄹ)의 '대담하구려'는 '대담하게 하구려'가 줄어든 형식으로 본다. 그렇다고 모든 형용사가 이런 양상을 보이지는 않고 아마도 [+통제성]의 형용사만이 가능한 것으로 판단된다. 또 다른 예로는 '조용하구려'와 같은 것이 있다.

할 것을 요구하고 있으며 이때 '-구려'는 명령법을 실현하고 있다. (7
ㄱ)에서는 청자에게 기백을 보일 것을 요구하고 (7ㄴ)에서는 여기서 몇
해 더 지낼 것을 요구한다. (7ㄷ)은 며칠 더 묵어갈 것을 요구하고 (7ㄹ)
은 좀 더 대담하게 행동할 것을 요구한다. (7)처럼 명령법을 수행할 경
우 '-구려'는 같은 하게체의 '-게'로 대체가 가능하다. 그러나 '-게' 명
령법보다는 '-구나' 명령법이 명령의 의미가 다소 약해진다. 이는 '-구
려'가 명령법을 수행할 때 '완곡한 요구'의 의미를 나타내는 점에서 원
인을 찾을 수 있다.

② -구만/로구만

'-구만/로구만'은 하게체로 상대방을 대우해 주면서 새롭게 알게 된
사실을 어느 정도 감탄의 느낌으로 말하는 뜻을 나타낸다.

(8) ㄱ. 야, 이집 물건은 밀어가며 고급이구만.(리종훈, 1991a : 22)
　　ㄴ. a. 예! 저 담배 피웁소. 미국담배꾸마.
　　　　b. 그럼 이게 비싸겠구만.(리종훈, 1991a : 36)
　　ㄷ. 야 수마다 살아있는 것 같구만, …(림원춘, 1983 : 192)
　　ㄹ. 아유, 새색시가 벌써 가마목에 앉았구만.(림원춘, 1983 : 167)
　　ㅁ. 술만 술이라구 체신없이 초면인사를 홀딱 잊어버렸구만.(홍천
　　　　룡, 1981 : 126)
　　ㅂ. 아무튼 미안하오, 금희를 데려다 고생만 시켰구만.(정세봉, 1980 :
　　　　10)
　　ㅅ. 하, 이 동무 오늘은 한 발 늦었구만.(홍천룡, 1981 : 137)
　　ㅇ. 한 천여원이 모자라는 소리를 하더구만.(홍천룡, 1981 : 140)
　　ㅈ. 정말 과수원이 크기도 하더구만.(최윤갑·리세룡, 1984 : 253)

(8)의 예문에서 보듯이 '-구만'은 용언 어간이나 서술격조사와의 결합이 자유롭다. 또한 '-었/았-, -겠-' 등 시제를 나타내는 선어말어미와도 자유롭게 결합할 수 있다. '-구만'이 '-는-', '-더-'와 결합하여 쓰이면 '-는구만'과 '-더구만'의 형태로 되어 각각 현재시제와 과거시제를 나타낸다. '-구만'은 새로이 깨닫거나 인식하거나 들은 일에 대해 자신의 정서를 동반하여 표현하는 의미를 지니고 있다. 따라서 '-구만'의 쓰임 여부는 '새로 앎'의 의미에 기초하고 있다. 이는 장경희(1985 : 104~108)에서 제시된 '처음 앎'이라는 양태적 표현과도 같은 것이다. 이것은 화자가 명제내용에 대해 갖는 태도 혹은 인식으로 청자에게 전달할 때 주관적이기는 하지만 여러 가지 정서를 동반하여 함께 전달한다.

(8ㄱ, ㄷ, ㄹ, ㅈ)은 화자가 '새롭게 인지했거나 느낀 점'을 감탄의 어조로 표현한 예문이다. 화자의 명제에 대한 감탄을 나타낼 경우 '정말', '엄청' 등 정도를 나타내는 부사와 함께 어울리는 것이 특징이다. (8ㄴ)은 추측을 나타내는 '-겠-'과 어울려 미국 담배를 피워 보지 못한 화자의 호기심과 어우러져 고조된 기분을 표현하고 있다. (8ㅁ)에서는 화자가 인사하지 못한 것에 대한 자책과 같은 미안함을 표현하였고 (8ㅂ)에서는 시집와서 고생만 한 아내에 대한 미안함을 표현하고 있다. (8ㅅ)은 이 동무가 늦은 것에 대한 화자의 아쉬움을 나타내었다. 이처럼 '-구만'은 명제내용에 자신의 여러 가지 정서를 더 얹어서 청자에게 전달한다. (8ㅇ)은 화자가 다른 사람의 이야기를 전달하는 의미가 더 많다. 이 경우 화자의 감정적인 정서가 동반되지 않으면 설명법으로 실현된다고 할 수 있다.

'-구만'은 화자를 적극적으로 인식하는 경우와 그렇지 않은 경우에 모두 쓰인다.

(9) ㄱ. 백두산 천지는 참 장관이구만.(『조선말사전上』, 2002 : 265)

ㄴ. 벌써 점심시간이구만, 시간이 이렇게도 빨랐는가?(최윤갑・리
　　세룡, 1984 : 253)

ㄷ. 하하, 당신의 그 모자가 참 좋구만.(최희수 외, 1987 : 24)

　(9ㄱ)과 같은 문장은 혼잣말로 쓰이기도 하고 청자를 인식하고 쓰이
기도 한다. (9ㄴ)은 전형적으로 혼잣말로 쓰인 경우이다. (9ㄷ)의 경우
는 적극적으로 청자를 인식한 경우이다. 이처럼 '-구나'는 여타의 감탄
법 종결어미처럼 여러 화행에서 사용된다. 혼잣말로 쓰인 경우에는 주
로 새롭게 인식하게 된 일에 대한 느낌을 나타낸다.

　'-로구만'은 서술격조사와만 결합하는 하게체의 감탄법 종결어미이
다. '-구만'도 서술격조사와 결합할 수 있지만, '-로구만'은 다음 (10)
에서 볼 수 있는 것처럼 '-구만'보다 화자가 명제내용에 대해 더 확고
한 태도를 갖고 있다는 것을 나타낸다.

(10) ㄱ. 아니, 이거 금덩어리로구만.(『조선말사전上』, 2002 : 939)

ㄱ´. 아니, 이거 금덩어리구만.

ㄴ. 아니, 이게 뭐여, 이게 산삼이로구만!(최희수 외, 1987 : 139)

ㄴ´. 아니, 이게 뭐여, 이게 산삼이구만!

　'-구만'은 보조사 '-요'와 결합하여 다음 (11)과 같이 해요체의 감탄
법 종결어미로 기능한다.

(11) ㄱ. 연변에서 나는 사과배는 크기도 하고 맛도 좋더구만요.(최윤
　　갑・리세룡, 1984 : 253)

ㄴ. 형님, 리씨 가문에 친척이 많다더니 정말 많기도 하구만요.(림
　　원춘, 1983 : 173)

'-구만'은 현재조선어의 구어에서 '-구먼'의 형태로 쓰이기도 한다. 한국어에서 '-구먼'의 형태가 더 많이 사용되는 것과 달리 조선어에서는 '-구만'의 형태가 더 많이 쓰인다.46)

> (12) ㄱ. 정말 외모도 마음씨도 다 고운 처녀로구먼.(허동진, 2006 : 65)
> ㄴ. 에구, 살아나니깐 또 부산을 피우는구먼.(최국철, 1987 : 309)
> ㄷ. 네가 오니까 우리 주옥의 병이 제격 낫는구먼!(양홍앵, 2008a : 56)
> ㄹ. 어유! 땀을 수태 흘렸겠구먼!(서광억, 1981 : 113)
> ㅁ. 제 생각만 하다 보니 인사도 못했구먼.(류원무, 1982 : 150)
> ㅂ. 며느리 삼으면 편안하다더니 어머니는 더 고생스럽겠구먼요!
> (서광억, 1981 : 112)

차광일(1981)에서는 '-만'은 모두 '-먼'으로도 쓰일 수 있으나 '-만'이 '-먼'보다 밝은 어감이 있을 뿐 뜻은 서로 같으며 보통 '-먼'보다 '-만'이 더 많이 쓰인다고 하였다. 이는 현재 사전의 표제어로 '-구만'이 올라와 있는 것과 관련이 있는 것으로 보인다. (12)에서 보듯이 형태·통사적 특징으로나 의미기능적 특징으로 보나 '-구먼'은 '-구만'과 흡사하다. 다만 중장년층 이상의 화자들이 많이 쓰는 특징을 보이고 있다.

③ -군/로군

'-군'은 '-구나'의 축약형으로 또는 '-구만'의 축약형으로 기술되어 왔다.47) 그러나 '-군'을 '-구나' 축약형으로 보는 데는 근거가 없다고

---

46) 윤석민(2000)에서는 '-구먼'과 '-구만' 중 어떤 형태를 표준으로 잡아야 할지 분명하지 않다고 하면서 실제 사용빈도에 의해 정해야 마땅하다고 지적하고 있다. 한편 장경희(1993), 고영근(1993), 임홍빈·장소원(1995) 등도 대표형을 '-구먼'으로 잡아 기술하면서 '-구먼'을 대표형으로 정하고 있다.

생각된다. 왜냐하면 '-군'이 '-구나'의 축약형이라면 그들은 서로 같은 상대높임의 등급을 나타내야 하는데 사실상 이들은 서로 다른 등급을 나타내기 때문이다. 따라서 이 책에서는 '-군'을 '-구나'와는 별개의 감탄법 문장종결형으로 처리한다.[48]

> (13) ㄱ. 과연 믿음직한 젊은이군.(동북3성, 1983 : 220)
>   ㄴ. 가을도 다 저물어가는군.(리선희, 1987 : 293)
>   ㄷ. 야, 이거 참 맹랑하군!(홍천룡, 1981 : 137)
>   ㄹ. 하, 이거 딱하게 됐군.(홍천룡, 1981 : 131)
>   ㅁ. 자네 형세에 뒤떨어졌군.(홍천룡, 1981 : 130)
>   ㅇ. 드세, 임자가 우리 집에 처음 든 손님이군그려.(류원무, 1982 : 148)
>   ㅅ. 참 맛좋은 샘물이로군!(『조선말사전上』, 2002 : 939)
> (14) ㄱ. 예 형님, 집에서도 바쁠텐데 또 돈을 보냈더군요.(림원춘, 1983 : 190)
>   ㄴ. 대학에 들어 간 지가 엊그제 같은데 벌써 졸업하게 되었군요. (최윤갑·리세룡, 1984 : 254)

'-군'은 위의 (13)에서 보듯이 하게체로 청자를 대우하여 쓰이는 감탄법 종결어미라 할 수 있다. 그 근거는 (13ㅁ, ㅇ)에서 볼 수 있는 바와 같이 전형적인 하게체에 쓰이는 '자네', '임자'라는 호칭어와 호응하는 데서 찾아볼 수 있다. '-군'은 용언 어간이나 서술격조사와 자유롭게 결합하고, 시제 선어말어미와도 자유롭게 결합한다. (13ㄴ)은 '-는-'과 (13ㄹ, ㅁ)은 '-었-'과 (14ㄱ)은 '-더'와 결합한 예다. 또한 '-군'은

---

47) 조선어의 경우 『조선말사전』(2002)에서는 '-군'을 '-구나'와 '-구만'의 준말로 등재하고 있고 최희수 외(1987)에서는 '-구나'의 준말로 기술하고 있다.
48) '-군'이 '-구만'의 축약형인지에 대해서는 아직 판단이 서지 않아 후고로 미룬다.

(13ㅇ)과 같이 보조사 '-그려'와 결합하여 감탄의 의미를 더하기도 한다. 이 밖에 '-군'은 (14)와 같이 '요'와 결합하여 해요체의 상대높임을 나타내기도 한다.

'-군'은 '-구려, -구만' 등과 같이 하게체의 상대높임의 등급을 실현하면서 감탄의 의미를 나타낸다. 주로 이야기하는 사람이 새롭게 알게 된 사실에 대하여 본인의 정서를 담아 전달하는 의미를 지니고 있다. (13ㄱ)에서는 '믿음직한 젊은이'에 대한 감탄을, (13ㄴ)에서는 흘러가는 세월에 대한 아쉬움을, (13ㄷ, ㄹ, ㅁ)에서는 이미 발생한 상황에 대한 아쉬움 혹은 안타까움을 표현한다. (13ㅁ)에는 화자의 청자에 대한 비난의 어조도 포함되어 있다. (13ㅅ)은 서술격조사와 결합할 때 '-로군' 이 사용된 예인데, '-로군'은 '-군'보다 더 강한 정감을 전달하며 더 예스러운 표현이 된다.

다음 (15)의 '-군'은 감탄의 의미를 나타내기보다 명제내용을 단순하게 전달하는 설명법의 기능을 나타낸다.

> (15) ㄱ. 지하역은 정말 낮과 같이 밝군.(최윤갑·리세룡, 1984 : 254)
> ㄴ. 가을도 다 저물어가는군.(리선희, 1987 : 293)
> ㄷ. 박동무는 내일 아침차로 북경으로 떠나려더군.(최윤갑·리세룡, 1984 : 254)
> ㄹ. 오늘도 다 하지 못하겠군.(허동진, 2006 : 62)

(15)는 감탄의 어조 동반보다 '새로 느낌'의 의미에 따른 단순한 전달로 볼 수 있다. 특히 (15ㄷ)의 '-더-'와의 결합이 전달의 역할을 담당함을 분명하게 나타낸다. (15ㄱ, ㄹ)에서는 독백상황에서 쓰인 것으로 해석되는데 이 경우는 화자가 청자를 적극적으로 인식하지 않았음을

알 수 있다. '-군'은 감탄법으로 실현되는 외에 부차적으로 설명법도 실현하고 있다.

④ -ㄴ걸/은걸

'-ㄴ걸'은 '-ㄴ 것을'의 축약형이 종결어미로 굳어진 형태이다.[49] 이들 어미는 구어체로 담화상황에서 쓰이며 하게체 등급으로 상대방을 대우한다. 주로 새로 알게 된 사실을 감동적으로 전달할 때 쓰인다.

> (16) ㄱ. 이 공장은 아주 큰걸.(『조선말사전上』, 2002 : 476)
> ㄴ. 색깔이 맑은걸.(『조선말사전上』, 2002 : 476)
> ㄷ. 난 이렇게 고운 꽃을 처음 보는걸.(최윤갑·리세룡, 1984 : 261)
> ㄹ. 저도 인젠 기술자인걸.(『조선말사전上』, 2002 : 476)
> ㅁ. 새 아빠트를 많이도 지었는걸.(최희수 외, 1987 : 35)
> ㅂ. 그 꽃이 무슨 꽃인지 대단히 향기롭던걸.(최희수 외, 1987 : 83)
> ㅅ. 사실을 아주 생동하게 묘사하고 괜찮게 썼던걸.(양홍앵, 2008b : 87)

(16)에서 보듯이 '-ㄴ걸'은 동사나 형용사 어간 그리고 서술격조사와의 결합이 모두 가능하다. (16ㄱ, ㄴ)은 형용사 어간과 결합한 경우인데 선행 요소의 음절 말음이 모음이면 '-ㄴ걸'로, 선행 요소의 음절 말음이 자음으로 끝나면 '-은걸'의 형태로 나타난다. (16ㄷ)은 동사와 결합된 경우인데 이때는 '-는걸'의 형태를 보인다. (16ㅁ, ㅂ)에서 보듯이 '-ㄴ걸'은 시제를 나타내는 선어말어미와도 결합되어 쓰인다. (16ㅁ)은 과거시제 선어말어미 '-었-'과 결합하여 화자가 처음 알게 된 상황이

---

49) 차광일(1981)에서는 '-ㄴ걸'을 어원적으로 '-ㄴ 것을'에 기원하는 것으로 보고 있다.

이미 이루어져 있음을 나타낸다. (16ㅂ, ㅅ)에서는 회상을 나타내는 '-더-'와 결합되어 과거의 경험을 회상하여 전달하는 기능을 수행한다.

'-ㄴ걸'이 감탄법을 실현하는 경우는 화자의 주관적 감정을 동반하여 전달한다. 따라서 화자는 자신의 감정을 전달하는 과정에 정도를 나타내는 부사어 혹은 특수조사와 함께 사용되기도 한다. (16ㄱ)의 '아주', (16ㄷ)의 '이처럼', (16ㅂ)의 '대단히' 등이 그런 예이다. 양태적 의미의 측면에서 보면 '-ㄴ걸'은 주로 화자가 새로 알게 된 사실을 자신의 감정을 동반하여 청자에게 전달하는 기능을 한다. (16ㄱ~ㅁ)은 화자가 처음으로 알았거나 느낀 사실에 대해 감탄의 어조를 동반하는 경우다. (16ㄹ)에서는 자신이 기술자라는 것에 대해 자부심을 가지고 강조하여 전달하고 있다. (16ㅂ, ㅅ)은 이미 보았거나 경험한 일에 대해 강조하여 전달하면서 화자의 느낌이 컸음을 전달하는 의미를 나타낸다. 다음 (17)은 아쉬움이나 후회의 주관적 정서를 표현하는 예이다.

> (17) ㄱ. 좀 노력했으면 성공할 수 있었던걸.(『조선말사전上』, 2002 : 691)
>
> ㄴ. 참 아까운 애인데… 그러나 할 수 있나. 팔자소관이 그런걸. (리원길, 1980 : 44)
>
> ㄷ. 자네 말과는 달리 퍽 점잖아 보이는걸.(최희수 외, 1987 : 35)
>
> ㄹ. 웬걸, 우리나라 팀이 훨씬 강하던걸.(최윤갑·리세룡, 1984 : 261)

(17ㄱ, ㄴ)은 화자의 아쉬움을 나타낸다. (17ㄱ)에서는 노력이 부족한 것으로 인하여 좋은 결과를 보지 못한 아쉬움을 나타내고 있다. (17ㄴ)은 화제의 인물에 대해 안타까움을 나타내며 그 안타까움은 운명적인

것에서 비롯되었음을 나타내고 있다. (17ㄷ, ㄹ)에서는 명제내용에 대
해 가볍게 주장하면서 상대방의 의견에 대하여 반박하거나 상대방에게
인식을 달리 해 줄 것을 요구하는 것이다.

한편 '-ㄴ걸'은 다음의 (18)에서와 같이 '요'와 결합되어 해요체로
상대방을 대우하면서 자신의 감정을 동반하여 의사를 전달하기도 한다.

> (18) ㄱ. 금년은 날씨가 좋아 곡식들이 참 잘 자라는걸요.(최윤갑·리
>   세룡, 1984 : 261)
> ㄴ. 가기 싫어도 꼭 오라는걸요!(차광일, 1981 : 286)
> ㄷ. 새로 사온 뜨락또르는 성능이 참 좋던걸요.(최윤갑·리세룡,
>   1984 : 261)

⑤ -ㄹ걸

'-ㄹ걸'은 현대조선어에서 하게체 상대높임의 등급을 나타내면서 감
탄법을 실현한다.

> (19) ㄱ. 그 분이 계셨더라면 다 해결되었을걸.(『조선말사전上』, 2002 :
>   891)
> ㄴ. 그럴 줄 알았더라면 아예 말을 내지 않았으면 좋았을걸.(최윤
>   갑·리세룡, 1984 : 297)
> ㄷ. 복습을 좀 더했을걸.(최희수 외, 1987 : 103)
> ㄹ. 그럴 줄 알았더라면 진작 말했을걸.(동북3성, 1983 : 221)

'-ㄹ걸'은 동사나 형용사 어간에 결합됨을 확인할 수 있다. 선행 요
소의 음절 말음이 모음으로 끝나면 '-ㄹ걸'의 형태로 실현되고 선행 요
소의 음절 말음이 자음으로 끝나면 '-을걸'의 형태로 실현되며, 과거시
제의 선어말어미 '-었/았'과 자유롭게 결합한다.

'-ㄹ걸'은 대체로 화자가 어떤 사실에 대하여 후회하거나 애석하게 생각하는 감정을 나타낸다. '-ㄹ걸'이 아쉬운 정서를 내포하고 있으므로 화자의 주관적 정서가 바탕이 되어 있다고 볼 수 있다. 정감을 실어 개인의 감정정서를 표현함에는 기쁨과 놀람, 후회 등 여러 가지 정서가 포함된다. 이와 같이 '-ㄹ걸'이 담고 있는 '아쉬움'도 화자의 정감표시의 일종이므로 이 책에서는 '-ㄹ걸'을 감탄법을 실현하는 종결어미로 처리한다.

'-ㄹ걸'은 다음 (20)에서와 같이 추측의 의미도 나타낸다. 이 경우는 설명법을 실현한다고 본다.

(20) 그 애도 이젠 중학생일걸.(동북3성, 1983 : 221)

(19)와 (20)에서 '-ㄹ걸'은 감탄법과 설명법을 모두 실현하며 또 제약적인 분포를 나타낸다.[50] 그 실현 환경이나 통사적 제약은 설명법과 같다.

⑥ -ㄹ세

'-ㄹ세'는 하게체 등급으로 감탄법을 실현하는 문장종결형이다. 같은 등급의 설명법을 나타내기도 하나 여기서는 감탄법을 실현하는 경우만 살펴본다.

(21) ㄱ. 아, 벌써 오곡백과 무르익는 가을일세!(최희수 외, 1987 : 112)
　　　ㄴ. 우리는 새 중국에서 사는 행복한 인민일세.(차광일, 1981 : 298)

---

50) 윤석민(2000 : 139)은 '-ㄹ걸'이 감탄법을 실현하는 것은 설명법 실현에 비해 수의적인 사용이라고 보고 있다.

ㄷ. 그 애는 똑똑하기가 여간이 아닐세.(최윤갑·리세룡, 1984 : 301)

(21)의 '-ㄹ세'는 주로 서술격조사나 형용사 '아니다'의 어간에 붙는 것을 알 수 있다. 시제 선어말어미 '-었/았-'이나 '-겠-'과는 결합하지 않는다. '아'와 같은 감탄사를 동반하여 화자의 영탄의 감정을 나타낸다. (21ㄱ)에서는 벌써 가을이 왔음에 감탄의 정서를 동반한 경우로 순수 감탄법을 실현하였다고 할 수 있다.

화행적 특성을 살펴보면 청자가 옆에 있어도 청자를 의식하지 않는 독백에 해당되는 감탄법이 실현될 수 있다. (21ㄴ)은 '새 중국의 행복한 인민'이라는 점에 대해 자긍심을 가지고 감동의 정서를 동반한 경우이다. '우리'라는 주어를 쓰므로 '나'를 포함한 여러 사람들에 대해 자신의 감동의 정서를 전달한다. (21ㄷ)은 그 애의 똑똑함에 대해 자신의 감동의 정서를 동반하여 상대방에게 전달한 경우이다. 이때 감탄법은 청자를 고려한 상황에서 실현된 것임을 확인할 수 있다. 이처럼 '-ㄹ세'는 하게체 등급에 속하는 감탄법 종결어미로 청자에 대한 고려가 없는 경우에도 쓰이고 청자에 대한 고려가 있는 경우에도 쓰인다.

한편 이 종결형은 다음 (22)와 같이 설명법을 실현하기도 한다.

(22) 여보게, 너무 그러지 말게, 철수도 인젠 어린애가 아닐세.(최희수
외, 1987 : 112)

(22)에서 '-ㄹ세'는 화자가 자기의 주장을 전달하는 뜻을 나타낸다. 화자 자신의 주관적 정서가 동반되지 않았으므로 감탄법을 실현하였다고 보기 어렵다. 단순히 '철수가 인젠 어린애가 아니다'는 명제내용을 청자에게 전달한 것으로 설명법을 실현한 경우이다.

2.2.3. 해체

현대조선어에서 해체의 등급으로 상대방을 대우하면서 감탄법을 실현하는 종결형은 흔히 '-어/아'와 '-지' 두 개를 들 수 있다.

① -어/아

'-어/아'는 해체의 등급에 해당되는 문장종결형으로 감탄법을 실현하는 경우에 특별한 어조가 동반된다. 즉 다른 문장종결법에 비해 억양이 급격한 상향조 혹은 하향조로 이루어진다. 이는 기타의 문장종결법을 실현하는 경우 특히 설명법과 선명한 대비를 이룬다.

> (23) ㄱ. 아니, 그럴 수 없어.(동북3성, 1983 : 220)
>
> ㄴ. 난 그래도 흰 눈이 펑펑 쏟아지고 칼바람이 윙윙 휘몰아치는 겨울보다 아지랑이 아물거리고 백화가 만발하는 봄이 더 좋아.(최희수 외, 1987 : 197)
>
> ㄷ. 나한테 힘이 있어야지, 내겐 힘도 용기도 없어.(고신일, 1990 : 384)

(23ㄱ)은 '-어/아'가 감탄법을 실현하는 예이고, (23ㄴ, ㄷ)은 설명법을 실현하는 예이다. (23ㄱ)은 화자가 도저히 그럴 수 없는 상황이라는 것을 강하게 나타낼 때 자신의 감정을 담아 표현한 경우이다. 이때 강한 억양이 동반되어 급격한 하향조를 이룬다. (23ㄴ)은 봄에 대한 화자의 견해를 전달하는 것이며, 평하강조 억양을 동반한다. (23ㄷ)은 화자가 능력이 없음을 나타내는 표현인데, 기운이 **빠져버린** 상태로 담담하게 전달하므로 강한 억양이 동반되지 않는다.

(24) ㄱ. 물이 참 맑아.(차광일, 1981 : 324)

ㄴ. 저런, 딱정벌레차가 없어졌어!(양홍앵, 2008b : 29)

ㄷ. 쥐꼬리만 한 벼슬을 하더니 자기가 무슨 클린턴이나 되는 줄 알아!(양홍앵, 2008a : 157)

ㄹ. 아들녀석이 목숨을 바친게 아까와!(류원무, 1982 : 155)

(24)에서 보듯이 선행 요소의 음절 말음이 자음이면 '-아'가, 모음이면 '-어'가 선택된다. 서술격조사와는 결합하지 않고 용언 어간과만 결합하며 시제 선어말어미인 '-었-', '-겠-'과의 결합이 자유롭다.

'-어/아'가 감탄법을 실현할 경우 보통 독립어나 정도를 나타내는 '너무, 참, 매우' 등과 같은 부사와 어울려 주관적 정서를 전달한다. '-어/아'가 정도부사와 호응한다는 점은 감탄법의 '-어라/아라'와 대조되는 점이다. 또한 '-어/아'가 감탄법을 실현하면서 강한 억양을 동반하는데 이때는 청자를 적극 인식한다고 볼 수 있다.

감탄법의 '-어/아'는 화자의 주관적 정서를 나타내면서 명제내용에 따라 여러 가지 감정을 표현해 낸다. (24ㄱ)에서는 감탄의 의미를 나타내고 (24ㄴ)에서는 놀람을 나타내고 있다. (24ㄷ)에서는 화자의 비아냥거리는 의미를 나타낸다. (24ㄹ)은 명제내용에 대한 화자의 통분을 동반하고 있다. 이처럼 '-어/아'는 어기에 의해 감탄법을 실현하며 진술내용과 함께 다양한 의미를 나타낸다.

② **-지**

'-지'도 해체의 감탄법 종결어미로서 감탄법을 실현할 때 명제내용에 대한 화자의 긍정의 태도를 표현해 준다. 또한 '-지'도 '-어/아'와 같이 감탄법을 실현하려면 일정한 억양을 동반해야 한다.

(25) ㄱ. 우리 고향은 참 살기 좋은 곳이지.(최윤갑 · 리세룡, 1984 : 329)

　　 ㄴ. 백두산은 경치가 참 좋지.(최희수 외, 1987 : 180)

　　 ㄷ. 겨울밤에 먹는 동치미 맛은 참 별미지.(허동진, 2006 : 76)

(26) ㄱ. 누군 누구겠소. 색시의 손재간이겠지.(림원춘, 1983 : 192)

　　 ㄴ. 목숨이야 장하게 바쳤지.(류원무, 1982 : 149)

'-지'가 감탄법을 실현하는 경우는 (25)와 같이 선행 요소가 형용사 어간이거나 서술격조사이어야 한다. (26)의 '-지'가 동사 어간과 결합한 경우인데, 감탄법보다는 설명법을 나타내는 것으로 파악된다. (26)은 모두 대화 상황에서 쓰였다는 사실이 '-지'가 설명법 종결어미로 사용되었다는 것을 보여 준다. '-지'가 감탄법을 실현하는 경우에 '-었-', '-겠-'과의 결합이 자유롭고 정도부사 '참'과 잘 어울려 쓰인다.

'-지'가 감탄법을 실현하는 (25)의 경우는 주로 화자가 이미 겪었거나 경험한 사실에 근거하여[51] 상대방에게 명제내용에 대한 자신의 확고한 의지를 전달한다.[52] '-지'의 '이미 앎'의 의미는 '-지'가 고유하게 갖고 있는 양태 의미로서 설명법을 실현할 때도 나타난다. 다만 (25)의 '-지'는 '이미 앎'의 의미 외에도 일정한 억양의 도움을 받아 화자의 주관적 정서를 표현한다는 점에서 감탄법을 실현하고 있다고 파악되는 것이다.

2.2.4. 해라체

① -구나/로구나

'-구나'는 감탄법을 실현하는 대표적인 해라체 종결어미로서 새롭게

---

51) 박재연(2006 : 200~207)에서는 '-지'의 양태적 의미가 '이미 앎'이라고 하였다.

52) 국립국어연구원(1999)에서도 '-지'가 '긍정'을 나타낸다고 기술하고 있다.

알게 된 사실에 대하여 어느 정도 감탄의 느낌을 가지고 말하는 뜻을 나타낸다. '-구나'는 용언의 어간이나 서술격조사와 결합이 가능하고 시제나 서법 형태소들과도 자연스럽게 결합한다.

> (27) ㄱ. 여기는 벌써 가을걷이를 하는구나.(최윤갑·리세룡, 1984 : 252)
> ㄴ. 벼가 참 잘 여물었구나.(『조선말사전上』, 2002 : 261)
> ㄷ. 백두산 천지의 물은 맑고도 차더구나.(최윤갑·리세룡, 1984 : 252)
> ㄹ. 와, 짱이다. 정말 멋지구나!(양홍앵, 2008b : 18)

장경희(1985 : 89~105)는 '-구나'가 감탄의 의미보다 '처음 앎'의 의미를 나타낸다고 하였다. 그러나 '처음 앎'은 양태적 의미이고, '-구나'가 어떠한 문장종결법을 실현하는가 하는 것은 문법범주가 다른 문제이다. (27)의 '-구나'는 화자가 명제내용에 대해 '처음 앎'의 양태적 의미뿐만 아니라 명제내용을 청자에게 전달할 때 감동의 정서를 동반하여 전달하게 된다. 따라서 화자의 청자에 대한 태도를 나타내는 문장종결법 차원에서는 감탄법을 실현하는 것이라 할 수 있다.

(27ㄱ)은 화자가 미처 예상하지 못했던 가을걷이 상황을 보고 감탄하게 된 경우이다. (27ㄴ)은 이미 잘 여문 벼에 대한 감탄을 나타내고 있고 (27ㄷ)은 예전에 겪은 자신의 경험을 바탕으로 감탄을 동반하여 전달하고 있다. (27ㄹ)은 정도를 나타내는 부사 '정말'과 어울려 자신이 '멋지다'고 느낀 점에 대해 토로하는 것이다. 이처럼 화자는 명제내용에 대해 처음 알거나 처음으로 경험하고 깨달았다는 것을 표현하면서 자신의 주관적 정서를 표현하게 된다.

'-구나'는 화자가 새로 알게 된 사실에 대하여 어느 정도 감탄의 느낌으로 혼잣말처럼 하는 상황, 즉 이때는 청자를 적극적으로 인식하지 않는 경우에도 사용된다.

> (28) ㄱ. 날씨가 차가워지는 걸 보니 오늘밤엔 서리가 내릴 것 같구나.
> (최윤갑·리세룡, 1984 : 252)
> ㄴ. 이건 우리가 졸업할 때 심어 놓은 소나무구나.(최윤갑·리세
> 룡, 1984 : 252)
> ㄷ. 그 아지미가 간 모양이구나.(양홍앵, 2008b : 28)

(28ㄱ)은 혼잣말로 '날씨가 추워질 것'을 추정하고 있다. 박재연(2006 : 229-233)에서는 '-구나'가 추론의 의미를 나타내고 있다고 기술하고 있는데, (28ㄱ)의 경우에 해당되는 것으로 보인다. 여기서 추론이라고 하는 것은 '-구나'의 양태적 의미로 볼 수 있다. 청자에 대한 고려가 적극적이지 않기에 감탄의 정도가 미약하다. (28ㄴ)은 화자가 졸업할 때 심어놓은 나무를 졸업 후에 처음 보게 된 경우에 화자가 독백하는 장면이다. (28ㄷ)은 자리에 있을 것을 바라던 아지미가 없는 것에 대한 아쉬움과 상실감을 표현하고 있다. (28)의 '-구나'의 경우보다 감탄의 의미가 약하다고는 하나 주관적 정서가 동반되어 실현되었으므로 감탄법으로 본다.

한편 '-구나'는 서술격조사나 형용사 '아니다'의 어간과 결합할 때는 '-로구나'의 형태로 교체된다.

> (29) ㄱ. 난 벼 인줄 알았는데 돌피로구나.(최윤갑·리세룡, 1984 : 252)
> ㄴ. 네가 바로 이름을 날린 선수로구나.(『조선말사전上』, 2002 : 261)

(29)의 '-로구나'도 '-구나'와 마찬가지로 뜻밖의 어떤 사실을 인식

하고 감탄하여 이야기하는 뜻을 나타낸다. 이때 '-구나'는 주로 구어체에 쓰이고 '-로구나'는 주로 문어체에 쓰인다. '-로구나'는 '-구나'보다 더 확고히 인정하고 말하는 뜻을 가지며 예스러운 의미를 더 나타낸다.

② -누나

'-누나'는 해라체 감탄법을 실현하는 종결어미 중에서 그 쓰임의 분포가 비교적 좁은 편이다.

> (30) ㄱ. 새해의 아침이 밝아오누나.(동북3성, 1983 : 222)
> ㄴ. 곡식들이 잘 자라누나!(차광일, 1981 : 311)
> ㄷ. 온다더니 정말 오누나!(『조선말사전上』, 2002 : 554)
> (31) ㄱ. 선수들이 빨리 뛰누나!(약함)
> ㄴ. 선수들이 빨리 뛰는구나.(강함)

(30)의 '-누나'는 청자에 대한 적극적인 인식이 없이 주로 독백의 상황에 사용된다. '-누나'는 주로 동사의 어간에 결합되어 쓰이나 시제요소와는 결합하지 않는다. 의미적 특성을 보면, 지금 진행 중에 있는 사실을 새로 알고 감동하여 이야기하는 뜻을 나타낸다. 주로 시나 노래 같은 데에 많이 쓰인다. (30ㄱ, ㄴ)은 시나 노래에서 보통으로 쓰이는 경우이다. (30ㄷ)은 회화체에서 쓰인 것으로 담화상황에도 쓰인 경우로 볼 수 있다. 이는 한국어와 다른 모습을 보이는 부분이다. 한편 (31)처럼 '-누나'를 '-는구나'로 바꿔 써도 그 기본 뜻은 비슷하나, 표현의 강약이 다를 뿐이다.

③ -어라/아라

'-어라/아라'는 현재조선어 연구에서 문어체에서 하게체로 기술되는 경우도 있으나[53] 담화에서는 해라체로 처리하는 것이 더 타당하다.

> (32) ㄱ. 아이, 참 좋아라!(『조선말사전下』, 2002 : 1546)
> ㄴ. 기쁨도 그지없어라.(『조선말사전下』, 2002 : 1652)
> ㄷ. 나의 조국, 영웅의 땅은 그 언제나 철벽이어라.(최윤갑・리세룡, 1984 : 337)
> ㄹ. 그대의 영광 온 누리에 떨쳤어라!(동북3성, 1983 : 227)

(32)의 '-어라/아라'는 용언의 어간이나 서술격조사와 결합이 자유롭다. (30ㄹ)의 경우에서 보듯이 동사 어간과 결합할 때는 흔히 시제를 나타내는 '-았/-었' 뒤에 쓰이기도 한다. 또한 '-어라/아라'는 구어체와 문어체에 두루 쓰인다. (32ㄱ)은 구어체에 쓰인 것이고 (32ㄴ, ㄷ)은 문어체에 쓰인 것이다. 모두 화자가 감탄의 감정을 전달하는 의미를 나타내고 있다.

'-어라/아라'는 감탄법을 실현하는 다른 종결어미보다 화자가 독백으로 표현할 때 더 많이 쓰인다. 설령 앞에 청자가 있다 하더라도 청자를 의식하고 청자에게 한 말이 아니라 자기 혼잣말이라 할 수 있으므로 '-아라/어라'는 독백상황에서 많이 쓰이는 화자 중심의 종결어미로 처리한다.

> (33) ㄱ. 아유, 감사해라!(림원춘, 2006 : 214)
> ㄴ. 아이구, 좋아라, 그럼 어서 그렇게 해주세요.(박영옥, 2007 :

---

53) 최윤갑・리세룡(1984 : 337)에서는 대등의 하게체로 기술하고 있다.

395)
ㄷ. 아이, 꽃도 고와라!(차광일, 1981 : 310)

(33)은 화자와 청자의 담화 상황이다. 그러나 화자는 청자를 별로 의
식하지 않고 혼잣말처럼 말한다. 이는 '아유, 아이구, 아이' 등과 같은
감탄사를 동반하는 것을 통해 확인할 수 있다. 이 경우는 감탄의 정서
가 더 강하다.

④ -노라

'-노라'는 현대조선어 연구에서는 서술식 즉 설명법에 해당하는 문
장종결형으로 분류되어 왔다. 하지만 이 책은 감탄법을 실현하는 해라
체의 종결어미로 본다.

(34) ㄱ. 나는 긍지 높이 자랑하노라.(『조선말사전上』, 2002 : 531)
ㄴ. 조국이여, 내 그대를 위해 목숨 바쳐 싸우겠노라.(최윤갑·리
세룡, 1984 : 270)
ㄷ. 내 오늘 당기아래서 엄숙히 선서하노라.(동북3성, 1983 : 223)
ㄹ. 영웅들이여, 그대들은 조국의 고지를 마지막까지 목숨으로 지
켰노라!(차광일, 1981 : 312)

(34)의 '-노라'는 주로 시나 정중성을 띤 문체에서 사용된다. 이 종결
어미는 주로 자기 행동을 위엄 있게 선포하거나 감동의 느낌을 나타내
는 의미를 가지고 있다. '-노라'는 자신의 행동과 관련된 사실을 알리
되 주로 동사 어간과만 결합한다. 이것은 형용사 어간과만 결합하는
'-구나'의 경우와 대조된다. 또한 '-노라'는 시제를 나타내는 '-었/았-'
이나 '-겠-'과 같은 선어말어미와도 자유롭게 결합한다.

⑤ -ㄹ러라, -러라

'-ㄹ러라'와 '-러라'는 해라체의 감탄법 종결어미로서 '-ㄹ러라'는
구어체에 주로 쓰이고 '-러라'는 문어체에 쓰인다.

(35) ㄱ. 살기 좋은 고장일러라!(『조선말사전上』, 2002 : 892)
    ㄴ. 그것은 잊지 못할 일이러라.(『조선말사전上』, 2002 : 916)
    ㄷ. 아, 개혁개방의 시대러라.(『조선말사전上』, 2002 : 916)

이 종결어미들은 주로 서술격조사와만 결합하고, 시제를 나타내는 선
어말어미와는 결합하지 않는다. 그 쓰임이 많지 않아 대부분의 문법서
에서 다루지 않고 있다. (35ㄱ)은 화자가 자신이 거주하는 곳이 살기에
좋다는 것을 감탄의 어조로 이야기하는 것으로 그 고장에 대해 자랑스
럽게 생각하는 경향을 띤다고 볼 수 있다. 이런 의미적 특성을 고려하
면 '-ㄹ러라'는 감탄법 문장종결형이다. (35ㄴ, ㄷ)은 '-러라'에 의한
감탄법 실현의 경우인데 역시 화자의 주관적 감정을 나타냄을 확인할
수 있다. 다만 이 두 종결형은 시나 특수 문체에서 쓰이므로 담화상에
서는 적게 쓰인다.

⑥ -ㄹ세라

'-ㄹ세라'는 현대조선어에서는 거의 쓰이지 않는 감탄법 문장종결형
이다.

(36) 붉게 물든 단풍잎은 곱기도 할세라.(최윤갑·리세룡, 1984 : 301)

(36)은 붉게 물든 단풍이 곱다는 것에 대해 화자가 감탄하여 말하는

뜻을 나타낸다.

⑦ -랴

'-랴'는 본래 '내가 가랴?'와 같이 해라체의 의문법을 실현하는 종결
어미이지만, 청자에게 반문하는 수사의문문을 형성할 때는 해라체의 감
탄법을 실현하기도 한다. 이 종결어미는 수사의문문의 형식을 갖출 때
만 감동을 동반하고, 일반적인 의문법을 실현할 때에는 감동 정서를 동
반하지 않는다. 따라서 감탄법 실현은 수의적이다.

> (37) ㄱ. 함박꽃이 아름다운들 우리집 웃음꽃보다 더 아름다우랴?(『조
>   선말사전上』, 2002 : 909)
>   ㄴ. 우리들에게 이보다 더 큰 행복이 또 있으랴?(최윤갑・리세룡,
>   1984 : 307)
>   ㄷ. 공든 탑이 무너지랴?(동북3성, 1983 : 226)
> (38) ㄱ. 조국으로 돌아갈 수 있다면 얼마나 좋으랴?(최희수 외, 1987 :
>   129)
>   ㄴ. 이런 영광, 이런 기쁨 또 어디 있으랴?(최희수 외, 1987 : 129)

(37)의 '-랴'는 추측하여 반문하면서 어떤 사실을 강하게 긍정하는
뜻을 나타내며 대답을 요구하지 않음은 물론이고 화자의 감탄의 색채
를 동반한다. (38)은 의문사가 동반된 예인데, 역시 화자의 주관적 정서
를 표현하는 감탄법을 실현하고 있다. (38)은 '-랴'가 '얼마나, 어디' 등
과 같은 의문대명사나 의문부사와 어울려 그 반문의 정도를 강하게 나
타내고 있다. 이 문장종결형들은 주로 문어체에서 쓰이며 구어체에서는
'-겠는가'의 형태로 대체되어 쓰인다.

2.2.5. 등급 불분명

① -도다/로다

'-도다/로다'는 상대높임의 등급을 뚜렷이 나타나지 않는 감탄법 종결어미이다.

> (39) ㄱ. 그들은 인민의 행복을 위하여 목숨까지 바쳤도다.(『조선말사
> 전上』, 2002 : 705)
>
> ㄴ. 그대들은 조국과 인민을 위해 줄기차게 싸우도다.(차광일, 1981 :
> 313)
>
> ㄷ. 인민에게 죄지은 놈은 벌을 받아 마땅하도다.(최윤갑 · 리세룡,
> 1984 : 289)
>
> ㄹ. 아아, 밝아오는가! 동녘은 붉고 붉겠도다.(차광일, 1981 : 313)
>
> (40) ㄱ. 여기가 우리나라 수도 북경이로다.(차광일, 1981 : 313)
>
> ㄴ. 이런 일은 네가 알 바 아니로다.(최윤갑 · 리세룡, 1984 : 289)

(39)는 '-도다'가 동사나 형용사의 어간과 결합한 예인데, '-었-', '-겠-'과의 결합이 자유롭다. '-도다'는 위엄성 있고 고어적 색채가 농후하며, 주로 시와 같은 문어체에 쓰인다. (40)의 '-로다'는 서술격조사나 '아니다'의 어간과만 결합한다. 시제 선어말어미와는 결합하지 않는다. 의미적 특성을 살펴보면 주로 화자가 명제내용에 담긴 정보에 자신의 주관적 정서를 동반하여 전달한다. '-로다'는 장엄하고도 감탄적인 뜻을 나타낸다. 문어체나 구어체에 다 쓰인다.

'-도다/로다'는 주로 시적 표현에 사용되며 특정 대상이 없기 때문에 독백 기능으로 사용된다. 화자가 독백을 할 때에 자신에게 존대를 하거나 격식을 차리는 것은 일반적인 일이 아니기에 비존대이며 비격식체라 할 수 있다. 이런 관점에서 최윤갑 · 리세룡(1984 : 289)에서는 해라체

의 문장종결형으로 분류하고 있다. 아울러 현대조선어에서 '-로다'는
'-도다'보다 대화체에 많이 쓰이고 있어 한국어와 구별된다.

　② -ㄹ시고

　'-ㄹ시고'는 일반적으로 문어체에 쓰여 화자의 주관적 정서를 나타
내는 감탄법 종결어미이다. 주로 시나 노래에 쓰이기 때문에 특정한 청
자를 지정하지 않는다는 특징이 있다. 따라서 '-ㄹ시고'도 뚜렷한 상대
높임의 등급이 없는 것으로 본다.[54]

> (41)　ㄱ. 우리나라 좋을시고.(『조선말사전上』, 2002 : 893)
> 　　　ㄴ. 아침 햇볕 고울시고. (최희수 외, 1987 : 111)

　(41)의 '-ㄹ시고'는 주로 형용사 어간에 붙어 화자의 주관적 정서를
나타낸다. 시제 선어말어미와는 결합하지 않는 특징을 가지고 있다.

2.3. 감탄법 종결어미와 문장종결법의 관계

　지금까지 감탄법의 의미와 감탄법을 실현시키는 종결어미의 특성에
대하여 살펴보았다. 감탄법을 인정하지 않는 견해들이 대부분이지만,
이 책은 다른 문장종결법과는 구별되는 고유한 특성, 즉 화자의 주관적
정서를 반영하는 특성을 갖고 있으며, 감탄법의 실현을 고유의 기능으
로 갖는 종결어미가 확인된다는 점을 근거로 하여 현대조선어의 문장

---

54) 『조선말사전上』(2002)은 같음의 계칭으로 분류를 하고 있는데 이는 기계적인 분류에
　　의한 것으로 볼 수 있다.

종결법에 감탄법을 설정하였다. 감탄법을 실현하는 종결어미는 하십시오체와 하오체 등 상대높임의 등급에서 공백을 보였는데 이 점은 감탄법의 의미적 특성에 기인한 것으로 본다.

감탄법을 실현하는 종결어미와 각종 문장종결법의 관계를 도시하면 다음과 같다.

〈표 8〉 감탄법 종결어미와 문장종결법의 관계

	설명법	감탄법	약속법	의문법	명령법	허락법	경계법	공동법
-구나	×	○	×	×	×	×	×	×
-누나	×	○	×	×	×	×	×	×
-구려	×	○	×	×	△	?	×	×
-구만(요)	×	○	×	×	×	×	×	×
-군(요)	×	○	×	×	×	×	×	×
-어라/아라	×	○	×	×	?	×	×	×
-어(요)/ 아(요)	?	○	?	?	?	?	?	?
-노라	×	○	×	×	×	×	×	×
-도다/로다	×	○	×	×	×	×	×	×
-ㄹ걸(요)	?	○	×	×	×	×	×	×
-ㄹ시고	×	○	×	×	×	×	×	×
-ㄹ러라	×	○	×	×	×	×	×	×
-ㄹ세	?	○	×	×	×	×	×	×
-러라	×	○	×	×	×	×	×	×
-ㄹ세라	×	○	×	×	×	×	△	×
-라	×	○	×	?	×	×	×	×

○ : 전형적 쓰임.　　　△ : 수의적 쓰임.　　　× : 안 쓰임.　　　? : 여기서 논의하지 않음.

3. 약속법

약속법은 화자가 청자에게 명제내용에 담긴 행동을 실행할 것임을 알리는 문장종결법이다. 약속법 종결어미도 다른 종결어미와 마찬가지로 문장을 종결짓는 동시에 상대높임의 등급을 나타낸다. 종래의 많은 연구들에서는 화자가 자신이 수행할 행동을 청자에게 전달한다는 점에 근거하여 약속법을 설명법(서술식)의 한 부분으로 다루었다. 그러나 이 책에서는 담화상황에서 화자의 청자에 대한 태도를 나타내는 문장종결법의 본질에 초점을 맞추어 약속법을 문장종결법의 한 종류로 분류하여 기술하고자 한다.

약속법을 하나의 독립된 문장종결법으로 살피려면 우선 약속법의 의미를 정의한 다음 약속법을 실현하는 종결어미를 확인하여 분류하는 작업을 하고, 그 종결어미들의 특징을 하나하나 규명해야 한다. 또한 화행적 특성을 살펴보면서 동일 형태가 약속법 외에 다른 문장종결법을 실현하는지에 대해서도 검토해 보아야 한다.

3.1. 약속법의 의미

3.1.1. 기존 연구의 검토

현대조선어 연구에서 약속법에 대한 기술은 그리 많지 않다. 이는 약속법 자체를 하나의 독립된 문장종결법으로 설정하지 않으려는 의도 때문이라고 할 수 있다. 대부분의 연구서가 약속법을 설명법(서술식)에 포함시켜 함께 다루었다. 거의 유일하게 김기종·리영순(2006)만이 약속식을 설정하고 '말하는 사람이 대화자에게 어떤 행동을 할 데 대하여

약속함을 나타내는 식범주'라고 설명하였다.[55]

한국어 연구에서도 약속법을 독립적으로 설정할 것을 주장한 연구가 그리 많지 않았다. 약속법을 설정한다 하더라도 설명법과의 상관성을 강조하는 논의가 대부분이었다. 남기심(1973 : 52~23)에서는 종결어미 '-마'가 간접인용문에서 서술형 '-다'로 바뀐다고 설명하면서 '-마'를 설명법의 범주에 넣어 처리하였는데, 이런 견해는 한길(2004 : 60~64), 임동훈(2011 : 328~331) 등에서도 그대로 유지되고 있다. 약속법을 독립된 문장종결법으로 설정하지 않았던 또 다른 이유는 약속법의 종결어미가 일부 특정한 상대높임의 등급에만 한정되어 분포하기 때문에 다른 문장종결법과 대립시키는 것이 불합리하고 격에 맞지 않는다는 것이었다. 이러한 견해는 종결어미의 형태·통사적 특성에 초점을 둔 문장종결법 설정 방식이다.

담화적 관점에서 문장종결법을 다루는 고영근(1989 : 339), 서정수(1996), 윤석민(2000) 등은 약속법의 설정에 적극적이다. 고영근(1989)은 약속법의 의미를 '화자가 상대방에게 자기의 의사를 베풀어 그 실현을 약속하는 것'이라고 정의하고 있다. 서정수(1996)에서는 문장유형을 나누면서 '문'이라는 용어를 써서 '약속문'이라는 하나의 문장유형을 설정하고 다음과 같은 네 가지 근거를 제시하였다. 첫째, 상위문의 주어와 내포문의 주어가 동일인이어야 한다. 둘째, 약속하는 상대는 2인칭의 청자여야 한다. 셋째, 약속하는 이가 말하는 이 자신이어야 한다. 넷째, 상위문의 동사는 '약속하다'와 같은 의미를 지닌 것이어야 한다. 그런데 이들은 '약속'이라는 말에 얽매인 것으로 약속이 구체적으로 무엇

---

55) 김기종·리영순(2006 : 190)은 약속식의 예로 '내가 편지를 읽으마'를 제시하였다.

을 말하는지에 대해서는 분명하게 규정짓지 못했다고 볼 수 있다.

이에 비해 윤석민(2000)에서는 명제내용, 행위참여자, 진술방식, 진술태도 등의 기준을 차례로 적용하여 약속법을 문장종결법의 한 유형으로 설정해야 한다고 주장하면서 그 설정 근거를 다음과 같이 제시하였다. 첫째, 약속법은 화자가 문장에 담긴 명제내용을 행동에 대한 것이라고 생각할 때 선택된다. 둘째, 약속법은 화자가 문장에 담긴 명제내용이 화자 자신에게 속한 것이라고 판단할 때 실행된다. 셋째, 약속법은 화자가 명제내용을 청자에게 전달한다고 생각할 때 선택된다. 윤석민(2000)에서는 또 약속법이 설명법과는 다른 억양을 나타낸다는 사실을 중요한 요소로 들고 있다. 즉 설명법이 하향조의 억양을 가진다면 약속법은 하향평탄조의 억양을 지니므로 설명법과는 구별된 별도의 문장종결법이라고 주장한다.

3.1.2. 약속법의 의미

약속법의 의미를 규명하기 위하여 문장종결법의 분류기준인 행위참여자 기준, 진술방식 기준, 진술내용 기준, 주관적 정서의 반영 기준을 적용해 볼 수 있다.

먼저 행위참여자 기준을 적용해 보자. 약속법은 화자 위주의 문장종결법이라 볼 수 있다. 즉 화자가 명제내용을 자신이 이행해야 하는 정보라고 여길 때 사용하는 것이다. 이 경우에 행동주는 화자 자신이어야 한다. 따라서 명제내용의 주어는 화자 자신이 된다. 그러나 이 기준으로만 보면 약속법이 설명법이나 감동법과 명확히 구분되지 않으므로 다른 분류기준을 더 적용해야 한다.

다음으로 진술방식의 기준을 적용해 보자. 약속법은 화자가 자신의 행동을 이행할 것을 청자에게 말해 주는 종결법이다. 따라서 이 경우는 전달 형식을 취한 것이라 할 수 있다. 즉 화자가 자신의 행동 이행에 대해 청자에게 전달하는 것이다.

세 번째는 진술내용에 관한 것이다. 화자가 청자에게 자신의 의사를 전달할 때에 화자가 전달하려는 내용은 행동 관련 내용일 수밖에 없다. 화자가 청자에게 전달하는 내용 중에서 행동 관련 내용은 약속법 외에 경계법, 허락법, 명령법, 공동법 등 여러 가지 종결법으로 표현할 수 있다. 이 경우 행동의 대상이 누구냐에 따라 달리 분류될 수 있다. 그런데 이 명제내용은 화자 자신이 앞으로 수행할 행동에 대한 내용이므로 아직 일어나지 않은 것이라는 점을 간과해선 안 된다. 왜냐하면 이미 일어났거나, 이행했으며, 경험한 정보를 전달하는 설명법과 구분이 되기 때문이다.

이상의 세 가지 분류기준을 적용하여 약속법의 의미를 추출해 보면 다음과 같다.

> (1) 약속법은 화자가 청자에게 문장에 담긴 내용이 자신이 반드시 실행해야 할 행동에 대한 것이라고 알려 주는 문장종결법이다.

『조선말사전』(2002)에서는 다음 (2)의 종결어미들에 대해 모두 청자에게 약속의 의미를 알리고 있다고 기술하고 있어 약속법을 독립적인 문장종결법으로 설정할 수 있는 근거를 제시하고 있다.

> (2) ㄱ. 자네가 가면 나도 감세.(『조선말사전上』, 2002 : 1017)
>   ㄴ. 이 책을 다 본 다음 너에게 줄게.(『조선말사전上』, 2002 : 891)
>   ㄷ. 내일 오후에 오마.(『조선말사전上』, 2002 : 1017)

3.2. 약속법 종결어미

약속법의 종결어미는 설명법 종결어미에 비해 그 종류가 많지 않으며 상대높임의 등급도 고루 분포되어 있지 않다. 약속법을 실현하는 현대조선어의 종결어미를 제시하면 다음의 표와 같다.

〈표 9〉 약속법 종결어미

상대높임 등급		표준형
존대	하소서체	
	하십시오체	-리다
	해요체	-ㄹ게요, -지요
대등	하오체	-마구
	하게체	-ㅁ세
하대	해체	-ㄹ게, -어/아, -지
	해라체	-마

약속법은 의미상 화자가 자신이 앞으로 할 행동에 대해 청자에게 알리는 문장종결법인 만큼, 약속법 종결어미들에는 여러 가지 결합제약이 있다. 우선 약속법 종결어미들은 동사 어간과만 결합하고, 어미는 과거 시제를 나타내는 선어말어미나 서법 어미와는 결합할 수 없다. 또한 약속법이 실현된 문장의 주어가 언제나 화자와 동일해야 한다. 그리고 약속법의 부정문은 항상 '안' 부정문이라는 점도 중요한 특징이라 할 수 있다.

3.2.1. 하십시오체

하십시오체에 속하는 약속법 종결어미로는 '-리다' 하나만 설정할 수 있다.

(3) ㄱ. 내년에 다시 찾아뵈리다.(『조선말사전上』, 2002 : 984)

　　ㄴ. 이 일은 제가 책임지리다.(최희수 외, 1987 : 144)

　　ㄷ. 염려 마십시오. 그 일은 제가 책임지고 해드리리다.(최윤갑・리
　　　　세룡, 1984 : 313)

　　ㄹ. 근심 마시우다. 절대 빈손으로 안 오리다.(박은, 1983 : 215)

　　ㅁ. 그곳에는 제가 다녀오리다.(허동진, 2006 : 25)

　　ㅂ. 잘들 하라구, 열심히들 울어주면 부탁하지 않아도 다음번 일거
　　　　리를 내가 알선하리다(박옥남, 2008 : 695)

　　(3)의 '-리다'는 화자가 청자를 하십시오체로 가장 높이 대우하면서 명제내용에 들어있는 행동을 스스로 실행할 것을 청자에게 약속하는 종결어미이다. 『조선말사전』(2002)에서는 '동사에 쓰이어 이야기하는 사람의 의지를 나타낸다'고 기술하고 있다. 이는 최윤갑・리세룡(1984)과 최희수 외(1987)와 같은 입장이다. '약속'이 아닌 '의지'를 나타낸다고 하였으나 화자의 의지는 그 행동을 꼭 실현하겠다는 것이므로 청자에 대한 약속인 셈이다.

　　(3ㄱ)은 화자가 내년에 찾아뵐 것을 청자에게 약속하는 것이다. (3ㄴ)과 (3ㄷ)은 각각 화자가 책임질 의지를 나타내고 있지만 이와 동시에 청자에게 그렇게 할 것이라고 약속하는 것이다. 마찬가지로 (3ㄹ)은 빈손으로 돌아오지 않을 것을, (3ㅁ)은 본인이 갈 것을 청자에게 약속하고 있다. 이처럼 담화상황에서 보면 화자는 명제내용에 대해 하고자 하는 의지를 가지고 있고, 청자까지 고려하면 화자가 명제내용을 이행하기 위해 청자에게 꼭 하겠다는 의지를 밝히고 있는 것이다.

　　약속법이 실현되는 조건은 화자와 행동주가 모두 동일한 사람이어야 하며 또한 1인칭 주어이어야 한다는 점이다. (3ㄴ, ㄷ, ㅁ)의 '제가'와

(3ㅂ)의 '내가'가 1인칭 주어이면서 행동주라는 점에서 화자와 행동주가 동일 인물이라는 것을 확인할 수 있다. (3ㄱ, ㄹ)은 1인칭 주어가 생략된 예이다.

그런데 여기서 주의할 점은 약속법 종결어미 '-리다'와 추측의 의미를 갖는 '-리다'56)를 구별해야 한다는 점이다. 약속법 종결어미 '-리다'는 동사 어간과만 결합하지만, 추측의 '-리다'는 형용사 어간과 서술격조사와만 결합한다.

(4) ㄱ. 우리 조국의 앞날은 보다 휘황찬란하리다.(최윤갑·리세룡, 1984 : 313)

ㄴ. 물이 맑으리다.(차광일, 1981 : 281)

ㄷ. 아마 지금쯤은 산의 단풍이 아름다우리다.(최희수 외, 1987 : 144)

(4)는 '-리다'가 추측의 의미를 갖는 경우인데, 모두 형용사 어간과 결합하고 있다. 이는 [+행동성]인 동사의 어간에 결합되어 청자에게 그 행동을 약속하는 약속법과는 다르다. (4)의 경우는 화자가 어떤 사실이나 상황이 일어났을 것으로 짐작하여 청자에게 전달하는 경우이므로 '-리다'가 설명법을 실현한다고 볼 수 있다.

---

56) 여기서 추측의 '-리다'를 하나의 종결어미로 분석할 것인지, 아니면 선어말어미 '-리-'와 종결어미 '-다'가 결합한 어미결합체로 볼 것인지도 더 검토해야 될 문제이다. 현대조선어의 연구에서는 '-리다'를 '-리라'와 함께 추측의 의미를 갖는 설명법 어미로 분류하여 왔다. 이에 반해 한국어 문법서인 고영근(1974)은 추측의 '-리-'와 종결어미 '-다'가 단순히 결합한 어미결합체로 본다. 이 책도 추측의 '-리다'는 '-리-'의 추측의 의미와 '-다'의 설명법 기능이 그대로 유지되고 있다는 점을 근거로 하나의 종결어미로 보지 않는다.

3.2.2. 해요체

해요체에 속하는 약속법 종결어미로는 해체에 속하는 종결어미 '-지'
와 '-ㄹ게'에 보조사 '요'가 결합된 '-지요'와 '-ㄹ게요'의 두 개를 확
인할 수 있다. '-지요'나 '-ㄹ게요'는 나이 어린 화자가 자기보다 나이
가 많은 어른이나 높은 계층에 속하는 상위자에게 말할 때 사용되는 것
이다. 여기서는 '-지요'의 형태에 대해서 기술하고 '-ㄹ게요'는 해체
'-ㄹ게'에서 살펴본다.

① -지요

(5) ㄱ. 그건 제가 갖다 드리지요.(허동진, 2006 : 28)
    ㄴ. 집일은 내가 도와드리지요. 병구완도 내가 해드리지요.(리원길,
       1980 : 60)
    ㄷ. 처녀 : 그래요, 어서 생각을 돌리세요, 네?
       룡길이 : 그럼 생각을 돌려보지요. …(리종훈, 1985 : 275~276)

약속법을 실현하는 '-지요'는 어린이가 어른에게 말할 때, 혹은 성인
남녀 사이에서 쓰이는 것을 확인할 수 있다. (5ㄱ)에서는 '제가'라는 주
어를 써서 화자가 청자보다 하위자이고 그 때문에 '-지요'를 써서 청자
에게 가져다 줄 것을 약속하는 것이다. (5ㄴ)에서는 성인 여성이 약혼을
앞둔 남성에게 자신이 앞으로 할 일에 대해 하위자로서 해요체 '-지요'
를 써서 공손하게 알리는 것이다. (5ㄷ)은 '처녀'의 요구대로 생각을 돌
릴 것에 대해 서로 존대하면서 해요체로 약속하는 의미를 나타낸다.

3.2.3. 하오체

① -마구

현대조선어에서 하오체에 속하는 약속법 종결어미로는 '-마구'가 있는데, 지금까지 현대조선어 연구에서는 거의 다루어지지 않았다. 김기종·리영순(2006)에서만 상대높임법 등급을 하오체로 취급하면서 다음 (6)의 예문을 제시하고 있을 뿐 『조선말사전』(2002)에도 등재되어 있지 않다.

    (6) 내가 편지를 읽으마구.(김기종·리영순, 2006 : 190)

'-마구'에 대한 의미 해석이 되어 있지 않으나 '-마'와 같은 것으로 파악된다. 통시적으로 '-마'에 인용격조사 '-고'가 결합된 '-마고'가 형태상 '-마구'로 변하고 그 기능도 약속법 종결어미로 바뀐 것이 아닌가 한다. 이에 대해서는 다양한 문맥에서 사용되는 사례들을 더 발굴하여 면밀한 검토가 뒤따라야 할 것이다.

3.2.4. 하게체

① -ㅁ세

현대조선어에서 하게체로 상대를 대우하면서 약속법을 실현하는 종결어미는 '-ㅁ세' 하나만 조사되었다.

    (7) ㄱ. 자네가 가면 나도 감세.(『조선말사전上』, 2002 : 1017)
        ㄴ. 자금이 모자라면 내가 보태줌세.(허동진, 2006 : 56)
        ㄷ. 어려운 일은 내가 맡아 함세.(허동진, 2006 : 56)

'-ㅁ세'는 하게체로 상대를 대우하면서 약속법을 실현하는 문장종결형이다. 화자는 명제에 담긴 내용대로 청자에게 기꺼이 그리 하겠다고 약속함을 나타낸다. 앞으로 할 행동에 대해 청자에게 약속하는 것이므로 과거시제 선어말어미 '-었/았'과 결합되지 않는다. (7)에서 행동을 실행할 행동주가 '나'라는 점은 '-ㅁ세'가 약속법을 실현하는 종결어미임을 밝히는 것이다. 지금까지 조선어에 대한 연구에서 '-ㅁ세'의 정확한 용법과 의미내용에 대하여 기술한 논의는 미흡한 실정이다. 이는 아마도 '-ㅁ세'가 주로 장년층 이상의 화자들이 많이 쓰는 표현이라는 점과 무관하지 않아 보인다. 현재 '-ㅁ세'의 쓰임은 많지 않은 실정이다.

3.2.5. 해체

조선어에서 해체에 속하는 약속법 종결어미는 '-ㄹ게', '-어/아', '-지' 등이 있다. 이들 해체의 종결어미들은 보조사 '요'와 통합하면 상대높임의 등급이 해요체로 바뀌는 어미들이다.

① -ㄹ게

'-ㄹ게'는 청자를 해체로 대우하면서 화자가 청자에게 어떤 행동을 수행할 의사를 표시하면서 상대방에게 약속하는 뜻을 가진다.[57]

  (8) ㄱ. 이 책을 다 본 다음 너에게 줄게.(『조선말사전上』, 2002 : 891)
      ㄴ. 그러나 네가 아이를 키우겠다면 나 영원히 그 애를 잊을게.(양은희, 2006 : 161)
      ㄷ. 곤난이 있으면 우리가 도와줄게.(최윤갑·리세룡, 1984 : 297)

---

57) 최윤갑·리세룡(1987)에서는 대등계칭인 하게의 계칭으로 쓰인다고 설명하고 있으나 예문들과 최희수 외(1987)에 근거하여 이 책에서는 해체로 기술한다.

ㄹ. 너는 공부나 잘해라, 집일은 내가 다 할게.(최희수 외, 1987 : 103)

ㅁ. …이제부턴 내가 누날 호강시켜줄게.(허련순, 2004 : 635)

ㅂ. 용수, 내 꼭 미영이를 찾아올게.(림원춘, 2006 : 208)

'-ㄹ게'는 통시적으로 '-ㄹ'과 '-게'로 분석되지만, 공시적으로 '-ㄹ게'의 형태로만 쓰일 뿐만 아니라 의미도 언제나 화자가 자신의 행동에 대하여 약속하는 뜻을 나타내므로 여기서는 합성형 '-ㄹ게'를 약속법을 실현하는 하나의 종결어미로 다룬다. '-ㄹ게'는 같은 해체인 '-어/아'에 비해 여러 조건의 검토 없이 그 형태만으로도 약속법을 실현함을 알 수 있다. 그리고 '-어/아'에 비해 한층 더 친근감을 표현하고자 하는 경우에 사용되기도 한다. 이 형태가 '요'와 자연스럽게 어울리는 것은 이 종결어미가 공식적인 상황에서보다 친근한 사이에서 잘 쓰이기 때문이다.

약속법을 실현하는 '-ㄹ게'는 함경도 방언에서는 '-께/으께'로도 나타난다. 최윤갑·리세룡(1984 : 297)에서 '-ㄹ게'는 입말에서 '-께'로 줄어 쓰이는 일이 있다고 설명하였으며, 최명옥 외(2002 : 148)에서는 함북 북부지역어에서 '-ㄹ게'가 '-으께'로 나타난다고 하였다. 이는 현재 함경도방언을 그대로 반영한 경우라고 볼 수 있다.

(9) ㄱ. 내 얼른 갔다오께, 그 동안 집에서 언니하고 잘 놀아라, 응.(최윤갑·리세룡, 1984 : 297)

ㄴ. 영수야, 파린 내 잡으께.(최명옥 외, 2002 : 148)

② -어/아

'-어/아'가 약속법을 실현하는 경우, 다른 문장종결법과 마찬가지로 억양에 의해서 표현되는데 이때의 억양은 다른 종결법과 구분되어 주로 하강평탄조를 이룬다. 약속법이 실행될 경우 명제내용으로 제시된 행동이 꼭 실행될 가능성이 있다는 담화조건을 가진다. 주어도 약속법의 특징에 맞게 1인칭으로 실현된다.

(10) 난 이제 더 뱀을 안 잡어.(량춘식, 2006 : 75)

최윤갑·리세룡(1984)에 따르면 현대조선어의 경우, 화자의 어조와 글의 문맥에 따라 서술, 의문, 명령, 권유 등의 뜻을 나타내는데 이 경우도 서로 다른 억양에 의해 서로 다른 문장종결법을 이룬다고 한다. 이는 '-아/어'가 억양, 명제 내용의 제한, 행위참여자 등의 여러 조건에 따라 다양한 문장종결법을 실현하고 있다는 점을 지적한 것이다.

③ -지

현대조선어에서 '-지'도 해체로 상대를 대우하면서 약속법을 실현하기도 한다.

(11) ㄱ. 그럼 내 저 아래 장 동무한테 가서 호조금이나 좀 꿔오지.(홍천룡, 1981 : 131)
      ㄱ´. 그럼 내가 저 아래 장 동무한테 가서 호조금이나 좀 꿔올게.
      ㄴ. 젊은이, 사정이 정 그렇게 딱하다면 내 샀던 걸 주지.(홍천룡, 1981 : 138)
      ㄴ´. 젊은이, 사정이 정 그렇게 딱하다면 내 샀던 걸 줄게.

'-지'는 여러 종결법에 두루 쓰이는 종결어미이다. 그러나 약속법을 나타내는 '-지'의 쓰임은 매우 드물다. '-지'의 의미에 대해 박재연(2006 : 208~210)에서는 약속, 명령, 청유의 화행을 실현할 때 '행위양태'를 나타내며 이때 이러한 문장은 화자가 동작주에게 행위에 대한 조건을 부과하는 의미를 갖는다고 하였다. 약속법을 실현하는 경우 명령, 청유의 경우와 달리 화자와 동작주가 동일 인물인 점에서 차이를 보인다.

문장종결법 실현에 있어 (11)에서 볼 수 있듯이 '-지'를 '-르게'로 대체 시켜도 의미상 차이는 없다. 이는 범주상 약속법을 실현하며 해체 등급에 속하는 '-르게'와 비슷한 상대높임의 등급을 나타내기 때문이다. 그러나 명제내용에 반영된 행동을 실현하려는 화자의 의지표현에서 '-지'는 '-르게'보다 약하다. 한편 '-르게'는 대등한 관계에서 쓰이거나 윗사람이 아랫사람에게 쓸 수 있으나 '-지'는 그런 면에서 제약을 받는다. 연상인 화자가 연하인 청자에게 말할 경우 '-르게'는 '-지'보다 더 낮추어 대우하는 의미를 가진다.

3.2.6. 해라체

① 마

'-마'는 전형적인 약속법 종결어미이다. 이 종결어미는 화자가 청자를 해라체로 대우하며 자기의 의향을 드러내어 상대방에게 어떤 일을 약속하는 뜻을 나타낸다.

> (12) ㄱ. 네가 가지 못할 형편이면 내가 가마.(최윤갑 · 리세룡, 1984 : 315)
>
> ㄴ. 네 절로 푼 다음 내가 한번 보아 주마.(최희수 외, 1987 : 147)
>
> ㄷ. 일없다. 가을에 분배돈으로 네 걸 몽땅 사마.(서광억, 1981 : 112)

ㄹ. 내가 뒤에서 밀마. (김기종 · 리영순, 2006 : 190)

ㅁ. 그땐 네놈이 잃었다는 벼 단수의 배를 물어 주마.(고신일, 1990 : 372)

종결어미 '-마'는 선행 요소의 말음이 모음일 때 사용되고, 자음일 때는 '-으마'가 사용된다. 해라체의 '-마'는 해체의 '-ㄹ게'로 대체되어 쓰이는 경우가 많은데, 이는 '-마'가 '-ㄹ게'와 마찬가지로 전형적인 약속법 종결어미이기 때문이다.

3.3. 약속법 종결어미와 문장종결법의 관계

약속법은 화자가 앞으로 수행하게 될 명제내용에 대해 청자에게 스스로 약속하는 의미를 나타낸다. 그중 화자의 의지를 강하게 나타내는 종결어미가 있는가 하면 화자의 의지를 미미하게 나타내는 어미도 존재하는 것을 확인할 수 있다.

약속법의 종결어미는 설명법 종결어미보다 그 수가 비교적 적다. 그러나 약속법은 청자를 적극적으로 인식하고 발화한다는 점에서 청자에 대한 대우등급에 따라 상이한 종결어미들이 쓰이고 있다. 이는 약속법이 여러 담화적, 통사적, 형태적 제약을 가지기 때문이다.

현대조선어의 약속법 종결어미 가운데는 한국어의 종결어미와는 다른 어미들도 눈에 띈다. '-마구'와 '-께/으께'가 바로 그것이다. '-마구'에 대하여는 앞으로 조금 더 면밀한 검토가 필요하다. '-께/으께'는 함북방언에서 발견되는 어형이다. '-께/으께'가 현재 표준어에서 적극적으로 사용되지 않는 것은 아직까지도 '-ㄹ게'를 약속법 실현의 대표적 종결어미로 인식한다는 것으로 이해된다.

해체에 속하는 '-어/아'는 현대조선어 연구에서 약속법의 기능이 논의되지 않았으나 이 책에서는 예문을 통해서 그것이 약속법 어미임을 증명하였다. 약속법을 실현하는 종결어미와 문장종결법의 관계를 표로 보이면 다음과 같다.

〈표 10〉 약속법 종결어미와 문장종결법의 관계

	설명법	감탄법	약속법	의문법	명령법	허락법	경계법	공동법
-리다	×	×	○	×	×	×	?	×
-ㄹ게(요)	×	×	○	×	×	×	×	×
-지요	?	?	○	?	×	×	×	?
-마구	×	×	○	×	×	×	×	×
-ㅁ세	×	×	○	×	×	×	×	×
-어/아	?	?	○	?	?	?	?	?
-지	?	?	○	?	?	?	?	?
-마	×	×	○	×	×	×	×	×

○ : 전형적 쓰임.　　△ : 수의적 쓰임.　　× : 안 쓰임.　　? : 여기서 논의하지 않음.

4. 의문법

현대조선어에서 의문법은 의문식이라는 문법범주의 한 부류로 서술식, 명령식, 권유식 등과 함께 연구되어 왔다. 의문법은 의문법을 나타내는 종결어미, 의문사, 억양 등 여러 요소에 의해 실현된다. 이 책에서는 의문법을 이루는 세 요소 중 종결어미를 중심으로 그 형태를 확인하고 개별 어미의 형태·통사적 특성, 의미기능, 화행적 특성을 살펴본다. 따라서 본 절에서는 의문법의 정의와 의문법의 종결어미가 담화상에서 실현하는 의미기능을 위주로 살펴보며 의문법 종결형이 다른 문장종결법을 실현하는 경우에 대해서도 살펴볼 것이다.

4.1. 의문법의 의미

4.1.1. 기존 연구의 검토

다양한 문장종결법 중에서 의문법이 가장 많은 관심을 받아 왔고, 논란도 제일 많았다고 볼 수 있다. 그 원인은 의문문을 형성하는 요소가 여러 가지이고, 의문형 종결어미에 대한 접근 태도의 차이점, 즉 형태·통사 중심의 연구와 의미기능적 연구 등의 차이점에 있다고 할 수 있다.

현대조선어 연구에서 의문법은 형태·통사적 특징을 위주로 비교적 활발하게 이루어져 왔다. 의문문의 유형은 보통 대답을 요구하는 의문문과 대답을 요구하지 않는 의문문으로 나뉘는데, 이들은 또 각각 아래와 같이 구체적인 의문문으로 분류된다.[58]

> (1) ㄱ. 대답을 요구하는 의문문
>   a. 단순 확인만 요구하는 의문문
>   b. 구체적인 대답을 요구하는 의문문
>   ㄴ. 대답을 요구하지 않는 의문문
>   a. 확인 의문문
>   b. 추동 의문문
>   c. 양태 의문문

(1ㄱ)은 의문법을 실현하는 전형적인 의문문들이다. 이에 비해 (1ㄴ)

---

58) 동북3성(1983 : 362~363)의 분류에 따른 것임.

의 대답을 요구하지 않는 의문문은 형식상으로는 의문문이지만 내용상으로는 확인 또는 추동을 나타내거나 화자의 감정적 및 양태적 의미를 표현하는 문장이다. 따라서 (1ㄴ)은 의문형 종결어미를 갖는 의문문이지만 의문법을 실현한다고 볼 수 없다. (1ㄴ)을 의문문으로 보는 것은 형태론적 측면에 따른 분류라고 볼 수 있다.

현대한국어의 의문법에 대한 연구는 보다 구체적이고 활발하게 진행되어 왔는데, 문장유형의 한 부분으로 진행된 연구와 담화상에서 고려된 문장종결법에 대한 연구로 나뉜다. 전자의 경우는 의문문이라는 명칭으로, 후자의 경우는 의문법이라는 용어로 연구가 이루어졌다. 이는 형태 위주에 초점을 두었느냐 아니면 의미기능 위주에 초점을 두었느냐 하는 문제이다.

형태 중심의 연구는 의문문의 종류에 대해 세분화하는 것을 위주로 이루어졌다. 이익섭·채완(2003 : 232~248)은 의문문을 일반의문문과 특수의문문으로 분류하고 다시 일반의문문을 가부의문문, 선택의문문, 설명의문문으로 나누고 특수의문문을 수사의문문, 메아리의문문, 요청의문문으로 나누었다. 남기심·고영근(2004 : 349~352)은 의문문을 대답을 요구하는 의문문과 대답을 요구하지 않는 의문문으로 나누고 있다. 대답을 요구하는 의문문은 판정의문문과 설명의문문으로 분류하였고 대답을 요구하지 않는 의문문은 수사의문문으로 분류하였다.

형식적인 조건보다 의미기능적인 조건을 더 중요하게 생각하면서 의문이 성립되기 위한 조건을 제시한 논의도 있는데 박영순(1991)과 윤석민(2000)이 대표적이다. 박영순(1991)의 견해를 참고로 제시하면 다음과 같다.

(2) ㄱ. 화자가 어떤 사물이나 상황에 대하여 아직 모르거나 알아도 미
　　진한 상태의 발화여야 한다.

ㄴ. 이러한 미지, 미진성(未盡性)을 청자를 통하여 해결하려는 의도
　　가 있어야 한다.

ㄷ. 이러한 의도를 언어적으로 표현해야 한다.

ㄹ. 청자의 언어적 응답을 요구해야 한다.

ㅁ. 동일한 내용을 타서법(他敍法) 또는 타문형(他文型)으로 대치할
　　수 없는 것이 원칙이다.

ㅂ. 경어법을 엄격하게 적용하여야 한다.

(2)의 조건들은 전반적으로 담화상황에서 의문의 문답 구성이 보여주
는 조건들을 고려한 것으로서 문장종결법 설명에서 담화상의 제 요소
를 고려해야 한다는 윤석민(2000 : 143)의 견해와 일치한다. 위의 (2ㄱ,
ㄴ)은 의문문을 이루는 명제내용에 대한 필수조건을 제시한 것이다. (2
ㄷ)은 화행에서 이루어져야 한다는 것을 제시하고 있다. (2ㄹ)은 화자가
청자에게 미치는 영향으로 의문법이 문장종결법을 실현하는 기본조건
으로 작용한다. 이상의 (2ㄱ~ㅁ)까지 조건은 의문법을 실현할 때 반드
시 만족시켜야 하는 조건이다.

한편 (2ㅂ)은 의문법과 직접 관련되지 않는 요소이다. 윤석민(2000 :
143)은 '경어법을 엄격하게 적용하여야 한다'는 이 조건은 의문법의 성
립과 별개의 문법범주로 다루어지고 있는 것으로 이 두 문법범주는 독
단적으로 연구되어야 한다고 비판하고 있다. 이는 문장종결법과 상대높
임법이 같은 형태에 의해 실현되는 별개의 문법범주인 점을 감안한 것
으로 보인다. 의문법을 실현하는 형태들이 상대높임의 각 등급에 고루
분포되어 있고 또 화행적 조건을 고려할 때 화자와 청자의 관계에서 화
자가 청자에 대한 대우의 등급을 나타내는 점에 대한 고려는 필요하지

만 두 범주는 분명히 구별되어 다루어져야 한다.

의문법이 형태 중심의 관점에서 연구가 되면 화자가 명제내용을 통하여 청자에게 대답을 요구하는 의문의 의미가 의문형어미가 아닌 경우를 의문법 내에서 다루지 못하게 된다. 따라서 담화 중심의 관점에서 의문법의 의미를 정의한 바탕에서 의문형어미의 의미기능을 파악하는 것이 의문법을 제대로 파악하는 길이 될 것이다.

4.1.2. 의문법의 의미

담화상에서 의문법의 의미를 살펴보기 위하여 2장에서 제시한 문장종결법의 분류기준을 적용해 보기로 한다.

첫째, 행위참여자 기준을 적용하면, 의문법은 행위참여자 중 청자가 위주로 될 때 실현된다. 화자의 발화가 청자에게 영향을 미쳐 청자는 화자가 말한 명제내용에 대해 답변을 하는 태도를 보이게 된다.

> (3) ㄱ. 생원은 무사하오? 애들은 잘 자라오?(림원춘, 1983 : 189)
> ㄴ. 어디로 가오?(림원춘, 1983 : 194)
> ㄷ. 자네 왜 왔는가?(홍천룡, 1981 : 136)

(3)은 모두 화자가 모르거나 불확실하게 아는 정보를 청자에게 물을 때 실현되는 것이다. 따라서 청자는 화자가 만족할 만한 답을 줘야 하므로 대답이 뒤따른다. 화행적 측면에서 보면 화자는 청자의 대답을 요구하는 언표효과를 바라는 것임을 알 수 있다. 그 언표효과는 긍정적인 대답이든 부정적인 대답이든 청자에게 달려 있으며 의문법 실현에서 보면 청자가 위주로 된다.

둘째, 진술방식 기준을 적용해 보면 의문법은 청자에게 구체적인 대답을 요구하는 진술방식을 갖는다. (3ㄱ)을 살펴보면 '생원이 무사하오' 하는 물음에 '예, 잘 지냅니다'와 같은 대답을 할 수 있고 '애들이 잘 자라느냐'는 질문에 '예/아니오'로 대답할 수 있다. 이는 의문법이 화자가 청자에게 대답을 요구하는 진술방식을 나타내는 것을 보여준다.

셋째, 의문법을 통해 청자에 대하여 화자가 요구하는 진술내용은 정보이다. 화자가 청자에게 무언가를 요구하는 종결법은 의문법 외에 명령법, 공동법을 더 들 수 있다. 명령법과 공동법은 행동에 대한 요구라면 의문법은 정보에 대한 요구이다. (3ㄱ)에서는 명제에 지적된 사람들에 대한 안부를 묻는 것으로 이는 행동에 대한 요구가 아니라 정보에 대한 요구이다. (3ㄴ)의 경우도 화자는 청자에게 '목적지'를 묻는 것이지 가는 행동에 대한 것을 요구하는 것이 아니다. (3ㄷ)의 경우도 마찬가지로 화자는 '온 것'에 대한 질문보다 '온 목적'에 초점을 맞추고 있다. 따라서 화자가 요구하는 것은 청자가 알고 있는 정보이지 청자에 대한 행동 요구가 아니다.

넷째, 의문법은 화자의 주관적 정서를 필요로 하지 않는데, 그렇다고 해서 [−정서적]인 것도 아니다. 의문법은 이미 앞의 3가지 분류기준으로도 그 특성이 모두 드러나기 때문에 굳이 부차기준인 주관적 정서 기준을 적용할 필요가 없는 것이다.

현대조선어에서 의문사 없는 의문법은 상승조의 억양을 이룬다. 이는 의문법을 실현하는 데 중요 조건으로 작용한다.

(4) ㄱ. 신문사에서 왔답지요? ↗ (박은, 1983 : 205)
　　ㄴ. 반갑수다. 제가 바로 장새움지요. ↘
　　　　이를테면 남들이 말하는 민정위원입지요. ↘ (박은, 1983 : 205)

(4)는 모두 한 사람의 대화이다. 모두 같은 형태의 어미를 쓰고 있으나 이들이 실현하는 문장종결법은 (4ㄱ)이 의문법이고, (4ㄴ)이 설명법이다. (4)에서 같은 형태가 서로 다른 문장종결법을 실현하는 것은 억양의 차이에 따른 것임을 확인할 수 있다. 현대조선어의 경우 같은 형태가 억양에 의해 다른 문장종결법을 실현하는 경우가 많으므로 이 조건에 대한 적용은 종결어미의 특성을 취급하는 절에서 구체적으로 살펴보기로 한다.

이상으로 문장종결법의 분류기준에 의해 의문법의 의미를 파악하였다. 의문법의 의미를 정리하면 다음과 같다.

(5) 화자는 자기가 전혀 모르거나 불확실하게 아는 정보를 청자에게서 알려고 요구하는 문장종결법이다.

4.2. 의문법 종결어미

종결어미와 문장종결법의 관계는 2장에서 언급했듯이 많은 경우가 다대다 대응관계를 갖는다. 의문형 종결어미도 예외가 아닌데, 의문형 종결어미의 기본 기능은 의문법을 실현하는 것이라 하더라도 다음 (6)과 같이 다양한 문장종결법을 실현할 수도 있다.

(6) ㄱ. 아, 얼마나 아름다운 조국강산인가?(최윤갑·리세룡, 1984 : 261)
    ㄴ. 광풍폭우가 휘몰아치는 이런 야밤에 그는 옹근 80리길을 걸어
       오지 않았는가?(최희수 외, 1987 : 34)
    ㄷ. 못 놓겠니?(홍천룡, 1981 : 134)

(6)의 문장종결법은 의문법이 아니다. (6ㄱ)은 현대조선어에서 양태 의문문으로 처리하고 있는데, 문장종결법의 측면에서 보면 감탄법을 나타내고 있다. (6ㄴ)은 수사의문문 혹은 확인의문문이라 분류하는 것인데, 의문법이 아니라 설명법을 실현하고 있다. (6ㄷ)는 '어서 놓아라'는 의미를 나타내는 것으로 명령법의 기능을 수행하는 예이다. 그렇다고 해서 (6ㄱ)의 '-ㄴ가', (6ㄴ)의 '-는가', (6ㄷ)의 '-니'를 의문형 종결어미가 아니라고 해서는 안 된다. 이들의 기본 기능은 의문법을 실현하는 것이므로 기본적으로 이들은 의문형 종결어미인데, 경우에 따라 다른 요소들의 도움을 받아 의문법이 아니라 다른 문장종결법을 실현하게 된 것이다.

의문형 종결어미는 현대조선어 사전류와 문법서에서 취급한 표준형과 소설과 같은 문학작품에서 쓴 방언형도 함께 취급한다.

〈표 11〉 의문법 종결어미

상대높임 등급		표 준 형	방 언 형
존대	하소서체	-나이까, -소이까, -오이까 -오리이까, -올시까	
	하십시오체	-ㅂ니까, -ㅂ네까, -웨까, -외까	-ㅁ까/슴까, -ㅁ둥/슴둥, -ㅂ지/습지
	해요체	-어요/아요, -ㄹ래요, -지요, -ㄹ가요, -나요, -니요	-ㅂ지요/습지요, -ㅂ죠/습죠
대등	하오체	-오/소, -우/수, -뇨	-ㅂ데/습데
	하게체	-ㄴ가/는가/은가, -ㄴ고, -나, -노	
하대	해체	-어/아, -지, -ㄹ래	
	해라체	-니, -냐/-느냐, -ㄹ가	

〈표 11〉에서 하소서체에 해당되는 종결어미 '-나이까, -오이까,

-오리이까, -올시까, -소이까'는 현대조선어에서 담화상에서는 쓰이지 않고 문어체로 예스러운 의미를 더할 때 표현되는 문장종결형이다. 하소서체보다 낮은 등급을 나타내는 '-웨까'와 '-외까'는 용례가 적다. 이 두 어미는 의고적인 표현으로 현재는 거의 사용되지 않는 것으로 보고 이 책에서는 논의하지 않기로 한다.

해요체 등급에 속하는 어미들은 해체와 해라체, 하게체의 일부 어미에 보조사 '요'가 결합되어 이루어진 형태이다. 따라서 이 형태에 대해서 구체적인 분석을 진행하지 않는 것을 원칙으로 하되, '-ㅂ죠/습죠'와 '-ㅂ지요'는 방언형으로 문학작품에서도 많이 쓰이므로 이들만 다루기로 한다.

이외에 도표의 분류에 제시되지 않으나 사전에 올라와 있는 '-ㄴ지'와 '-면서'는 연결어미 형태가 종결형으로 끝난 경우에 억양 동반과 함께 의문법으로 실현되는 것으로 이들은 실현 환경이 전형적인 의문법 종결형이 아니므로 의문법 문장종결형에 대한 논의에서 제외한다.

이 책은 의문법을 실현하는 경우 화행이 충분히 이루어지고 대답을 요구하는 어미를 위주로 취급하므로 '-담/람'과 같은 혼잣말에 쓰이는 어미는 선정하지 않았다.

4.2.1. 하십시오체

① -ㅂ니까/습니까, -ㅂ네까/습네까

'-ㅂ니까/습니까'는 현대조선어에서 표준형으로 쓰이고 있으며 문어체는 물론 구어체에서도 가장 많이 쓰는 종결어미이다.

(7) ㄱ. 저, 좀 물어보아도 좋겠습니까?(최희수 외, 1987 : 160)

ㄴ. 동무가 영철입니까?(최희수 외, 1987 : 160)

ㄷ. 금년에도 생산계획을 기한 전에 완수할 수 있습니까?(최윤갑·
리세룡, 1984 : 320)

ㄹ. 아주머니, 용수가 또 단식을 했습니까?(림원춘, 2006 : 205)

(7′) ㄱ. 저, 좀 물어보아도 좋겠습니까? — 예, 물어보십시오.

ㄴ. 동무가 영철입니까? — 아닙니다, 저 애가 영철입니다.

ㄷ. 금년에도 생산계획을 기한 전에 완수할 수 있습니까? — 네, 있
습니다.

ㄹ. 아주머니, 용수가 또 단식을 했습니까? — 예, 왜 저러는지 모르
겠습니다.

형태·통사적 특성을 살펴보면 '-ㅂ니까'는 동사와 형용사 어간은
물론이고 서술격조사와도 자유롭게 결합하고, 과거시제 선어말어미
'-었/았-'이나 미래시제 선어말어미 '-겠-'과의 통합도 자유롭다. 또한
주어의 제약도 없다. 선행 요소의 음절 말음이 모음이냐 자음이냐에 따
라 '-ㅂ니까' 혹은 '-습니까'로 실현된다.

'-ㅂ니까'는 기본적으로 화자가 청자로부터 대답을 요구하는 의문법
을 실현할 때 쓰인다. (7ㄱ)은 상대방에게 '좀 물어보아도 괜찮은지'에
대해 상대방에게 허락의 대답을 요구하는 것이고 (7ㄴ)은 '이름이 영철
이냐'는 사실을 묻는 것이며 (7ㄷ)은 '기한 전에 계획을 완수할 수 있는
지' 등 상태에 대해 물을 때 쓰인 것이다. (7ㄹ)은 이미 일어난 '단식'이
라는 상황에 대해 물을 때 쓰였다. 따라서 이런 경우는 모두 (7′)와 같
이 대답이 뒤따를 수 있다. 이 문장종결형은 화자가 청자에게 어떤 동
작이나 상태, 사실을 물어보는 뜻을 나타내며 정중성을 띠고 있으므로
공식적인 질문에서 많이 쓰인다.

한편 '-ㅂ니까/습니까'는 담화상황이 달라지면 설명법이나 명령법,

공동법을 수행할 수 있다.

(8) ㄱ. 한다리 사이가 천리라고 팔촌, 구촌이 다 뭡니까?(홍천룡, 1981 :
131)
ㄴ. 그 책을 좀 빌려주시겠습니까?(최희수 외, 1987 : 160)
ㄷ. 차시간이 되었는데 어서 가시지 않겠습니까?(최윤갑·리세룡,
1984 : 320)

(8ㄱ)은 '팔촌, 구촌이 아무 사이도 아니다'는 것을 강조의 어조로 표
현한 것으로 담화상황으로 미루어 볼 때 설명법을 실현하는 경우이고
(8ㄴ)은 '그 책을 빌려주십시오'의 의미로 명령법을 실현하는 경우이다.
(8ㄷ)은 '차시간이 다 되었으니 어서 갑시다'라는 의미로 공동법을 수
행하고 있다. 이 세 예문은 화자와 청자의 담화상황에 의한 것으로 대
답을 요구하지 않는다. 특히 (8ㄴ, ㄷ)은 청자의 행동 수행을 요구하므
로 이는 의문법을 실현한 조건에 부합되지 않는다. 따라서 (8)의 '-ㅂ
니까/습니까'는 의문법 외에 부차적인 기능으로 기타의 문장종결법을
실현하고 있음을 나타낸다.

다음 (9)의 '-ㅂ네까/습네까'는 주로 구어체에서 수수하게 표현할 때
쓰인다. 형태·통사적 특성, 의미기능적, 화행적 특성도 '-ㅂ니까/습니
까'와 같다.

(9) ㄱ. 오늘 떠나가십네까?(『조선말사전上』, 2002 : 1279)
ㄴ. 이 강물에 물고기가 많습네까?(『조선말사전上』, 2002 : 1279)

② -ㅁ까/습까

'-ㅁ까/습까'는 구어체로 담화상황에서는 '-ㅂ니까/습니까'보다 더

많이 쓰인다. 보통 젊은층에서 웃어른에게 많이 쓰고 있는 것으로 파악
된다. 그러나 현재는 40~50대 장년층에서도 상대를 예우하며 청자에
게 자신이 모르는 정보를 물어볼 때 많이 쓰인다.[59]

> (10) ㄱ. 엄마는 정이란 어떤 건지 모르잼까?…
>   엄마는 내가 그동안 얼마나 외롭게 살았는지 암까?(리혜선,
>   2006 : 7)
> ㄴ. 얼마나 불쌍함까, 얼마나 엄마를 원망했겠슴까?(리혜선, 2006 : 7)

'-ㅁ까/슴까'에 대해 황대화(1998 : 235~236)는 동북방언과 육진방언
에서 '-ㅂ니까/습니까'에 해당되는 어미라고 기술하고 있다. 최명옥 외
(2002 : 160~161)에서는 표준어나 문화어로부터 차용한 것으로 보이는
'-음니까'도 있다고 기술하면서 그것의 줄어든 형태 '-음까/슴까'도 있
다고 했다. 이 주장에 따르면 '-ㅂ니까/습니까' > '-음니까/슴니까' >
'-ㅁ까/슴까'로 변형된 것으로 추정한다.

'-ㅁ까/슴까'는 동사나 형용사의 어간, 서술격조사와의 결합이 자유
로우며 어간에 직접 결합되는 경우가 많다. 뿐만 아니라 시제어미 '-었/
았-'과 추정을 나타내는 '-겠-'과도 결합이 자유롭다. 이는 예문 (10
ㄴ)에서도 확인이 가능하다. 선행 요소의 음절 말음이 모음이냐 자음이
냐에 따라 '-ㅁ까'와 '-슴까'로 실현된다.

③ -ㅁ둥/슴둥

'-ㅁ둥/슴둥'은 연변지역 방언에서 많이 쓰이는 의문법 종결어미이

---

59) 방채암(2008 : 36)을 참고하였음.

다. 주로 중장년층이 자신보다 연상인 청자에게 물을 때 쓰인다.

이 의문법의 형태는 '-ㅁ두/슴두'의 형태로 나타나기도 한다. 이에 대해 최명옥 외(2002 : 159)에서는 말음절 '둥'이 말자음 'ㅇ'이 약화되어 '두'로 발음되기도 한다고 기술하고 있다. 즉 '-ㅁ둥/슴둥' > '-ㅁ두/슴두'의 음운변화의 과정을 거친 것이다. 이처럼 현대조선어에 두 가지 형태가 존재하나 이 책에서는 '-ㅁ둥/슴둥'의 형태를 취급한다.

> (11) ㄱ. 조부님은 이렇게 늦게 퇴근하심둥?(홍천룡, 1981 : 133)
> ㄴ. 저 벽돌구락부를 지을 때 그 많은 돌과 벽돌을 어떻게 날라
> 들였슴둥?(차룡순, 1981 : 98)
> ㄷ. 아주머님둥?(리종훈, 1991a : 30)
> ㄹ. a : 어두워 어떻게 가겠슴둥?
> b : 일없소. 내사 올빼미눈인데 무슨. (리종훈, 1991a : 48)
> ㅁ. 안녕하심둥? 아바이, 내 부디 사정할 일이 있어 그럽니다.(리
> 종훈, 1991a : 33)
> ㅂ. 누기 시끄럽게 합던두?(방채암, 2008 : 35)

(11)의 '-ㅁ둥/슴둥'은 동사나 형용사 어간은 물론 서술격조사와도 자유롭게 결합하는 것을 확인할 수 있다. 뿐만 아니라 과거시제를 나타내는 '-었/았-'과 미래시제를 나타내는 '-겠-'과도 결합이 자유롭다. (11ㄴ)에서 '-ㅁ둥/슴둥'은 회상을 나타내는 '-더-'와도 결합할 수 있다. 이 종결어미는 선행 요소의 음절 말음이 모음일 때 '-ㅁ둥'으로, 자음일 때 '-슴둥'으로 실현된다.

'-ㅁ둥/슴둥'은 주로 중장년층 이상의 화자가 자신보다 연상인 청자로부터 정보를 얻고자 할 때 사용한다. (11ㄱ, ㄴ, ㄷ, ㅁ)에서 화자는 중장년층이다. (11ㄱ)에서는 촌수가 낮은 조카가 조모님에게 조부님의

귀가에 대해 물을 때 사용되기도 한다. (11ㄴ)은 중장년층인 화자가 마을회의에서 연장자인 청자에게 물을 때 사용된 경우이다. (11ㄹ)은 중장년층의 여성화자의 경우에 쓰인 대화이다. 이처럼 '-ㅁ둥/슴둥'은 다양한 연령층은 물론 남녀 성별을 불문하고 상대를 예우하여 물을 때 사용되는 종결어미이다.

상대높임의 등급에서 살펴보면 '-ㅁ둥/슴둥'은 '-ㅁ까/슴까'와 별로 차이를 보이지 않고 있다. 사용자의 측면에서 보면 '-ㅁ까/슴까'가 젊은층에서 주로 쓰인다면 '-ㅁ둥/슴둥'은 중장년층의 화자군에서 많이 사용되고 있음을 확인할 수 있다. 그러나 현재 연변지역 방언에서 '-ㅁ둥/슴둥'은 그 사용이 점점 줄어들고 있다. 원인은 여러 가지일 수 있으나 이는 우선 '-ㅁ둥/슴둥'은 순수 방언형에 근거하고 있으나 '-ㅁ까/슴까'는 표준형 '-ㅂ니까/습니까'에 근거를 두고 있으므로 표준어의 우세로 방언형을 기피하려는 현상에서 비롯된 것으로 보인다.

④ -ㅂ지/습지

'-ㅂ지/습지'는 다른 문장종결법을 실현하기도 하나 의문법을 실현할 때는 주로 상승조의 억양을 동반하여 문말에서 의문법을 실현한다.

> (12) ㄱ. 사돈, 이만하면 내 마음을 알만하겠습지?(리종훈, 1985 : 275)
> ㄴ. 그리구 아바이는 새벽에 이 아매네 집으로 갔다가 바지띠를 두구 갔습지?(리종훈, 1992 : 176)
> ㄷ. 옳습지? 이런건 누구나 다 압지?(리종훈, 1992 : 176)
> ㄹ. 그 신선이 정말 용합지?(리종훈, 1992 : 154)

이 종결형은 용언의 어간에 붙어 상승조의 억양 동반과 함께 화자의 청자에 대한 물음을 나타낸다. 이 형태는 겸양을 나타내는 '-ㅂ/습-'과 반말을 나타내는 '-지'의 결합형으로 추정된다. '-ㅂ지/습지'는 동사나 형용사 어간은 물론 서술격조사와도 자유롭게 결합된다. 과거를 나타내는 '-었/았-'과 미래를 나타내는 '-겠-'과도 결합된다. 선행 요소의 음절 말음에 따라 '-ㅂ지'와 '-습지'로 실현된다.

의문법을 실현할 경우 '-ㅂ지/습지'는 화자가 청자에게 자신이 알리고자 하는 명제내용에 대해 재확인하기 위해 되묻는 의미를 나타난다. (12ㄱ)은 사돈인 청자에게 자신의 마음이 어떠한지에 대해 확인시키기 위해 되묻는 경우이고 (12ㄴ)은 이미 있었던 일에 대해 당사자인 아바이에게 확인하기 위해 묻는 것이다. (12ㄷ)은 누구나 다 알고 있는 사실에 대해 추정하면서 확인하기 위해 물은 것이다. (12ㄹ)은 화자가 이미 알고 있는 그 신선이 용하다는 사실을 청자에게 재확인하려고 물을 때 쓰인 것이다.

4.2.2. 해요체

현대조선어에서 해요체에 속하는 종결어미는 해라체, 해체, 하게체, 하십시오체에 '요'가 결합된 형태들로 이루어진다. '-어요/아요'와 '-ㄹ래요', '-지요'는 해체에 속하는 어미 '-어/아, -ㄹ래, -지'에 '요'가 결합된 형태이고 '-ㄹ가요'와 '-니요'는 해라체에 '-ㄹ가, -니'에 '요'가 붙은 형태이다. '-나요'는 하게체 '-나'와 '요'가 결합된 경우이다.

이 어미들은 모두 '요'의 결합으로 상대높임의 등급만 달리할 뿐 형태·통사적 특성이나 의미적 특성은 '요' 결합 전의 종결어미와 같다. 해요체 등급을 나타내는 방언형어미 '-ㅂ지요'와 그 줄어든 형태 '-ㅂ죠'는 하십시오체 등급에 속하는 '-ㅂ지'에 '요'가 결합된 형태이다. 본

절에서는 해요체에 속하는 '-어요/아요, -ㄹ래요, -지요, -ㄹ가요, -나
요, -니요'에 대해서는 각각 해라체, 해체, 하게체 어미를 설명하는 절
에서 살펴보고 여기서는 '-ㅂ지요'와 '-ㅂ죠'의 특성에 대해 설명한다.

① -ㅂ지요/습지요, -ㅂ죠/습죠

현대조선어에서 '-ㅂ지/습지'는 하십시오체 등급에 해당되는 종결어
미이고 '-ㅂ지요/습지요'는 이 종결어미에 '요'가 결합된 형태이다. 이
경우는 해체에 '요'가 결합되어 해요체로 등급을 높이는 경우와 대조적
이다. 여기서 '요'의 결합은 등급을 낮추어 청자를 대우하는 것이 아니
라 더 부드럽게 전달하기 위한 것으로 본다.

'-ㅂ지요/습지요'는 '-ㅂ지/습지'와 의미기능은 같으나 상대높임의
등급을 달리 하는 경우이다. '-ㅂ지요/습지요'는 부차적 기능의 하나로
의문법을 실현한다.

> (13) ㄱ. 배구시합은 내일부텁지요?(최윤갑·리세룡, 1984 : 324)
> ㄴ. 아침안개 자옥한 농촌마을은 마치도 아름다운 한폭의 그림 같
> 습지요?(최희수 외, 1987 : 164)
> ㄷ. 신문사에서 왔답지요?(박은, 1983 : 205)
> ㄹ. 내일은 날씨가 개이겠습죠?(최윤갑·리세룡, 1984 : 324)

'-ㅂ지요/습지요'는 동사나 형용사 어간이나 서술격조사와 결합한다.
선행 요소의 음절 말음이 모음이냐 자음이냐에 따라 '-ㅂ지요'와 '-습
지요'로 형태를 달리하여 나타난다. (13ㄱ)은 '-ㅂ지요'의 형태로 (13
ㄴ)은 '-습지요'의 형태로 나타난다. 뿐만 아니라 (13ㄷ)에서 확인할 수
있듯이 이 종결형은 종결어미 '-다'와의 결합도 가능하다. 이 외에 '-ㅂ

지요/습지요'는 시제를 나타내는 '-었/았-'과 추측을 나타내는 '-겠-'
과도 결합된다.

의미적 특성을 살펴보면 '-ㅂ지요/습지요'는 화자가 확실하다고 믿
지 않으나 어느 정도 추측하고 있는 어떤 사실을 청자에게 물어 확인하
는 의미를 담고 있다. (13ㄱ)은 화자가 배구시합이 시작되는 일시를 예
상은 하고 있으나 불확실하게 기억하고 있어 청자에게 확인하려고 하
는 것이다. (13ㄴ)은 화자가 자신이 느끼고 있는 마을의 아름다움에 대
해 청자에게 되물어 확인하는 의미를 나타내고 있다. (13ㄷ)은 화자는
청자가 신문사에서 왔다는 소식을 들었으나 그것을 확인하기 위해 물
어본 것이다. (13ㄹ)은 화자가 내일은 날씨가 갤 것이라는 내용에 대한
추측을 청자에게 물어보는 것이다. 이와 같이 화자의 청자에 대한 '확
인'을 위한 의문의 의미는 '-지'의 의미에서 비롯된 것으로 본다.

'-ㅂ죠/습죠'는 '-ㅂ지요/습지요'의 줄어든 형태이다. 형태·통사적
특성, 의미·화행적 특성은 '-ㅂ지요/습지요'와 같다. 이 종결형은 설명
법을 실현하기도 하나 억양의 가세로 의문법을 실현하기도 한다.

4.2.3. 하오체

① -오/소

'-오/소'는 담화상황에서 화자가 청자를 적극 인식하고 하오체로 청
자를 대우해 주며 담화내용에 대한 정보를 요구하는 종결어미이다. 선
행 요소의 음절 말음이 모음이냐 자음이냐에 따라 '-오'와 '-소'로 나
타난다. 이 종결어미는 서술어의 종류에 제약 없이 자유롭게 통합되며
시제요소나 서법요소와도 자유롭게 결합된다.

(14) ㄱ. 오늘은 누가 물 길러 가오?(최희수 외, 1987 : 214)

ㄴ. 이 꽃나무에 매일 아침 물을 주오?(허동진, 2006 : 44)

ㄷ. 다음번엔 누가 하셨소?(허동진, 2006 : 44)

ㄹ. 하지만 안전문제는 생각해 보았소?(양홍앵, 2008b : 104)

ㅁ. 한 애에게라도 문제가 생기면 누가 책임지겠소?(양홍앵, 2008b : 104)

'-오/소'가 의문법을 실현할 경우 의문사를 동반하기도 하고 의문사 없이 쓰이기도 한다. 의문사가 쓰일 때, 구체적인 대답은 의문사에 대한 대답이 되므로 '-오/소'는 상대높임의 등급에 대한 표지로 많이 나타난다. 그러나 의문사 없이 의문법을 실현할 경우, 대답은 '예/아니오' 같은 판정의문에 해당되는 것으로 상대높임의 등급을 나타냄과 동시에 의문법도 부각시킨다. 때문에 '-오/소'는 하오체를 대표하는 문장종결형으로 자리매김하고 있다.

억양의 가세에 따라 '-오/소'는 서로 다른 문장종결법을 실현한다. 의문법 외에 설명법, 명령법도 실현한다. 의문법의 경우 억양이 가세하는데 상향조를 이루는 것이 특징이다. 설명법을 수행할 경우 평하강의 어조와 함께 화자가 청자에게 자신이 알고 있는 어떠한 사실이나 상황을 전달하는 의미만을 나타낸다. 명령법을 수행할 경우 하강조 억양을 이루며 화자가 청자에게 담화 내용에 담긴 정보를 제시함과 동시에 그에 맞는 행동을 기대하게 된다. 이때 화자는 자신이 청자에게 요구한 정보를 기대할 수 없다. 이런 점은 의문법과 구분된다.

② -우/수

현대조선어에서 '-우/수'는 '-오/소'보다 좀 더 수수하게 표현하는 느낌을 준다. 화자와 청자는 대부분 중장년층이다.

> (15) ㄱ. 아니, 어데 갔다가 인제 오우?(림원춘, 1983 : 172)
>
> ㄴ. 또 잃음 자랑 하려구 그러우? 심심하면 저 화투판이나 들여다 보우.(최국철, 1987 : 309)
>
> ㄷ. 무슨 소릴 하우? 내 손에 언제 명월이 있다구 이 야단이유?(최 국철, 1987 : 303)
>
> ㄹ. 령감, 그 사람이야 다른 사람과 다르지 않우?(류원무, 1982 : 156)
>
> ㅁ. 노친 : 신문사에서 오셨수?
>
> 영감 : 암.
>
> 노친 : 먼길 오시느라 수고하셨수.(박은, 1983 : 205)

'-우/수'는 동사나 형용사의 어간이나 서술격조사 그리고 시제를 나타내는 '-았/었-'이나, '-겠'과도 자유롭게 결합된다. '-우/수'는 선행 요소의 음절 말음이 모음이냐 자음이냐에 따라 각각 '-우'와 '-수'로 나타난다.

'-우/수'는 순수 질문과 상대방에게 반문을 할 때 많이 사용된다. (15 ㄱ, ㅁ)은 순수 질문의 의미로 쓰인 예이고 (15ㄴ, ㄷ)은 반문의 의미로 쓰인 예문이다. (15ㄱ)의 경우는 의문사의 결합과 함께 상대방에게 '이제야 오게 된' 이유를 묻기 위해 쓰인 것이다. (15ㄴ)은 '잃음 자랑'을 한 적 있는 청자에게 주의할 것을 요구하는 의미로 수사학적 질문을 나타냈다고 보고 있다. (15ㄷ)은 이미 실현된 내용에 대해 반박하는 의미로 쓰인 것으로 절대 그런 일이 없음을 나타낸다. (15ㅁ)은 '신문사에서 왔다'는 정보에 대한 순수 질문으로 사용된 예이다.

'-우/수'는 주로 화자와 청자가 대부분 중장년층인 특징을 나타낸다.

(15ㄱ)은 동서들 사이의 대화에, (15ㄴ, ㄹ, ㅁ)은 노부부 사이의 대화에, (15ㄷ)은 장년층 친구 사이의 대화에 '-우/수'가 의문법 종결어미로 사용된 예이다.

③ -뇨

'-뇨'는 하오체로 상대방을 대우하면서 자신이 의문스러운 것을 물을 때 사용한다. 현대조선어에서 '-냐'를 예스럽게 표현한 형태로 '-뇨'가 사전에 등재되어 있다. 『조선말사전』(2002)에 의하면 '-뇨'는 주로 문어체에 쓰인다. 해라체로 상대방을 대우하면서 청자에게 정보를 요구하거나 스스로에게 물을 때 쓰인다고 기술하고 있으나 실제로 화행을 검토해 보면 상대높임의 등급에서 하오체를 나타내는 것을 확인할 수 있다.

> (16) ㄱ. 지금이 어느 때이뇨?(『조선말사전上』, 2002 : 553)
> ㄴ. 왜 그러느뇨?(차광일, 1981 : 314)
> ㄷ. 애들 사이의 문제라뇨? 걔네들 사이가 어지간히 좋습니까?(양홍앵 2008b : 98)
> ㄹ. 이 나이에 웬 주책이뇨?(최홍일, 2006 : 113)
> ㅁ. 오늘 저녁달은 왜 이리도 밝으뇨?(허동진, 2006 : 119)

'-뇨'는 형용사의 어간이나 서술격조사와 결합하지만, 동사 어간과는 결합하지 않는다. 선행 요소의 음절 말음에 따라 '-뇨'와 '-으뇨'가 교체되어 사용된다. 동사 어간과는 '-느뇨'가 결합한다.

『조선말사전』(2002)에서는 특정 문체 즉 시 같은 데서 많이 쓰이며 좀 엄숙한 느낌을 나타낸다고 기술하고 있다. 그러나 (16)의 예문에서 보듯이 중장년층의 대화에서 사용되었다. 물론 담화상황에서 널리 쓰이는 것은 아니지만 대화 상황에서도 사용된다고 볼 수 있다. (16ㄷ)은 청자를 의식한 상황의 담화로 연상인 선생님이 연하인 교장선생님한테 의견을 드리는 경우이다. 뒤의 '-습니까'라는 하십시오체와 어울려 쓰이는 것을 감안할 때 '-뇨'가 하오체에 속하는 등급임을 확인할 수 있다. (16ㄹ)은 청자를 적극 인식하여 말하는 것이라기보다 스스로에게 자책하는 의미로 파악된다. 즉 자신에 대한 반문의 의미로 설명법을 실현한 경우라 볼 수 있다. (16ㅁ)은 화자가 청자를 별로 의식하지 않고 자신의 감정이나 느낌을 전달한 경우이며 감탄법을 수행한 것으로 볼 수 있다.

④ -ㅂ데/습데

'-ㅂ데/습데'는 현대조선어에서 하오체에 속하는 방언형 어미이다. 주로 설명법을 수행하나 상승조 억양의 가세와 함께 의문법도 실현한다. 담화상황에 많이 쓰이며 화자는 하오체로 청자를 대우하는 경우에 사용된다. 동급이나 연장자와 성년인 연하 사이에서 많이 사용된다.

> (17) ㄱ. 형, 그래 마누라가 어느 정도의 정보를 장악하구있습데?(리혜
>   선, 1997 : 499)
>   ㄴ. 이렇게 손부리 여문 색시를 어데서 찾는답데?(림원춘, 1983 :
>   192)
>   ㄷ. 아즈바이, 철수 어디 갔답데?(최명옥 외, 2002 : 153)

'-ㅂ데/습데'는 함북방언에서 의문법을 실현하는 특징적인 종결어미이다. 최명옥 외(2002 : 153)에서는 '-읍데'의 형태를 취급하면서 회상법

선어말어미 '-더-'를 포함한 어미의 통합체라고 밝혔다. 그는 형태적으로 모음 뒤에서는 '-읍데'가 쓰이고 자음 뒤에서는 '-습데'가 쓰인다고 기술하면서 모음 '-으-'는 앞 모음에 완전동화되며 완전동화 후에 탈락하기도 한다고 밝혔다. 형태 선정에 있어 이 책에서는 『조선말사전』 (2002)의 경우와 여러 문법서에서 제시한 '-ㅂ데/습데'를 선택한다.60)

형태·통사적 측면에서 살펴보면 '-ㅂ데/습데'는 선행 음절이 모음일 때 '-ㅂ데'로, 자음일 때 '-습데'로 실현된다. 과거시제를 나타내는 선어말 어미 '-았/었-'과도 결합이 자유롭다. (17ㄴ, ㄷ)의 경우에서처럼 종결어미 '-다'와의 결합양상도 보인다.61) 미래를 나타내는 '-겠-'이나 기타 서법요소와 결합되지 못하는 것은 '-ㅂ데'가 과거의 일을 다시 물을 때 나타내는 의미적인 특징 때문이다.

의미적 측면에서 살펴보면 '-ㅂ데/습데'는 청자가 보았거나 들었거나 겪었던 일을 현재 시점에서 물을 때 사용되는 어미로 과거의 일에 대해 묻는 뜻을 나타낸다. (17ㄱ)에서는 화자가 자신의 마누라에 대한 정보를 청자에게 물을 때 사용되었다. 이 때 화자는 명제내용에 대해 청자가 알고 있거나 짐작하고 있다고 생각한 경우이다. (17ㄴ, ㄷ)은 '-다고 합디까'의 의미로 추리해 볼 수 있다. (17ㄷ)의 경우는 이미 현장에 없는 철수의 행적을 화자가 물을 때 사용된 경우이다.

(17ㄴ)의 경우는 다른 두 예문과 다르다. 이 예문은 '이렇게 손재주가 좋은 색시는 이 세상에 없다'는 의미를 나타내는데, 이는 답을 요구하

---

60) '-ㅂ데/습데'의 형태를 사용한 저서로는 『조선말사전』(2002), 동북3성(1983), 최윤갑·리세룡(1984) 등이 있다.

61) '-ㅂ데/습데'가 종결어미 '-다'외의 기타 종결어미와 결합되는 경우를 조선어 연구의 기타 저서에서 살펴볼 수 있다. 최윤갑·리세룡(1984 : 322)에서는 '-ㅂ데/습데'는 '-다, -노라, -리라, -더라, -느냐, -라, -자' 아래에도 붙어 쓰인다고 밝히고 있다.

는 의문이 아니라 강조하기 위한 의문으로 설명법을 실현하는 것이다. 이 경우는 억양이 하향조로 나타나고 의미상에서도 화자가 자신이 이미 알고 있거나 겪은 사실에 대해 전달할 때 사용된다.

4.2.4. 하게체

① -ㄴ가, -ㄴ고

'-ㄴ가'는 의문법을 실현하는 종결어미로 하게체로 청자를 대우하면서 화자가 청자에게 잘 알지 못하거나 모르는 내용에 대한 답을 요구하는 경우에 사용된다.

> (18) ㄱ. 그가 로동자인가?(『조선말사전上』, 2002 : 476)
> ㄴ. 이 더운데 자네는 또 무얼 하는가?(최윤갑 · 리세룡, 1984 : 261)
> ㄷ. 그곳이 좋은가?(『조선말사전上』, 2002 : 476)
> ㄹ. 그 사람이 또 무슨 부탁을 하던가?(최희수 외, 1987 : 82)
> ㅁ. 이것만큼 붉겠는가?(『조선말사전上』, 2002 : 476)

형태적 측면에서 살펴보면 '-ㄴ가'는 형용사 어간이나 서술격조사와의 결합에서는 '-ㄴ가'가, 동사 어간인 경우에는 '-는가'가 선택되어 사용된다. 시제어미 '-겠-'과 서법형태소 '-더-'와의 결합도 자유롭다.

위의 예문은 모두 화자가 잘 알지 못하거나 전혀 모르는 정보를 청자로부터 얻으려고 하는 의문법을 실현한 경우로 볼 수 있다. (18ㄱ)에서는 노동자인지 아닌지에 대한 의문을 나타낸 것이고 (18ㄴ)은 더운 날 상대가 하고 있는 일에 대해 물을 때, (18ㄷ)은 형용사와의 결합으로 그곳이 좋은지에 대해 묻는 것을 나타낸다. 이들은 모두 구체적인 답을 요구한다. (18ㄹ)은 화자가 청자에게 부탁한 사실이 무엇인지에 대한 궁금을 나타낸다.

한편 '-ㄴ가'도 다른 문장종결법을 수행한다.

> (19) ㄱ. 이 사람 어디 제 정신인가?(최홍일, 2006 : 127)
> ㄴ. 아, 이 얼마나 아름다운 조국의 강산인가?(최윤갑·리세룡, 1984 : 261)
> ㄷ. 선생님이 오셨다는데 같이 가보지 않겠는가?(최윤갑·리세룡, 1984 : 261)

(19)는 청자로부터 어떤 정보를 얻으려고 하는 발화가 아님을 확인할 수 있다. (19ㄱ)은 화자의 강한 부정을 전달한 설명법을 수행한 경우이고 (19ㄴ)은 청자를 적극적으로 의식하지 않고 화자만의 감정을 표현하는 감탄법을 수행한 경우이다. (19ㄷ)은 공동법을 수행한 경우이다.[62] 선생님이 오셨으니 같이 가보자고 청자에게 제안하는 경우이다. '-ㄴ가'는 화자의 명제내용에 대한 태도, 청자에 대한 태도, 억양조건 등에 의해 다양한 문장종결법을 실현한다.

'-ㄴ가'의 경우와 같은 의미로 쓰이는 종결어미로 다음 (20)의 '-ㄴ고'를 들 수 있다. '-ㄴ고'도 하게체로 상대방을 대우하면서 의문법을 수행하는 문장종결형이다. '-ㄴ가'에 비해 대체로 예스러운 표현으로 많이 쓰인다.[63]

---

62) 강은국(1987 : 562)은 현대조선어에서 추동 의문문으로 분류하여 기술하고 있다.
63) 허동진(2006 : 93)에서는 예절 있고 겸손하게 이야기 할 때나 예스러움을 나타낼 때 쓰이기도 한다고 기술하고 있으나 이 책에서는 '예스럽다'는 의미가 더 적절하다고 본다.

(20) ㄱ. 그대는 어디로 가는고?(차광일, 1981 : 301)

　　 ㄴ. 예가 어딘고?(차광일, 1981 : 301)

　　 ㄷ. 회의실에 사람이 얼마나 모였는고?(허동진, 2006 : 94)

　　 ㄹ. 그이는 지금 어디에 계시는고?(허동진, 2006 : 94)

한편 '-ㄴ가'는 '요'와 통합되어 다음 (21)과 같이 '-ㄴ가요'의 형태로 쓰인다. 대우법에서 '-ㄴ가'보다 한 등급 높은 해요체로 상대방을 대우해 준다. 그러나 '-ㄴ고'는 '요'와의 통합이 자연스럽지 못하다.

(21) ㄱ. 저 산은 얼마나 높은가요?(최희수 외, 1987 : 35)

　　 ㄴ. 조선족들은 손님을 얼마나 열정적으로 대하던가요?(최희수 외, 1987 : 83)

　　 ㄷ. 아니, 잔치라면서 왜 집안이 이리도 조용한가요?(림원춘, 1983 : 189)

② -나

'-나'도 하게체로 청자를 대우하면서 의문법을 실현하는 종결어미이다. '-는가'의 축약형으로 보는 견해도 있으나[64] 현대조선어에서는 독립된 하나의 형태소로 보아야 한다. '-는가'보다 친근감이 덜하다.

(22) ㄱ. 어디로 가나?(『조선말사전上』, 2002 : 477)

　　 ㄴ. 좀 괜찮나?(최홍일, 2006 : 132)

　　 ㄷ. 자넨 왜 왔나?(최홍일, 2006 : 123)

　　 ㄹ. 이 사람, 우정 알리지도 않았는데 어떻게 알고 찾아왔나?(림원춘, 1983 : 178)

---

64) 고영근(1974, 1989 : 267)을 참고함.

'-나'는 동사나 형용사 어간 혹은 서술격조사와 결합한다. 또한 (22
ㄷ, ㄹ)에서처럼 과거시제의 '-었-'과 결합하기도 한다. 하게체로 상대
를 대우하는 만큼 청자를 '자네'라는 호칭으로 부르기도 한다. '-나'는
의문법을 실행할 때 의문사를 동반하기도 하고 단독으로 의문을 나타
내기도 한다.

'-나'는 의문법을 실행할 때 주로 구체적인 대답을 요구한다. (22ㄱ)
은 화자가 청자에게 가는 장소에 대해 알고 싶어 질문한 경우이고 (22
ㄴ)은 병환이 있는 친구의 상태를 물을 때 쓰인 것이다. (22ㄷ)은 청자
에게 온 이유를 묻고자 할 때 사용된 경우이고 (22ㄹ)은 알리지도 않았
는데 찾아오게 된 경위를 묻는 것이다. 이처럼 화자가 청자에게 명제내
용에 대한 정확한 답을 요구하는 경우에 사용된다.

화행에서 화자가 청자를 하게체로 대우하며 주로 중장년층에서 많이
사용된다. 중장년의 친구 사이, 혹은 중장년인 화자와 자기보다 연하인
청자 사이에서 대답을 요구할 때 사용된다. (22ㄴ, ㄷ)은 노년남자들 사
이에서 사용된 대화이다. (22ㄹ)은 작은어머니가 큰조카 댁에게 물은
경우에 사용된 예이다.

'-나'는 의문법이 아닌 다른 문장종결법을 실현하기도 한다. 다음의
(23ㄱ)의 경우는 '아무 소용없다'는 자신의 생각을 강조하여 표현한 설
명법의 경우이고 (23ㄴ)은 완곡하게 명령법을 실현한 경우이다.

(23) ㄱ. 찾아가서 해낸다구 무슨 소용이 있겠나?(최홍일, 2006 : 127)
ㄴ. 자네가 둘째아씰 도와주지 못하겠나?(파금, 1986 : 215)

'-나'는 하게체 등급을 나타내는 외에 '요'와 결합하여 다음 (24)와

같이 해요체 등급을 나타내기도 한다. '-나요'의 의미적 기능은 '-나'
와 같다.

> (24) ㄱ. 아니 작은 아버님의 회갑인데 알려서만 오겠나요? 제발로 와
> 야지요, 이런 때 오지 않으면 언제 오겠나요?(림원춘, 1983 :
> 177)
> ㄴ. 조로인은 의심받지 않을 무슨 근거라도 있다고 큰소리치나
> 요?(고신일, 1990 : 371)
> ㄷ. 당신 같은 부자집 도련님이 어찌 가난뱅이 딸과 짝이 되나요?
> (윤림호, 1980 : 27)

한편 '-나'와 같은 의미로 쓰이는 것으로 '-노'를 들 수 있다. 『조선
말사전上』(2002)은 특수한 말투나 운치를 나타내기 위한 시에서 쓰인다
고 기술하고 있다.[65] 다음 (25)와 같이 시 같은 특수 문체에서 쓰인다
고 하고 있으나 중장년층 중에서 화자에 따라 선정되어 사용된다.

> (25) 너는 언제 떠나가노?(『조선말사전上』, 2002 : 530)

4.2.5. 해체

① -어/아

'-어/아'는 해체로 청자를 대우하는 종결어미이다. 이 어미는 억양에
따라 여러 가지 문장종결법을 실현한다. 의문법을 실현할 경우 청자에
게 문장에 담긴 내용에 대해 답을 요구하므로 대답 화행이 따를 가능성
이 많다.

---

65) 이희자·이종희(1999 : 59)에서는 의문문에 쓰이는 '-노'는 비표준어로 지적하고 있다.

(26) ㄱ. 오늘 신문을 보았어?-보았어.(차광일, 1981 : 324)

ㄴ. 너희들은 오늘 떠나?-아니, 내일 떠나.(허동진, 2006 : 74)

ㄷ. 마찬솔, 무슨 일이야?-실은 반성문을 써왔습니다.(양홍앵, 2008b : 55)

ㄹ. 누가 그래?-선생님이 그러셨어.(양홍앵, 2008b : 172)

ㅁ. 내 모자가 어디 있어?-잘 모르겠는데…(허동진, 2006 : 75)

(26)에서 보다시피 이들은 의문법을 수행하고 있다. 화자가 청자에게 담화 내용에 대해 요구하고 청자의 대답 화행을 통해 정보를 제공받는 것이다. 뿐만 아니라 제공받는 정보는 여러 가지로 다양하게 이루어질 수 있으며 대답 화행이 자연스럽다는 것을 알 수 있다. 또한 이 종결어미는 의문법을 수행할 경우 언제나 상향조의 억양을 가지는 것도 확인할 수 있다.

② -지

'-지'가 해체의 의문법을 수행할 경우 '-어/아'와 같이 상향조의 억양을 가진다. 다른 의문법 종결어미와 달리 '-지'는 문장에 담긴 내용에 대해 화자가 어느 정도 믿음이나 확신을 가지고 있음을 나타낸다.

(27) ㄱ. 오늘은 틀린 게 왜 이리 많지?(양홍앵, 2008a : 13)

ㄴ. 넌 장쇠가 남았으면 좋겠지?(양홍앵, 2008b : 62)

ㄷ. 너 어제 진선생님을 노엽힌 적 있지?(양홍앵, 2008b : 107)

ㄹ. 꽤 안전한 곳이지?(양홍앵, 2008a : 74)

ㅁ. 깨끗이 씻자면 적어도 여덟 번 이상 씻어야 하는 것쯤은 알고 있겠지?(양홍앵, 2008a : 87)

ㅂ. 살아있으면 우리가 다시 만나겠지?(허동진, 2006 : 77)

(27ㄱ)은 화자가 틀린 게 너무 많아서 의심스러워 묻는 의미를 나타 낸다. 이 경우는 '-어/아'를 바꾸어 사용해도 의미상 큰 차이가 없다. 그러나 (27ㄴ)의 경우는 다르다. 이 경우는 화자가 담화내용에 대하여 어느 정도 알거나 믿음을 가지고 있는 상황에서 상대방의 동의를 구하 거나 동감을 표시함을 나타낸다. 이 경우 다른 의문법 어미를 바꾸어 쓰면 양태적 의미가 변함을 알 수 있다. (27ㄹ)은 화자 자신은 전혀 파 악이 없는 상황에서 청자가 알 수 있는 정보대로 되기를 바라는 의사와 함께 대답을 요구하는 의미를 나타낸 것이다. (27ㅁ)은 담화내용에 대 하여 청자에게 권고하거나 그렇게 하기를 요구하는 의미를 가지고 있 고 (27ㅂ)은 담화내용에 대하여 미리 짐작함을 나타낸다. 이처럼 '-지' 는 약간의 차이가 있는 다양한 의미로 표현된다. 의문법을 실현할 경우 화자가 담화내용에 대하여 어느 정도 믿음이나 확신을 가지고 있는 전 제하에 담화상황에 따라 요구함을 나타낸다.

③ -ㄹ래

'-ㄹ래'는 해체로 청자를 대우하면서 청자에게 담화내용에 대해 요 구하는 의문법 종결어미이다.66) 서술어는 동사와만 결합한다. 선행 음 절이 자음일 때 매개모음 '으'를 요구한다. 시제나 다른 서법형태소와 의 결합이 불가능한 것도 특징적이다.

(28) ㄱ. 누가 먼저 말 할래?(양홍앵, 2008b : 131)
　　　ㄴ. 넌 어머님하고 같이 갈래?(최윤갑·리세룡, 1984 : 299)

---

66) '-ㄹ래'의 대우법 등급에 대하여 현대조선어에서 서로 다른 기술을 하고 있다. 『조선 말사전』(2002)은 같음의 계칭으로, 최윤갑·리세룡(1984)는 하게체로, 최희수 외(1987) 는 하대계칭으로 기술하고 있다.

ㄷ. 너는 크면 무엇이 될래? 과학자가 될래, 음악가가 될래?(최희
　　수 외, 1987 : 108)
ㄹ. 넌 날 선거하지 않을래?(양홍앵, 2008a : 77)

한편 '-ㄹ래'는 다른 문장종결법도 실현한다. 설명법과 명령법이 그
예인데 명령법의 경우 간접명령을 실현한다.

(29) ㄱ. 나는 이 일만은 꼭 성공하고야 말래.(최윤갑·리세룡, 1984 :
　　　299)
　　ㄴ. 나도 북경에 갈래.(『조선말사전上』, 2002 : 892)
　　ㄷ. 너 정말 제고집만 부리고 이럴래?(허동진, 2006 : 104)
　　ㄹ. 너 좀 혼나볼래?(허동진, 2006 : 103)

(29ㄱ, ㄴ)의 경우는 설명법을 실현한 예이다. 즉 화자가 앞으로 자기
가 해야 할 일에 대한 의사를 밝히거나 의지를 나타낸 예이다. (29ㄱ)에
서는 성공하려는 의지를, (29ㄴ)에서는 북경에 가려는 의사를 나타냈다.
(29ㄷ, ㄹ)은 명령법을 수행한 예이다. 즉 반어적으로나마 상대방이 그
러한 행동을 하지 않도록 요구하는 것이다. 이 경우는 담화내용에 따른
화행의 가능성보다 청자에 의한 행동 수행이 기대되는 것이라 볼 수 있다.
　　한편 '-ㄹ래'는 다음 (30)과 같이 '요'와 결합하여 해요체의 의문법
을 실현한다. 상대높임법의 등급에서 차이를 보일 뿐 그 의미기능적인
면에서는 '-ㄹ래'와 같다.

(30) 형님, 연극 구경을 안 가실래요?(최윤갑·리세룡, 1984 : 299)

4.2.6. 해라체

① -ㄹ가

한국어의 '-ㄹ까'는 현대조선어에서는 '-ㄹ가'로 표기되어 사용되나 이 책에서는 '-ㄹ가'의 형태를 취한다. '-ㄹ가'는 해라체로 상대를 대우하면서 의문법을 수행하는 종결어미이다. 서술어와의 통합에서 자유로워 동사나 형용사 어간은 물론 서술격조사와도 제약이 없이 결합된다. 선행 음절이 자음으로 끝날 경우 매개모음 '으'를 요구한다.

(31) ㄱ. 그럼 꼬마멋쟁이라고 불러줄가? - 그냥 마꼬마라고 불러요.(양 홍앵, 2008b : 30)

ㄴ. 근데 누가 남게 될가? - (그러게, 그건 나도 모르지.)(양홍앵, 2008b : 62)

ㄷ. 이 일을 누구와 의논할가?(최윤갑・리세룡, 1984 : 296)

ㄹ. 새로 오시는 반주임 선생님도 마음이 좋으실가?(최희수 외, 1987 : 103)

'-ㄹ가'는 다음 (32)와 같이 자신에게 반문하는 상황에서 쓰이기도 한다.

(32) ㄱ. 이 문제가 어렵다던데 우리의 힘으로 풀어낼가?(최희수 외, 1987 : 103)

ㄴ. 그들은 지금 어디쯤 갔을가?(최윤갑・리세룡, 1984 : 296)

ㄷ. 내가 살던 고향은 금년에도 풍년일가?(최윤갑・리세룡, 1984 : 296)

(32)는 자기 자신에게 어떤 정보를 요구한다기보다는 명제내용에 대

한 가능과 추측의 의미를 나타낸다고 볼 수 있다. 이때 정보 요구는 반
감되고 의문은 증감되는 것으로 보인다. 이런 특징은 '-ㄹ가'가 가지고
있는 가능과 추측의 의미에서 비롯된 것이라 볼 수 있다.

'-ㄹ가'는 '요'와 통합되어 (33)과 같이 '-ㄹ가요'의 형태로 쓰인다.
'-ㄹ가요'는 상대높임법의 등급에서 해요체로 높아지는데, 형태·통사
적 특징과 의미기능은 '-ㄹ가'와 같다. 그러나 '-ㄹ가'보다 더 친근감
을 준다.

> (33) ㄱ. 나도 갈가요?-(가세요!)(차광일, 1981 : 302)
>
> ㄴ. 그분은 지금 어디에 계실까가요?(『조선말사전上』, 2002 : 891)

② -냐

'-냐'는 해라체의 의문법 문장종결형로 청자를 적극 인식하면서 명
제에 담긴 정보를 청자에게 요구한다. '-냐'는 서술어의 통합에 제약이
없이 자유로울 뿐만 아니라 시제, 서법요소와도 자유롭게 통합된다.

> (34) ㄱ. 이 책이 너의 책이냐?(『조선말사전上』, 2002 : 515)
>
> ㄴ. 그래, 넌 아버지의 허락을 받고 가느냐?(최윤갑·리세룡, 1984 :
> 269)
>
> ㄷ. 날씨가 추우냐?(동북3성, 1983 : 225)
>
> (34´) ㄱ. 이 책이 너의 책이냐?-예, 저의 것입니다.
>
> ㄴ. 그래, 넌 아버지의 허락을 받고 가느냐?-아니요, 저 혼자 가
> 는 거예요.
>
> ㄷ. 날씨가 추우냐?-예, 엄청 추워요.

(34)는 (34´)와 같은 답변을 이끌어낼 수 있다. 연장자인 화자가 자기

보다 연하인 청자에게 질문하는 경우에 쓰인 것으로 청자는 대답을 할 때 하십시오체나 해요체 등 해라체보다 높은 등급으로 청자의 질문에 답해야 하는 것을 확인할 수 있다.

'-냐'는 의문법을 실현하는 외에 또 다른 문장종결법을 실현하기도 한다.

> (35) ㄱ. 무슨 잔소리냐? 썩 물러가지 못하겠느냐?(최윤갑·리세룡, 1984 : 269)
>
> ㄴ. 오, 해란강아, 너는 어쩌면 이리도 맑고 푸르냐!(최희수 외, 1987 : 51)
>
> ㄷ. 뉘라서 백번 찍어 넘어가지 않은 나무가 있다더냐?(최윤갑· 리세룡, 1984 : 269)

(35)는 모두 의문법을 실현하는 경우가 아니다. 위 담화상황은 모두 청자에게서 담화내용에 따른 어떠한 정보도 제공받을 수 없음을 추리해 낼 수 있다. (35ㄱ)은 화자가 청자에게 핀잔을 주면서 청자의 행동 즉 '물러나는 행동'을 기대하고 있으며 명령법을 수행한 경우이다. (35ㄴ)은 화자가 자신이 느낀 점을 담화내용에 담아 청자에게 전달을 하는 것으로 이 경우는 감탄법을 실현한 것이다. (35ㄷ)은 화자가 어떤 사실에 대하여 강하게 긍정하거나 부정하는 의사를 전달하는 것으로 설명법을 실현한 경우라고 볼 수 있다.

③ -니

'-니'가 '-느냐'에서 단축되었다는 견해[67]도 있으나 여기서는 더 이

---

67) 고영근(1989) 참조할 것.

상 분석할 필요가 없다고 보고 하나의 단독적인 형태로 취급한다. '-니'
는 동사나 형용사 어간 그리고 서술격조사와의 결합이 자유롭다. 그러
나 '-느냐'의 경우, 서술격조사 '-이'와의 결합은 어색하거나 불가능하
게 나타난다. '-냐'와 비교해 볼 때 '-니'는 서법형태소와 자유롭게 통
합되지 못하는 제약이 있다.

더 큰 차이는 화행에서 이루어지는 화자와 청자 사이의 관계에 대한
판단이라 할 수 있다. 의문법을 실현할 경우 화자와 청자의 등급에서
차이를 보이는 '-냐'에 비해 '-니'는 화자가 자기와 같은 등급이거나
아랫사람일 경우에 더 쉽게 쓰이며 친근감을 나타낸다고 볼 수 있다.
따라서 어린이들의 대화에서 많이 쓰인다.

> (36) ㄱ. 춥니? 왜 그러고 서있니?(최윤갑·리세룡, 1984 : 276)
> ㄴ. 너 이 문장을 읽어보았니?(최희수 외, 1987 : 61)
> ㄷ. 너네 학교에 새 교장선생님이 오셨니?(양홍앵, 2008b : 87)

(36)은 모두 청자에게 어떤 정보를 요구하는 단순 의문의 경우라 볼
수 있다. 이 때 '-니'를 '-냐'로 바꿔 써도 무방하다. 그러나 '-니'를 사
용하면 '-냐'를 사용할 경우보다 훨씬 친근감이 있음을 확인할 수 있다.
'-니'도 의문법 외에 다른 문장종결법을 실현한다.

> (37) ㄱ. 진선생님이 어느 병원에 입원했는지 내가 어떻게 아니?(양홍
> 앵, 2008b : 122)
> ㄴ. 마찬솔, 당우람, 어서 교실로 돌아가지 못하겠니?(양홍앵, 2008b :
> 81)
> ㄷ. 기타를 참 잘 타니않니?(최동일, 2008 : 70)

(37)은 모두 의문법이 아니다. (37ㄱ)은 화자가 청자에게 자신도 모른다는 사실 즉 '진 선생님이 어느 병원에 입원했는지 모른다'는 사실을 전달을 하는 설명법으로 실현된 경우이고 (37ㄴ)은 어서 교실로 들어가라는 의미를 전달한 것으로 명령법을 수행한 경우이다. (37ㄷ)은 기타를 잘 타는 것에 대한 화자의 감정을 담아 전달한 것으로 감탄법을 실현한 경우이다.

4.3. 의문법 종결어미와 문장종결법의 관계

지금까지 의문법의 의미를 재검토하고 의문법을 실현하는 종결어미들의 여러 가지 특성을 구체적으로 살펴보았다.

형태·통사적 특성을 살펴보면 의문법 종결어미들은 다른 문장종결법의 종결어미에 비해 상대높임의 등급에 고루 분포되어 있으며 다양한 상대높임의 등급에 '요'가 결합되는 형태를 보인다. 또 의문사에 의해 의문법을 실현한 경우와 종결어미에 의해 실현하는 경우가 서로 섞여 쓰임도 확인할 수 있었다.

의미적 특성을 살펴보면 대답을 요구함에 있어 순수 질문을 하는 어미도 있고 추측이나 확인의 부가적인 의미를 담는 질문을 하는 어미도 있었다.

또한 의문법을 나타내는 종결어미의 특성을 살펴보는 과정에서 의문법을 실현하는 많은 종결어미가 다른 문장종결법도 실현한다는 것을 확인하게 되었다. 도표로 제시하여 종결어미와 문장종결법의 관계를 살펴보면 다음과 같다.

〈표 12〉 의문법 종결어미와 문장종결법의 관계

	설명법	감탄법	약속법	의문법	명령법	허락법	경계법	공동법
-ㅂ니까	△	△	×	○	△	×	×	×
-ㅁ까	△	△	×	○	△	×	×	×
-ㅁ둥	△	△	×	○	×	×	×	×
-ㅂ지	○	△	×	○	△	×	×	×
-ㅂ데	○	△	×	○	×	×	×	×
-ㄴ가	△	×	×	○	×	×	×	×
-나	△	×	×	○	△	×	×	×
-니	△	×	×	○	△	×	×	×
-오/소	?	?	×	○	?	?	×	×
-ㄹ가	×	×	×	○	×	×	×	×
-어/아	?	?	?	○	?	?	?	?
-지	?	?	?	○	?	?	?	?
-냐	×	×	×	○	△	×	×	×
-ㄹ래	?	×	×	○	×	×	×	×
-ㅂ죠	?	×	×	○	×	×	×	×

○ : 전형적 쓰임.　　△ : 수의적 쓰임.　　× : 안 쓰임.　　? : 여기서 논의하지 않음.

    〈표 12〉를 살펴보면 의문법의 종결어미가 다른 문장종결법을 실현
하는 양상에 대해 알 수 있다. 현대조선어에서 의문법 종결어미 중에는
의문법을 실현함에 있어 전형적으로 쓰이는 것들이 있는가 하면 수의
적으로 쓰이는 것들도 있다. 또한 세 가지 이상의 문장종결법을 실현하
여 의문법 외에 여기서 논의하지 않은 형태로 쓰이는 어미들도 있다.
이는 같은 형태가 서로 다른 문장종결법을 실현하는 것은 종결어미의
특성에서 기인한 것이다.

    먼저 전형적으로 의문법을 실현하는 종결어미를 살펴보면 '-까'계열
을 들 수 있다. '-ㅂ니까', '-ㅁ까', '-ㄹ가' 등과 '-니', '냐' 등을 들
수 있다.

다른 문장종결법을 전형적으로 실현하면서 의문법을 수의적으로 실현하는 종결어미들로는 방언형으로 지적된 '-ㅂ지', '-ㅂ죠', '-ㅂ데'가 있다. 이들은 주로 설명법을 전형적으로 수행하지만 의문법을 실현할 경우 주로 억양의 가세에 의한 것임을 알 수 있다.

여기서 논의하지 않는 그룹은 해체 등급에 속하는 '-어/아', '-지', '-ㄹ래'를 들 수 있다.

5. 명령법

현대조선어에서 명령법은 설명법, 의문법, 공동법과 함께 가장 많이 논의되어온 부분이다. 그러나 기존의 연구는 허락법을 명령법에 귀속시켜 논의하는 경우가 많았다. 이 책은 명령법의 의미를 다시 정의하고 화행에 대한 검토를 통해 허락법이 명령법과 다른 별개의 문장종결법임을 밝히려고 한다.

명령법을 실현하는 종결어미들 일부는 담화상황에 따라 기타 문장종결법을 실현하는 경우도 있다. 이 경우에는 종결어미의 형태·통사적 특성, 의미·기능적 특성을 고려하여 그 종결어미의 기본 기능을 분류 대상으로 삼는다. 또한 명령법 종결어미가 다른 문장종결법을 나타내는 경우에는 그 종결어미의 부차 기능으로 본다.

한편 종결어미는 문장종결법뿐만 아니라 상대높임법도 실현한다. 명령법을 실현하는 종결어미는 이 책이 설정한 7등급, 즉 하소서체, 하십시오체, 해요체, 하오체, 하게체, 해체, 해라체의 모든 등급에서 나타난다. 따라서 이 책은 문장종결법을 기술함에 있어 종결어미의 의미기능을 상대높임의 등급에 따라 분류하여 구체적으로 살펴본다.

5.1. 명령법의 의미

5.1.1. 기존 연구의 검토

현대조선어 연구에서 명령법은 명령식 또는 명령문이라는 명칭으로 연구되었다. 또한 명령형 종결어미는 형태 중심의 관점에서 그 특성이 연구되어 왔다. 명령법의 의미는 '말하는 사람이 말을 듣는 사람에게 어떤 행동을 할 것을 요구함을 나타내는 식'(강은국, 1987) 혹은 '요구하거나 명령하는 식'(최윤갑·리세룡, 1987), '요구하거나 시키는 것'(김진용, 1986) 등의 정의로 기술되었다. 그러나 이러한 정의는 명령법에 대한 자질적인 표현이 부족한 것으로 보이며 명령법의 의미를 구체적이며 정확하게 파악했다고 보기 어렵다. 따라서 이 책에서는 먼저 명령법의 의미를 살펴본 후 명령법을 실현하는 종결어미의 특성을 분석해 문장종결법과의 관계를 제시한다.

한국어 문법의 명령법 연구는 보다 구체적이고 활발하게 이루어졌다고 볼 수 있다. 명칭으로는 명령문, 명령법, 명령형 등 용어를 사용하고 있다. 명령법을 형태·통사적 특성을 위주로 연구한 논의와 담화상황을 고려하여 의미적 특성을 위주로 연구한 논의로 나누어 볼 수 있다. 전자의 대표적인 경우는 남기심·고영근(1985)의 논의를 들 수 있고 후자의 경우는 윤석민(2000)을 들 수 있다. 명령법의 의미에 대한 정의를 보면 '명령문은 화자가 청자에게 자기의 의도대로 행동해 줄 것을 요구하는 문장유형'(남기심·고영근, 1985 : 352~357), '화자가 청자에게 청자가 실행할 문장에 담긴 행동을 요구하는 문장종결법'(윤석민, 2000 : 203),

'명령법은 말하는 이가 어떤 행동이 이루어지기를 바라는 태도를 보이
는 서법'(서정수, 1994 : 286) 등을 들 수 있다.

이상의 논의에서 보듯이 중국 조선어의 경우는 주로 형태·통사적인
관점에서 연구되어 왔고, 한국어의 경우는 형태·통사적 관점과 담화상
황적 관점이 모두 적용되는 연구들이 있었음을 알 수 있다. 이 책에서
현대조선어와 한국어의 이러한 선행 연구들을 바탕으로 담화상에서 본
명령법의 정의에 대하여 다시 검토하며 그 특성을 나타내는 명령법 종
결어미의 의미기능을 파악하여 문장종결법과 명령법의 관계를 제시하
고자 한다.

5.1.2. 명령법의 의미

명령법의 의미를 구체적으로 살피기 위해 문장종결법의 분류기준을
차례로 적용해 본다.

첫째, 행위참여자에 관한 기준을 적용해 보면, 명령법은 화자가 언표
를 통하여 청자에게 행동할 것을 요구할 때 실현되는 청자 위주의 문장
종결법이다. 명령법은 화자가 청자에게 요구하는 것이므로 명제내용을
통한 언표효과는 청자에게 치우치게 된다. 즉 화자가 명제내용을 발화
하면 청자는 명제내용에 담긴 행동을 실행하게 된다. 이때 명제내용을
통하여 표현되는 언표에 대해 화자는 청자가 실현할 가능성이 있을 경
우에 실현된다. 즉 화자는 청자의 행동 실행 가능성을 감안하여 명제내
용을 말하고 청자는 명제내용에 담긴 행동을 실행할 가능성이 있는 것
이다. 행위참여자 기준을 적용한 명령법의 정의는 다음과 같다.

(1) 화자는 청자가 행동할 가능성이 있는 명제내용을 발화하고 청자는

그 명제내용을 행동으로 실행하는 것이다.

행위참어자 기준만으로 명령법을 의문법, 허락법, 경계법과 구분할 수 없다. 이들은 행위참여자 기준에서 모두 청자 위주의 문장종결법이기 때문이다. 이 책의 분류기준에 따르면 명제내용에 대한 행위실행자가 청자인 경우와 화자인 경우로 나뉘게 된다. 이 행위참여자 기준으로 본다면 명령법은 허락법, 경계법 등과 같이 청자 위주로 실현되는 문장종결법이다. 이 기준만으로는 허락법, 경계법과 구분되지 않으므로 기타의 분류기준을 적용해 봐야 한다.

둘째, 진술방식은 전달과 요구 두 가지로 분류되어 있는데 명령법은 화자가 청자에게 요구하는 경우이다. 명령법은 화자는 명제내용을 청자가 실행할 가능성이 있다고 판단한 다음 발화하며 청자는 그것을 행동으로 옮길 가능성이 있다. 즉 행위 참여자는 청자이나 그것을 이행하게 되는 계기는 화자의 요구에 의해 이루어져야 한다는 것이다. 이 기준을 적용하면 명령법은 허락법과 구분된다. 허락법은 화자가 청자에게 청자가 실행할 행동의 여부에 대해 전달하기 때문이다.

(2) 화자는 청자가 이행할 수 있다는 명제내용을 청자에게 요구한다.

셋째, 진술내용 기준을 적용해 보면 명령법의 화자는 청자에게 행동을 요구한다. 의문법의 경우는 정보를 요구하게 되므로 청자에게 행동을 요구하는 명령법과 다른 의미를 나타낸다. 이 조건을 적용하여 명령법의 의미를 살펴보면 다음과 같다.

　　(3) 화자는 청자가 이행할 수 있다고 생각하는 행동을 청자에게 요구
　　　　한다.

　넷째, 주관적 정서 반영 여부 기준에 대한 검토이다. 명령법은 주관
적 정서 기준이 적용되지 않아도 기타 문장종결법과 구분된다. 그러나
명령법의 경우 화자가 청자에게 행동을 요구할 때 주관적 정서를 강하
게 동반한다. 이는 주관적 정서 자질이 명령법 분류와는 직접적인 관련
이 없지만 명령법의 특성에는 반영되어야 한다고 본다. 따라서 이 책에
서는 주관적 정서 반영여부 기준을 명령법의 의미를 규명하는 부차적
기준으로 활용한다. 이 네 가지 분류기준을 적용해 보면 명령법의 의미
는 다음 (4)와 같다.

　　(4) 화자는 청자가 이행할 수 있다고 생각하는 행동을 주관적 정서를
　　　　담아 청자에게 요구한다.

5.2. 명령법 종결어미

　명령법 종결어미는 형태, 통사, 의미, 화행 등 여러 측면에서 다른 문
장종결법을 실현하는 종결어미에 비해 여러 가지 특징을 갖는다.
　명령법 종결어미는 동작성 동사와만 결합되며 과거시제나 미래시제
의 선어말어미와는 결합되지 않는다. 또한 담화상 명령법은 주어가 청
자와 동일해야 하는 특징도 가지고 있는데, 이때 주어는 2인칭이기를
요구한다. 부정법의 실현에 있어서 명령법은 언제나 '말다' 부정문을
취한다.

(5) ㄱ. 어머니, 좀 그만 하십시오.(홍천룡, 1981 : 127)

ㄴ. 잔디밭에서 뛰놀지 마시오.(강은국, 1987 : 567)

ㄷ. 빨리 동불사댁을 찾아오게!(림원춘, 1983 : 170)

ㄹ. 에그, 이거 그만 둡소!(홍천룡, 1981 : 134)

ㅁ. 가지 마, 가지 마, 이제 곧 돌아올 거라구.(양홍앵, 2008b : 126)

ㅂ. 회의실에서 담배를 피우지 말 것.(강은국, 1987 : 566)

(5)는 명령법을 실현한 예문이다. 하지만 (5ㄱ, ㄴ, ㄷ, ㄹ, ㅁ)은 종결어미에 의해 명령법이 실현된 경우인데, (5ㅂ)은 명사형에 의해 명령법이 실현된 경우이다. 이 책은 종결어미가 실현하는 명령법만을 연구 대상으로 삼는다. 또한 명령법 종결어미에는 표준형도 있고, (5ㄹ)과 같은 방언형도 있는데, 방언형의 경우는 그 쓰임이 넓은 것만을 대상으로 삼는다.

'집으로'와 같이 '체언+조사' 형식이나, '빨리 밥을 먹도록'과 같이 연결어미 '-도록' 형식이 외현적으로 문장을 끝내는 경우는 이 형식 뒤에 행동 관련 성분이 생략된 경우로 볼 수 있다. 이런 예는 논의에서 제외한다. 또한 '-엇/앗'은 동사의 접속형 '-어/아'에 'ㅅ'받침이 붙어 명령법을 실현하는 형태이며, 주로 구령으로 쓰이는데 문장의 끝을 막아 끊는 어조로 발음한다. 그러나 '-엇/앗'은 특수 상황에서 사용되는 것으로 일반 담화상황에서는 잘 쓰이지 않기에 논의 대상에 제외하는 것이다.

현대조선어 연구에서 검토된 명령법 종결어미는 크게 단일형과 합성형으로 나뉜다. '-ㅂ시오, -게, -오/소' 등과 같은 것은 단일형에 속하고 '-게나, -라니, -라니까' 등과 같은 종결어미는 합성형이다. 단일형은 전형적으로 명령법을 수행하는 어미이다. 합성형은 종결어미가 기타 형태와 결합되어 이루어진 형태이다. 문장종결법을 실현할 경우 이 종 결형은 결합하는 기저형의 의미와 기능에 많이 의존하고 있어 여기서 는 이를 따로 분류하지 않고 원형에 대한 기술을 할 때 같이 취급한다.

한편 현대조선어의 명령형 종결어미에는 '-려무나, -으려무나, -렴' 과 같은 종결어미들이 포함되어 있는데, 이는 현대조선어 문장종결법이 설명법, 의문법, 명령법, 공동법의 네 가지 범주만 나누는 전제하에 명 령법에 귀속되었던 것들이다. 이 종결형들의 의미적 특성을 살펴보면 허락의 의미를 더 많이 나타내므로 이들은 허락법에 대한 논의의 장에 서 취급하기로 한다.

〈표 13〉 명령법 종결어미

상대높임 등급		표 준 형	방 언 형
존대	하소서체	-소서	
	하십시오체	-십시오(-ㅂ시오), -ㅂ쇼, -시오	-ㅂ소, -쇼
	해요체	-아요/어요, -세요, -라요	
대등	하오체	-오/소, -우/수	
	하게체	-게	
하대	해체	-아/어, -지	
	해라체	-어라/아라, -라, -거라, -너라	

<표 13>의 해라체 '-거라'는 '가다, 있다, 오다' 등의 용언 어간에 붙어 쓰이어 명령법을 실현한다. 상대높임의 등급이 같고 실현되는 조 건이 같다. 다만, '-너라'는 동사 '오다'의 어간과만 결합되는 특징을 보인다. 이 책에서는 '-너라'와 '-거라'는 상대높임법에서 같은 등급으 로 나누나 서로 다른 형태로 보고 다룰 것이다.

현대조선어의 명령법 종결어미 중에서 '-ㅂ시오'와 같은 상대높임의

등급으로 쓰이는 것으로는 '-십시오'를 들 수 있다. 이 형태는 『조선말사전』(2002)에서 형태소 분석을 하지 않고 그대로 표제어로 올려놓은 것이다. 이 책은 엄밀하게 본다면 '-십시오'에서 선어말어미 '-시-'를 분석할 수도 있다고 보지만, 실제 사용에서 매우 많이 쓰이고 『조선말사전』(2002)에서도 표제어로 올렸다는 점을 고려하여 두 형태를 모두 취급하여 설명한다. '-옵시오'도 '-시오'에 '-옵-'이 결합된 융합이므로 '-ㅂ시오' 계열로 취급한다.

5.2.1. 하소서체

① -소서

'-소서'는 상대높임법에서 하소서체의 등급을 표시해 주면서 명령법을 실현하는 종결어미로서 상대방에게 무엇을 하라고 간절한 소원을 가지고 말함을 나타낸다. 선행 음절이 모음일 때는 '-소서'로, 자음일 때 매개모음 '으'를 요구하여 '-으소서'의 형태로 실현된다.

> (6) ㄱ. 안녕히들 가소서.(『조선말사전 上』, 2002 : 1912)
> ㄴ. 여보소서 길가는 나그네들, 제 말 좀 들으소서.(최윤갑·리세룡, 1984 : 325)
> ㄷ. 할아버지, 어서 진지 드시옵소서.(최윤갑·리세룡, 1984 : 325)
> ㄹ. 수령님, 만수무강 하옵소서.(최희수 외, 1987 : 169)

(6)의 '-소서'가 나타내는 소원과 바람의 의미는 명령보다 약하지만, 청자가 행동으로 옮길 가능성이 있는 것을 화자가 청자에게 요구하므로 명령법을 수행한다고 볼 수 있다. (6ㄱ)은 편히 갈 것을 희망하여 그렇게 하기를 요구하는 것이고 (6ㄴ)은 자신이 하는 말을 좀 들어 달라

고 부탁하는 어조로 명령법을 수행한 예이다. (6ㄷ)은 할아버지께 진지를 드시라고 말씀을 올리는 것으로 명령의 뜻이 약하다. 이처럼 '-소서'는 대체로 명령의 의미가 약한 것이 특징이다. 이는 '-소서'의 화행적 특징과 관련이 있다고 본다. 즉 화자와 청자의 관계를 보면 화자는 자신보다 훨씬 높여 청자를 대우하기 때문에 웃어른, 혹은 지위가 높은 상대에게 어떻게 행동할 것을 명령하는 것은 좀 어려운 일일 수 있다는 의미에서 비롯된 것으로 보인다.

(6ㄹ)의 '-소서'는 존경을 나타내는 '-옵-'과 결합되어 정중성을 띤 글말에 많이 쓰이며 상대방을 특별히 존경하여 무엇을 할 것을 간절히 소원하는 뜻을 나타낸다. 뿐만 아니라 (6ㄹ)은 형용사 어간과 결합하고 있다. 이 경우는 '만수무강한 상태'를 바라는 것이 아니라 그러한 상태로 되어 달라는 변화의 과정을 나타내고 있으며 형용사로 표현되었지만 [+동작성]을 나타낸 서술어라 볼 수 있다. 따라서 '만수무강하게 되소서'의 의미로 재해석이 가능하며 이 역시 명령법을 실현한 경우이다.

5.2.2. 하십시오체

① -십시오, -ㅂ시오

'-십시오'는 하십시오체에 속하는 전형적인 명령법 종결어미이다. 이 형태는 현대조선어에서 흔히 존경을 나타내는 선어말어미 '-시-'와 '-ㅂ시오'가 어울려 굳어진 것으로 분석이 가능하나 현재는 하나의 종결형으로 보고 있다.[68]

---

68) 최윤갑·리세룡(1984 : 323)에서도 '-ㅂ시오'의 형태를 취급하고 있다. 『조선말사전上』 (2002 : 1279, 2104)과 허동진(2006 : 15, 44~46)은 두 가지 형태를 각각 취급하고 있다. 그러나 '-ㅂ시오'의 기술에 대해 '-ㅂ시오'는 '-시-'와 잘 어울려 쓴다고 기술하

(7) ㄱ. 오늘 밤만은 마음 놓고 놉시오.(허동진, 2006 : 44)

ㄴ. 이 책을 끝까지 읽읍시오.(허동진, 2006 : 44)

(8) ㄱ. 제1중내도 인젠 출발하십시오.(최희수 외, 1987 : 171)

ㄴ. 할아버님, 약주나 한잔 드십시오.(최희수 외, 1987 : 171)

ㄷ. 선생님, 저의 작문을 좀 보아주십시오.(최희수 외, 1987 : 171)

ㄹ. (이웃 할머님께) 따라와도 도움이 없으니 오지 마십시오.(리종훈, 1983 : 252)

ㅁ. 어머니, 좀 그만 하십시오.(홍천룡, 1981 : 127)

ㅂ. 멋진 이모들, 즐거우십시오!(리혜선, 2006 : 25)

(7)은 '-ㅂ시오/읍시오'가 쓰인 예이고, (8)은 '-십시오/으십시오'가 사용된 예이다. 허동진(2006)은 전자만을 인정하지만, 많은 학자들이 후자를 인정하고 있다. 최희수 외(1987 : 171)에서는 오늘날 '-ㅂ시오'가 기본상에서 독자적으로 쓰이지 않기에 '-십시오'가 하나의 '토'로 인정되고 있다고 하였다. '-ㅂ시오'는 지난날엔 '이웃댁 마나님 행차합시오'에서처럼 독자적인 '토'로 쓰였으나 지금은 기본상 이렇게 쓰이지 않는다고 밝히고 있다. 실제로 현대조선어 작품에서 '-ㅂ시오'가 단독으로 쓰인 예는 드물다.

(8ㄱ)은 화자가 '지금 출발할 것'을 직접 명령하는 뜻을 나타내고 있고 (8ㄴ)은 자신보다 연장자인 할아버지께 약주 한 잔을 할 것을 권하는 의미로 나타내고 있다. (8ㄷ)은 선생님에 대한 명령이라기보다 '작문을 검토해 줄 것'을 요청하는 의미를 나타내고 있다. (8ㄹ)에서는 걱정하여 따라 나서려는 동네 어르신께 따라 오지 말라고 부탁하는 의미가 포함되어 있다. (8ㄱ~ㄹ)은 모두 명령과 약간의 차이가 있는 듯이 보

고 있으나 이는 '-ㅂ시오'가 자체의 생명력을 잃고 '-십시오'의 형태로 굳어져 가고 있음을 말해 준다.

이나 청자가 담화내용에 담긴 어떤 행동을 유발할 가능성이 있으므로 명령법으로 본다. (8ㅁ)은 화자가 어머님께 행동을 그만할 것을 요구하는 것으로 명령법을 실현한 경우이다. (8ㅂ)은 '즐겁다'는 형용사 어간과 결합하여 즐겁게 놀 것을 요구하는 의미를 담고 있다. 강한 명령보다 기원의 의미를 담고 있으며 그렇게 되기를 바라는 의미가 농후하다. 이처럼 의미적 측면에서 보면 '-십시오'는 명령의 의미도 나타내나 화행에 따라 명령의 의미와 더불어 금지, 부탁, 요청, 권고, 기원 등 여러 의미를 담고 있다.

화행적 측면에서 살펴보면 화자는 청자를 하십시오체로 대우하는 만큼 '-십시오'는 화자가 청자의 신분, 나이, 지위고하를 막론하고 무조건 대우하고자 할 때 사용되는 명령법 어미이다. 즉 화자가 청자를 높여 대우하려는 태도로 인하여 '-십시오'는 강한 명령의 의미보다 약화된 기타의 의미도 나타낸다.

② -ㅂ쇼

'-ㅂ쇼'는 현대조선어에서 하십시오체 등급에 속하는 명령법 어미이다. 『조선말사전』(2002)과 최윤갑·리세룡(1984) 등에서는 '-ㅂ시오'의 준말로 기술하고 있다. 반면 최명옥 외(2002 : 161)는 '-ㅂ쇼' 대신 '-읍쇼'의 형태를 택하면서 이 형태는 선어말어미 '-으시-'에 평대의 명령법어미 '-오'를 결합시킨 '-쇼' 앞에 선어말어미 '-읍-'이 결합되어 '-읍쇼'가 되었다고 기술하고 있다. 이는 '-ㅂ시오'와 상관이 없어 보이는 주장으로 같은 등급을 표시하는 '-ㅂ쇼'의 형태·통사적 특징은 물론 의미·화용적 특징 파악에 어려움이 많다. 따라서 이 책에서는 전자의 견해에 따라 '-ㅂ쇼'가 '-ㅂ시오'에서 유래된 것으로 본다.

　　(9) ㄱ. 부디 건강한 몸으로 잘 싸웁쇼.(최윤갑·리세룡, 1984 : 323)
　　　　ㄴ. 어서 옵쇼.(『조선말사전上』, 2002 : 1279)

　‘-ㅂ쇼’는 주로 동사의 어간에 붙어 청자에게 무엇을 하기를 요구한다. 이 종결형은 존경의 의미를 나타내는 ‘-시-’와도 결합이 가능하다. 이는 ‘-ㅂ시오’가 ‘-시-’와 결합되어 오늘날 ‘-십시오’의 형태로 굳어져가는 데서 추정해 볼 수 있다. ‘-ㅂ쇼’는 말체에서 주로 쓰이며 ‘-ㅂ시오’보다 상대를 존중하는 정중성이 떨어진다.

　③ -시오

　현대조선어 연구에서 ‘-시오’는 ‘대등’ 혹은 ‘같음’의 등급에 귀속시켜 논의하고 있다.[69] ‘-시오’는 ‘-시-’와 하오체의 ‘-오’가 결합된 형태인데, ‘-오’의 상대높임 등급에 따라 하오체에 귀속시킨 것으로 보인다. 그런데 ‘-시오’는 ‘-오/소’보다 상대방을 높이는 의미가 강하다. 허동진(2006 : 45)에서는 ‘-시오’는 ‘-ㅂ시오/읍시오’의 변체로 하오체보다 다소 높은 존경의 의미를 가지나 해요체보다 친절하거나 부드러운 느낌이 없다고 기술하고 있어 혼란을 보인다.

　그러나 현대조선어에서 ‘-시오’를 하오체에 귀속시키는 것은 타당하지 않다. 그 주요 원인은 ‘-십시오’보다 청자를 조금 낮추는 의미를 가지고 있으나 ‘-십시오’를 하나의 형태소로 보는 점을 고려하면 ‘-시오’도 하나의 형태로 취급함이 마땅하다. 따라서 이 책은 ‘-시오’를 하십시오체에 귀속시킨다. 물론 ‘-시오’는 ‘-십시오’보다 상대방에 대한 존중과 공경의 의미가 약하나 다음 (10)과 같이 청자를 극진히 존경하지

---

69) 『조선말사전上』(2002 : 2052)을 참조할 것.

않는 상황에서 의례적으로 많이 쓰이므로 하십시오체에 귀속시켜 논의
한다.

> (10) ㄱ. 이다음부터 그런 쓸개 빠진 생소리를 마시오!(윤림호, 1980 :
> 24)
> ㄴ. 어서 구급치료를 해주시오.(김종운, 1991 : 423)
> ㄷ. 이 산굽이를 돌아가서 묶어놓고 인차 우리를 따라오시오!(김
> 종운, 1991 : 425)
> ㄹ. 그 물건을 들고 있지 말고 거기에 놓으시오.(허동진, 2006 :
> 45)

(10)의 예문은 '-시오'에 의해 명령법을 실현한 경우이다. (10ㄱ)은
'말다'부정을 취하여 청자에게 쓸개 빠진 소리를 하지 말 것을 요구하
고 있고, (10ㄴ)은 빨리 응급치료를 해줄 것을 요구하고 있다. (10ㄷ)은
일이 끝난 후 인차 따라올 것을 요구하고 있고, (10ㄹ)은 물건을 거기에
내려놓을 것을 요구하고 있다. 이처럼 화자는 청자에게 실행 가능성이
있는 행동을 요구하고 있다. 명령법의 경우 급하강조의 억양을 동반하
여 상대방에게 어떤 행동을 요구한다. (10ㄱ)의 경우는 화자의 주관적
정서가 강하게 동반되어 급하강조의 억양을 나타낸다. (10ㄷ)의 경우는
군부대에서 상사가 부하병에게 행동을 요구한 경우의 화행에서 쓰인
것인데, 이때에도 화자의 강한 감정이 동반되어 있다.

화행적 특성을 살펴보면 화자는 청자를 적극 인식하면서 청자가 실
행할 가능성이 있는 행동을 요구한다. 하십시오체로 청자를 높이어 말
하는 경우에 쓰이는 것으로 (10ㄷ)의 경우와 같이 공식적인 경우에도
많이 쓰인다.

한편 '-시오'는 '-시우'의 형태로 교체되기도 한다. 이 경우 화자가 보다 수수하게 자신의 의사대로 상대방이 해줄 것을 요구하는 양태적 의미를 갖는다. 화행적 특성을 살펴보면 다음 (11)과 같이 '-시우'는 장년층 이상의 화자들이 많이 쓰는데 남성 화자가 대부분이다.

(11) ㄱ. 여러분, 나를 실컷 욕해주시우.(차룡순, 1981 : 101)
ㄴ. 그 값에는 만져볼 생각도 하지 마시우.(박은, 1990 : 397)

④ -ㅂ소

'-ㅂ소'는 현대조선어에서 하십시오체로 상대를 존중하면서 명령법을 실현하는 방언형이다. 최명옥 외(2002 : 161)에서는 '-읍소'로 기술하고 있다. 그러면서 '-읍소'는 하오체 명령법어미 '-오' 앞에 '-읍-'을 넣어 이루어진 형태로 보고 있다. 그러나 이 책에서는 '-ㅂ소'는 '-ㅂ시오' > '-ㅂ쇼' > '-ㅂ소'의 변화를 거쳐 이루어진 것으로 본다.

(12) ㄱ. 이러지 마십소. 노여운 일들이 많으리라고 생각되는데 앞으로 제가 사죄하겠으니 량해하십소.(홍천룡, 1981 : 136)
ㄴ. 좀 어떻게 다른 방법을 대서라도 꿔줍소. 다음에 올 때 꼭 갚아드리겠으니.(홍천룡, 1981 : 131)
ㄷ. 한 마디만 더 들읍소.(리종훈, 1991a : 54)
ㄹ. 아버지, 한 번만 모델처럼 걸어봅소.(리종훈, 1991a : 58)
ㅁ. 말 좀 합소 … 오징어파티녀사님, 제발 말씀 좀 합소.(리혜선, 2006 : 34)

'-ㅂ소'는 주로 동사의 어간에 붙어 실현된다. 이 형태는 선행 음절의 말음이 모음이냐 자음이냐에 따라 매개모음 '으'를 요구한다. (12ㄱ)

에서 볼 수 있듯이 '-ㅂ소'는 존경의 의미를 나타내는 '-시-'와도 결합된다. 한편 이 어미는 (12ㄱ)에서와 같이 '말다' 부정문을 사용한다.

'-ㅂ소'는 '-십시오'보다 청자에 대한 공손의 정도가 떨어지나 화자는 청자를 높이어 대우하며 명령할 때 쓰인다. (12ㄱ)에서는 '-시-'와 결합하여 청자를 더 높여 대우하면서 청자에게 용서해 줄 것을 요구한다. (12ㄴ)은 돈을 꿔달라고 부탁을 하는 의미를 나타내고 (12ㄷ)은 자신의 얘기를 한 마디만 더들어달라고 요구하는 의미를 나타내고 있다. (12ㄹ)은 아버지에게 모델처럼 걸어볼 것을 제안하는 의미를 나타내며 (12ㅁ)은 아무도 자신과 말하지 않는 점을 의식하고 상대에게 말을 할 것을 명령하는 의미를 나타낸다. 이처럼 '-ㅂ소'는 명령의 의미를 기본으로 하고 구체적으로 상대에게 제안, 부탁, 요구 등 여러 가지 의미를 함께 동반하는 것을 알 수 있다.

'-ㅂ소'는 하십시오체로 상대방을 대우하나 그 존경의 정도는 '-십시오'보다 낮다. 따라서 '-십시오'보다 낮은 등급을 나타낸다. '-ㅂ소'는 중장년층에서 가장 많이 사용하고 있다. 구체적으로 보면 (12ㄱ, ㄴ)은 장년인 조카가 조모에게, (12ㄷ)은 노년 부인이 남편에게, (12ㄹ)은 장년인 아들이 아버지에게 명령하는 장면이다. 이 외에 장년층 남성이 여성에게 등 다양한 계층의 사람들 사이에서 많이 사용된다. 다시 말하면 '-ㅂ소'는 연변지역어에서 가장 활발하게 쓰는, 방언형에 속하는 명령법 종결어미이다.

⑤ -쇼

'-쇼'는 현대조선어에서 명령법을 수행하는 방언형 종결어미로서 '-시오'에서 변화된 것으로 추정된다.

(13) ㄱ. 엄마, 엄마는 연변말을 하쇼.(리혜선, 2006 : 7)

　　 ㄴ. 목욕 좀 시켜주쇼, 어떻게 시키는지 아부지한테 물어보쇼.(리혜선, 2006 : 4)

　　 ㄷ. 멋진 엄마들 행복하쇼오!(리혜선, 2006 : 25)

'-쇼'는 주로 동사와 결합된다. (13ㄷ)의 경우처럼 형용사와 결합되는 경우도 있으나 이때는 '행복하게 지내십시오'의 의미로 행복하길 바라는 기원의 의미를 담고 있다. '-쇼'는 선행음절의 말음이 모음일 때 '-쇼'로 나타나나 선행음절의 말음이 자음일 때는 매개모음 '으'를 요구하여 '-으쇼'의 형태를 취한다.

'-쇼'는 주로 상대방에게 어떤 행동을 할 것을 요구하는 의미를 나타낸다. (13ㄱ)에서는 청자에게 '연변말'을 할 것을 요구하고 (13ㄴ)은 자신 대신 목욕시켜 줄 것을 요구하는 것이다. 뿐만 아니라 어떻게 하는지 모를 경우, 아버지에게 물을 것을 요구하기도 한다. (13ㄷ)은 명령보다 세계여성의 날을 맞은 청자들이 행복하게 지낼 것을 바라는 소원의 의미를 나타낸다.

화행에서 보면 딸이 엄마에게, 웨이터보이가 장년인 여성 손님에게 대화하는 상황에 쓰였다. 이는 젊은 층의 화자가 연장자인 청자를 존중하여 이야기할 때 사용됨을 보여준다. '-ㅂ소'가 중장년층에서 많이 사용되는 종결어미라면 '-쇼'는 젊은 층에서 비교적 많이 사용되는 어미이다.

5.2.3. 해요체

현대조선어에서 해요체에 속하는 명령법 종결어미는 '-어요/아요', '-세요', '-라요'를 들 수 있다. 이들은 각각 해체의 '-어/아', 하게체의

'-세', 해라체의 '-라'에 보조사 '요'가 결합된 것으로 상대높임의 등급의 차이를 나타내고 있다.

'-어요/아요'에 대한 설명은 '-어/아'를 논의한 장에서 설명하고 여기서는 '-라요'와 '-세요'에 대하여 설명한다.

① -라요

(14) ㄱ. 걱정 마시라요. 살고 안사는 건 내 자유입니다.(윤림호, 1980 : 27)

ㄴ. 이야기는 잠간 그만 두시구 창문 밖을 좀 보시라요.(박선석, 1990상 : 414)

ㄷ. 사돈할머니, 저기를 보라요.(리종훈, 1984 : 241)

ㄹ. 애가 래일 아침에 시험을 친다는데 너무 정서를 건드리지 마시라요!(리혜선, 1997 : 502)

ㅁ. 아주버님부터 드시라요.(리종훈, 1986d : 345)

(14)에서 '-라요'는 선어말어미 '-시-'와 결합되기도 한다. 주로 동사의 어간에 결합되는데 이점은 명령법을 실행하는 어미가 동사와 결합되는 특성을 보이는 것과 동일하다. (14ㄷ, ㅁ)에서 나타난 사돈할머니와 아주버님과 같이 화자보다 위의 등급인 청자를 주어로 하는 경우가 많다. 부정은 (14ㄱ, ㄹ)에 나타난 것처럼 '말다' 부정을 사용한다.

'-라요'는 주로 화자 자신보다 위의 등급에 속하는 청자에게 어떤 행동을 요구하는 의미를 나타낸다. (14ㄱ)에서는 청자에게 걱정하지 말 것을 요구하고 (14ㄴ)에서는 하던 이야기를 그만두고 창문 밖을 볼 것을 요구하고 있다. (14ㄷ)도 청자인 사돈할머님께 저쪽을 보도록 요구하는 의미를 나타낸다. (14ㄹ)은 청자에게 심기를 건드리지 말 것을 강

하게 요구하는 것으로 명령과 함께 급하강조의 억양이 동반되었다. (14
ㅁ)은 아주버님께 먼저 드실 것을 요구하는 것으로 명령의 의미보다 청
유의 의미가 더 짙다.

이처럼 '-라요'는 강한 명령과 요구를 나타내는 '-라'와 달리 '요'의
결합과 함께 다소 부드러운 어조로 요구한다. '-라요'는 명령의 의미보
다 요구와 청유의 의미를 더 많이 나타낸다. 화행적 특성을 살펴보면
'-라요'는 해요체로 상대를 대우하는 만큼 자신보다 연상이거나 높은
등급의 청자에게 요구하거나 명령할 때 쓰인다. '요'의 결합과 함께 다
소 부드러운 표현으로 화자들에게 인식된 것으로 대부분 여성층의 화
자들이 많이 사용한다.

② -세요

'-세요'는 하게체의 '-세'에 보조사 '요'가 결합된 형태로 분석할 수
있다. '-세'가 명령법을 실현하는지에 대하여 현대조선어의 선행 연구
를 찾아보면 차광일(1981)을 들 수 있다. 차광일(1981 : 306)에서는 '-세'
가 일반적으로 권유의 뜻으로 쓰이나 구체적 문맥에 따라 분석해 보면
명령의 의미도 나타낸다고 하면서 문맥에 따라 판단해야 한다고 하였
다.[70] 그러나 기타의 연구에서는 '-세'를 공동법을 실현하는 종결어미
로 보고 기술하고 있다.

이 책에서는 담화상황에서 실현되는 예문을 통해 '-세'가 전형적으

---

70) 차광일(1981 : 306)에서는 '우리 다 같이 하세'와 '나도 당신도 함께 읽어보세'는 권유
의 의미를 나타내고 '동무 혼자 하세'와 '당신이 먼저 읽어보세'는 명령의 의미를 나
타낸다고 하였다. 그러나 『조선말사전上』(2002 : 2154), 동북3성(1983 : 229), 최희수
외(1987 : 172), 최윤갑·리세룡(1984 : 326) 등에서는 '-세'를 권유식을 실현하는 어
미로 보았다.

로 공동법을 실현하는 어미이나 '요'와 결합되었을 경우 명령법을 실현
하는 어미로 보고 설명한다.

> (15) ㄱ. 작은아버님, 작은어머님, 두 분께서 오래오래 복하게 앉으세
>   요(림원춘, 1983 : 181)
>   ㄴ. 할아버지, 왜놈 잡던 이야기 해 주세요(최희수 외, 1987 : 172)
>   ㄷ. 형님, 치마라도 한 감 사 입으세요(림원춘, 1983 : 175)
>   ㄹ. 형님, 어머님께서 형님의 상을 마련했으니 들고 나가세요(림
>   원춘, 1983 : 180)
>   ㅁ. 저녁에 일찍 돌아오세요(『조선말사전上』, 2002 : 2154)
>   ㅂ. 차를 세우세요!(리원길, 1980 : 44)

(15ㄱ)에서 '-세요'는 명령의 의미보다 청자들에게 장수할 것을 기원
하는 의미로 쓰였다. (15ㄴ, ㄷ)은 각각 청자인 할아버지와 형님에게 어
떤 행동을 명령하는 의미보다 요청하는 의미를 나타내고 있다. (15ㄹ,
ㅁ, ㅂ)은 청자에게 명제내용에 담긴 행동대로 해줄 것을 명령하는 의
미를 나타냈다. 이처럼 '-세요'는 명령의 의미와 더불어 기원, 요청의
의미도 함께 나타내고 있다. 화행적 특성을 살펴보면 '-세요'는 다른
명령법어미에 비해 부드러운 의미를 가지고 있다. 따라서 여성 화자들
이 많이 사용한다.

'-세요'는 명령법을 실현하는 외에 의문법을 수행하기도 한다. 이 경
우에는 억양조건을 달리하는 것으로 명령법의 경우 급하강조의 억양을
띤다면 다음 (16)과 같이 의문법을 실현할 때는 상향조의 억양을 나타
낸다.

> (16) ㄱ. 동무도 이걸 보세요?(차광일, 1981 : 289)

ㄴ. 오빠는 언제 돌아오세요?(최희수 외, 1987 : 172)

ㄷ. 어디 가세요?(『조선말사전上』, 2002 : 2154)

5.2.4. 하오체

① -오/소

'-오/소'는 하오체로 청자를 대우하면서 명령법을 수행하는 종결어미이다. '-오'와 '-소'는 이형태로서 선행 음절의 말음이 모음이면 '-오'로 실현되고 자음이면 '-소'로 실현된다.

(17) ㄱ. 순희 동무, 빨리 학교로 가오.(최희수 외, 1987 : 214)

ㄴ. 본문을 높은 소리로 읽소!(차광일, 1981 : 293)

ㄷ. 이젠 그만 먹소.(허동진, 2006 : 44)

ㄹ. 동서, 불을 콱 서리우오!(림원춘, 1983 : 191)

(17ㄱ)에서는 빨리 학교 갈 것을 요구하고 있고 (17ㄴ)에서는 소리 높여 읽을 것을 요구하고 있다. (17ㄷ)에서는 청자에게 그만 먹을 것을 요구하고 있다. (17ㄹ)은 청자인 동서에게 불을 콱 지필 것을 명령하는 것이다. 이처럼 위 예문들에서는 '-오/소'의 쓰임과 함께 화자가 명제 내용에 실린 행동을 청자에게 요구할 뿐만 아니라 강하게 명령하기도 한다.

지금까지 현대조선어 연구에서 '-오'와 '-소'가 명령법을 수행할 경우 서로 이형태 관계로 기술되어 왔다면 한국어 연구에서는 서로 다른 별개의 문장종결형으로 기술되어 왔다.[71]

---

71) 고영근(1989 : 286)과 윤석민(2000 : 210)을 참고할 것.

(18) 한국어의 예

　ㄱ. 잘 가오.

　ㄴ. 내 말을 믿으오.

　ㄷ. 그만 좀 하소.

　ㄹ. 제발 그만 집소.

(18ㄱ, ㄴ)은 '-오'와 '-으오'가 사용된 예이고, (18ㄷ, ㄹ)은 '-소'가 사용된 예이다. 한국어에서는 '-오/으오'와 '-소'가 사용 환경의 영향을 받지 않고 독자적으로 사용된다. 이는 현대조선어의 경우와 다른 모습을 보인다 할 수 있다.[72) 한국어 연구에서는 '-오'와 '-소'를 명령법을 실현하는 서로 다른 형태로 취급하나 이 책에서는 대부분의 논의에 따라 '-소'를 '-오'의 이형태로 취급한다.

한편 '-오/소'는 앞서 해당 절에서 살펴보았듯이 설명법이나 의문법을 수행하기도 한다. 그러나 설명법, 의문법은 청자에게 행동을 요구하지 않는다는 점에서 명령법과 구별된다. '-오/소'가 명령법을 실현할 경우 억양은 급격한 하향조를 이루어 두 문장종결법과 구별된다.

② -우/수

현대조선어에는 '-오/소'를 좀 더 수수하게 표현한 형태로 '-우/수'가 있다. '-우/수'는 '-오/소'와 쓰임과 의미가 같다. 다만 화행에서 다른 특징을 보이는데 화자에 따라 달리 나타난다. 주로 장년층의 화자들이 많이 사용한다.

---

72) 허동진(2006 : 45)에서는 '자, 빨리 가소', '여러분, 어서 일 하소', '모두 여기에 오소' 등과 같은 쓰임은 입말에서만 나타나며 실제는 '-시오'의 축약형이라고 기술하고 있다.

(19) 그까짓 명월 한장 가지고 안깐들처럼 부들부들 떨긴. 빨리 내놓
우.(최국철,1987 : 304)

5.2.5. 하게체

① -게

현대조선어에서 하게체의 등급에 속하며 전형적으로 명령법을 실현
하는 종결어미로는 '-게'를 들 수 있다. '-게'는 화자 자신보다 높은 등
급의 청자에게는 사용할 수 없다. 하게체를 대우하는 만큼 '자네'와 같
은 주어를 상정해 사용한다.

(20) ㄱ. 자네 먼저 떠나게!(『조선말사전上』, 2002 : 420)
　　ㄴ. 오늘은 이만하고 집으로 돌아들 가게.(최윤갑·리세룡, 1984 :
　　　　257)
　　ㄷ. 인젠 좀 조용들 하게.(최희수 외, 1987 : 28)
　　ㄹ. 인젠 책을 그만 보고 좀 휴식하게.(최희수 외, 1987 : 28)
　　ㅁ. 빨리 옷을 갈아입고 가마목에 앉게.(림원춘, 1983 : 177)
　　ㅂ. 홍철 에미 서러워 말게.(정세봉, 1980 : 15)

(20)에서 확인할 수 있듯이 '-게'는 동사의 어간에 결합된다. 선행음
절의 제약을 받지 않고 자유롭게 결합하는 특징을 보이고 있다. (20ㄱ)
과 (20ㅂ)에서 '자네, 홍철 에미' 등 2인칭 주어를 쓰는 특징을 보인다.
(20ㄴ, ㄷ, ㄹ, ㅁ) 등에서는 주어가 생략된 경우이나 모두 청자가 주어
로 상정되는 특징을 보인다.

(20ㄱ, ㄴ, ㄷ)은 화자가 청자에게 담화내용을 해 줄 것을 명령, 추동
하는 뜻을 나타낸다. (20ㄹ)은 청자에게 공부를 그만하고 쉴 것을 요구
하는 것으로 청자에 대한 화자의 권고, 요청의 뜻을 나타낸다. (20ㅁ)은

빨리 가마목에 앉아 일할 것을 요구한 것이다. (20ㅂ)은 부정문의 형태로 청자에게 서러워하지 말 것을 부탁하는 의미를 담고 있다. (20)에서 '-게'는 주로 화자가 명제에 담긴 행동을 청자에게 요구하는 의미를 나타는데 명령의 의미와 함께 추동, 요구, 부탁 등 의미를 같이 나타낸다.

화행에서 살펴보면 '-게'는 주로 중장년층에서 많이 사용하며 동급이거나 본인보다 연하인 장성한 사람에게 요구할 때 쓰인다. 장년층 동료 사이에서 사용됨은 물론 (20ㅁ)과 같이 작은 어머니와 조카댁 사이에서, (20ㅂ)과 같이 시아버지와 며느리 사이에서 사용되기도 한다.

한편 '-게'는 명령법을 수행하는 외에 설명법, 의문법, 허락법 등의 문장종결법을 실현하기도 한다.

> (21) ㄱ. 그처럼 용감히 싸웠다면 영웅이게?(허동진, 2006 : 54)
> ㄴ. 그 큰 책상은 갖다 어디에다 놓게?(최희수 외, 1987 : 28)
> ㄷ. 사정이 정 그러하다면 자네 마음대로 하게.(최윤갑·리세룡, 1984 : 257)

(21ㄱ)은 반어적 표현으로 명제내용에 대한 화자의 의사를 강조하여 전달한 것으로 설명법을 실현한 경우이다. (21ㄴ)에서 '-게'는 책상을 가져갈 것이냐는 청자의 의사를 물은 것으로 의문법으로 실현된 경우이다. (21ㄷ)은 선행된 화행에 근거하여 화자가 청자에게 다음에 일어날 화행을 제시하는 의미로 쓰인 것이다. 이때 화자는 청자의 행동에 대해 허락의 의사를 보이는 것으로 허락법을 실현하고 있다.

현대조선어 명령법 실현에서 다음 (22)에서와 같이 '-게'는 '-게나'의 형태로도 쓰인다. 이때 '-게나'는 '-게'보다 친근감을 더 나타내며 명령의 의미는 다소 완화된다.

(22) ㄱ. 자네는 좀 가만있게나.(최윤갑·리세룡, 1984 : 257)

ㄴ. 어서 들어오게나.(허동진, 2006 : 54)

ㄷ. 헌 투레기 뿐인데 애들에게 기워 입히게나.(림원춘, 1983 :
174)

5.2.6. 해체

① -어/아

'-어/아'는 해체의 등급에 속하는 종결어미이다. 명령법을 수행할 경우 다른 문장종결법을 실현할 때보다 억양이 급격한 하강조를 이루는 것이 특징이다. 주로 친근한 사이에서 사용되는데 청자에게 문장에 담긴 내용에 대해 행동으로 실행할 것을 요구함으로써 행동 수행이 뒤따르게 된다.

(23) ㄱ. 반성문은 됐으니 어서 제자리로 돌아가!(양홍앵, 2008b : 56)

ㄴ. 너 할 말이 있으면 빨리 해!(양홍앵, 2008b : 174)

ㄷ. 문호 넌 래일 훈련하러 오지 마.(양홍앵, 2008b : 170)

ㄹ. 너희들, 저 뒤에 가서 조용히 서있어.(양홍앵, 2008b : 19)

ㅁ. 너희들 날 따라와.(양홍앵, 2008b : 22)

(23)은 '-어/아'가 명령법을 실현하는 예이다. 화자는 청자에게 '제자리로 돌아가는 행위', '말하는 행위', '오는 행위', '서있는 행위', '따라오는 행위'가 자신의 의사대로 이루어지기를 바라는 마음을 가지고 청자에게 행동해 줄 것을 요구하고 있다. 한편 '-어/아'는 보조사 '요'와 결합하여 해요체의 명령법을 실현하기도 한다.

② -지

'-지'도 '-어/아'처럼 해체의 등급에 해당되는 종결어미이다. 이 형태도 명령법을 실현할 경우 문말에서 급격한 하향조의 억양을 이룬다. 의미기능을 살펴보면 '-어/아'보다 완화된 명령의 의미를 나타낸다고 볼 수 있다.

(24) ㄱ. 너도 오빠 따라 동물원 구경 가지.(최희수 외, 1987 : 180)
ㄴ. 오늘은 이만하고 다들 돌아가지.(최윤갑·리세룡, 1984 : 329)
ㄷ. 너희들은 밖에 나가서 놀지.(허동진, 2006 : 76)

(24)에서 화자는 청자에게 자신의 요구대로 권하거나 시켜서 그렇게 하기를 바라는 것임을 알 수 있다. 담화내용에서 화자는 청자가 자신의 요구를 어느 정도 수긍할 것이라는 확신이 들어있음도 알 수 있다. 명령법을 수행할 경우 '-지'가 제안의 의미를 가지고 있는 것은 명령법의 '-어/아'와 구별되는 점이다.

5.2.7. 해라체

현대조선어의 명령법 종결어미 중에서 해라체 등급에 속하는 것이 가장 많다. 이는 화자가 청자를 하대할 경우 명령법이 보다 용이하게 실현되는 것임을 나타내는 부분이다.

① -거라, -너라

'-거라'와 '-너라'는 모두 해라체의 명령법 문장종결형이다. 이 두 종결형은 모두 제한된 동사 어간과만 결합하는데 '-거라'는 '가다, 자

다, 있다, 일어나다' 등 계열에, '-너라'는 '-오다' 계열의 동사 어간과
만 결합한다.73)

> (25) ㄱ. 부디 몸 건강히 학습을 잘하고 돌아오너라.(최희수 외, 1987 :
> 52)
> ㄴ. 사람질 못 할 바엔 이 집에서 썩 물러가거라.(윤림호, 1980 :
> 33)
> ㄷ. 어서 건너가 책이나 보다 일찍 잠이나 자거라.(리원길, 1980 :
> 48)
> ㄹ. 차 시간 늦겠다. 어서 떠나거라.(『조선말사전上』, 2002 : 97)
> ㅁ. 그럼 넌 집에 남아있거라.(최윤갑・리세룡, 1984 : 248)
> ㅂ. 빨리 나오거라. 어떻게 생겼는가 좀 보자꾸나.(박일호, 2006 :
> 414)

현대조선어 연구에서 '-거라'는 위의 특정된 동사에만 연결되어 쓰
인다고 기술하고 있다. 윤석민(2000)은 '-아라/어라'가 연결되는 동사
어간에도 대부분 연결되는 것으로 기술하고 있으나 바로 이 점이 현대
조선어와 다르다.74)

'-너라'는 '오다' 계열의 동사 어간에만 연결되어 쓰이는 것으로 이
는 '-거라'와 실현 환경이 같으나 특정 동사에 대한 결합양상을 보이므
로 '-거라'와 이형태 관계라고 볼 수 없다. (25ㅂ)은 '나오다'는 '오다'
계열의 동사에 결합된 형태이다. 기존의 연구에 따르면 '나오다'는 '나
오너라'의 형태로 명령법을 실행해야 하나 '나오거라'의 형태를 보여

---

73) 『조선말사전上』(2002 : 97, 516), 최윤갑・리세룡(1984 : 248, 269), 동북3성(1983 :
228), 최희수 외(1987 : 13, 52), 차광일(1981 : 317)은 모두 같은 입장을 밝히고 있다.
74) 이희자・이종희(1999)에서는 '가다, 자다, 일어나다, 앉다' 등 일부 동사 어간에만 붙
어 쓰이는 것으로 기술하고 있다.

혼란을 주고 있다. 이는 '-거라'가 결합되는 범위가 더 넓은 데서 유추된 현상으로 보인다.

이 외에 '오너라'는 상대가 어린이거나 화자가 의식적으로 상대를 어리게 대할 경우 '온'의 형태로 표현되기도 한다. (26)과 같이 화행을 살펴보면 상대를 더 친근하게 대해주는 느낌을 나타낸다.

> (26) 해신아, 이리 온.(파금, 1986 : 104)

② -어라/아라

'-어라/아라'는 해라체로 상대방을 대우하면서 자신의 요구대로 해줄 것을 바라는 명령법 종결어미이다. 현대조선어 연구에서 '-여라'는 '하다'로 끝나는 동사와 어울릴 경우에만 사용되는 것으로 '-어라/아라'의 이형태로 취급하였다.

> (27) ㄱ. 오늘은 꼼짝 말고 집에 있어라.(최윤갑・리세룡, 1984 : 337)
> ㄴ. 반찬은 없다만 많이 먹어라.(최희수 외, 1987 : 202)
> ㄷ. 공연히 고생을 사서 하지 말아라.(정세봉, 1980 : 6)

(27ㄱ)은 화자가 하루 종일 집에만 있을 것을 청자에게 요구하는 것이다. (27ㄴ)은 (27ㄱ)의 경우보다 명령의 뜻이 강하지 않지만 청자에게 많이 먹을 것을 권고하는 뜻을 나타낸다. (27ㄷ)은 친정어머니가 출가한 딸에게 너무 많은 일을 하지 말 것을 권하는 의미를 나타낸다. 권고, 제안은 강한 요구를 하지 못하는 상황에서 자신의 의사를 담아 청자가 행동을 이행할 것을 바라는 의미로 쓰인 것이다.

이 외에 최윤갑・리세룡(1984 : 337)은 '-어라/아라'가 금지, 소원, 요청의 뜻도 나타낸다고 기술하고 있다. 그 중 '금지'의 의미는 명령법 부정문인 '말다'와 어울렸을 경우 그 뜻을 나타내는 것으로 볼 수 있다.

③ -라

'-라'는 해라체의 명령법 종결어미로서 상대방을 직접 마주해서 명령할 때도 사용되고, 구호나 호소 같은 문체에서도 많이 쓰인다.

다음 (28)은 화자와 청자가 직접 대면한 상황에서 '-라' 명령문을 사용한 예이다.

(28) ㄱ. 뭐라고? 애야 다시 말해라!(림원춘, 1983 : 196)
ㄴ. 야 괴물 이놈아, 이젠 고만 씨벌거리구 썩 물러가라.(김학철, 1985 : 261)
ㄷ. 인남아, 빨리 가서 동불사 맏어머님을 오시라고 해라!(림원춘, 1983 : 171)

(28)에서 '-라'는 화행에서 명령법을 실현하는 경우이다. 주로 화자가 청자에게 어떤 행동을 해줄 것을 강하게 요구하는 의미를 나타낸다. 실제 화행에서는 '-라' 대신 주로 '-어라/아라'가 쓰인다.

다음 (29), (30)은 구호나 호소 같은 문체에서 '-라'가 명령법을 실현하는 예이다.

(29) ㄱ. 원쑤들에게 죽음을 주라!(최희수 외, 1987 : 118)
ㄴ. 한 치의 땅이라도 목숨으로 사수하라!(최희수 외, 1987 : 118)
ㄷ. 일어나라, 헐벗고 굶주리는 노예들!(최윤갑·리세룡, 1984 : 303)
ㄹ. 여러 민족 인민들은 단결하라.(『조선말사전上』, 2002 : 894)
(30) ㄱ. 사랑하는 조국이여, 길이 번영하라!(최희수 외, 1987 : 118)

ㄴ. 친애하는 벗들이여, 안녕히 가시라, 또 오시라!(최희수 외, 1987 :
118)

ㄷ. 친애하는 벗들이여, 그대들에게 크나큰 영광이 있으라.(최윤
갑·리세룡, 1984 : 303)

(29)는 어떤 행동을 해줄 것을 강하게 요구하는 것으로 구호와 같은
특정 문체에서 사용된 예이다. (30)은 주로 문어체에서 쓰여 명령보다
는 희망이나 축원의 뜻을 담고 있다고 보는 것이 타당하다. 이는 명령
의 의미영역을 어디까지 넓혀야 하는 문제이기도 하나 여기서는 명령
의 한 의미부분으로 본다.

한편 '-라'는 보조사 '요'와 결합하여 해요체를 나타내기도 한다.

5.3. 명령법 종결어미와 문장종결법의 관계

현대조선어에서 명령법을 실현하는 종결어미는 수가 많으며 또한 나
름대로의 사용역을 가지고 있음을 확인하였다. 현대조선어의 동일 형태
가 한국어에서와는 다른 사용 영역을 가지고 있음도 확인하였다.

또한 하십시오체, 하오체, 해체에 속하는 일부 어미들은 전형적으로
명령법을 실현하는 동시에 설명법과 의문법을 실현하는 것을 확인할
수 있다. 이는 주로 억양의 영향을 많이 받는 것으로 파악할 수 있다.
현대조선어에서 명령법을 수행하는 방언형으로 '-ㅂ소'를 들 수 있다.
이 종결어미는 전형적으로 명령법을 실현하는 것으로 파악되었다. 명령
법 종결어미와 문장종결형의 관계를 도식화하면 다음과 같다.

〈표 14〉 명령법 종결어미와 문장종결법의 관계

	설명법	감탄법	약속법	의문법	명령법	허락법	경계법	공동법
-거라	×	×	×	×	○	×	×	×
-너라	×	×	×	×	○	×	×	×
-어라/아라	×	?	×	×	○	?	×	×
-라	×	×	×	×	○	×	×	×
-게	×	×	×	△	○	△	×	?
-오/소	?	?	?	?	○	?	×	×
-십시오	×	×	×	×	○	×	×	×
-시오	×	×	×	△	○	×	×	×
-쇼	×	×	×	×	○	×	×	×
-소서	×	×	×	×	○	×	×	×
-ㅂ쇼	×	×	×	×	○	×	×	×
-ㅂ소	×	×	×	×	○	×	×	×
-라요	×	×	×	×	○	×	×	×
-세요	×	×	×	△	○	×	×	×
-어/아	?	?	?	?	○	?	?	?
-지	?	?	?	?	○	?	?	?

○ : 전형적 쓰임.　　　△ : 수의적 쓰임.　　　× : 안 쓰임　　　? : 여기서 논의하지 않음.

6. 허락법

　　현대조선어의 문장종결법 연구에서 허락법은 독립적인 문장종결법으로 설정되지 않고 있다. 이 점은 허락법을 실현하는 종결어미의 수가 적은 것과 관련이 있으며 또 기존의 연구에서 허락의 의미를 상세하게 파악하여 명령법과 구분시키지 않은 데서 그 원인을 찾을 수 있다. 이 책에서는 담화상황에 대한 검토를 토대로 살펴본 결과 허락법을 실현하는 어미가 존재함을 확인하였다. 뿐만 아니라 담화상황에서 허락법의 의미는 명령법과 다르다는 것을 확인하였다.

조선어에서 허락법을 실현하는 종결어미는 상대높임의 등급을 고루 갖추고 있지 않는 특징을 보인다. 본장에서는 예문을 통해 허락법 어미의 실현양상을 살펴보고 그 종결어미들이 기타의 문장종결법과 어떤 관계를 맺고 있는지에 대해 검토한다.

6.1. 허락법의 의미

6.1.1. 기존 연구의 검토

현대조선어의 문장종결법 연구에서 허락법은 독립적으로 설정되지 않고, 명령식 혹은 명령문 안에서 다루어져 왔다. 예를 들어 이 책의 허락법 종결어미인 '-구려'에 대해서 『조선말사전上』(2002)에서는 '말체로서 청원이나 요구를 나타낸다'고 하였고, 최윤갑·리세룡(1984 : 252)에서는 '명령식으로 쓰여 친근한 감정으로 상대방에게 어떤 일을 부드럽게 권고 또는 요청하는 뜻을 나타낸다'고 하였고, 또한 최희수 외(1987)에서도 '명령식으로 쓰여 가볍게 명령하거나 권고하자는 뜻을 나타낸다'고 정의하고 있다.

> (1) ㄱ. 짬이 있을 때 한 번 놀러 오구려.(『조선말사전上』, 2002 : 263)
> ㄴ. 왔던 걸음에 며칠 더 묵어가구려.(최윤갑·리세룡, 1984 : 252)
> ㄷ. 여기서 몇 해 더 지내구려.(최희수 외, 1987 : 23)

(1)의 '-구려'는 동사 어간에 붙어 화자의 어떤 의지를 청자에게 행동하도록 전달하는 의미를 나타낸다. 이때 현대조선어 연구에서는 화자

와 청자 사이의 진술내용이 어떤 행동이라는 점에 초점을 맞추어 명령
법으로 파악하고 있는데, 이 책의 입장에서 볼 때 (1)의 문장들은 '어떤
행동'을 '요구'하는 것이 아니라 '전달'하는 것이기 때문에 명령법과는
구별해 주어야 한다고 본다.

한국어 연구에서도 허락법을 독립적으로 설정하지 않는 견해들을 찾
아볼 수 있다. 고영근(1976)에서는 명령법과 허락법은 의미상 어느 정도
차이가 발견되지만, 그 기능이나 형태가 명령법에 많이 의존하고 있고
구조상 차이가 거의 없다는 점을 들어 실질적으로는 명령법에 속하는
것으로 보고 있다. 또한 서정수(1994)는 허락법이 실현되는 조건 다섯
가지가 명령법의 실현 조건과 동질적이라는 점을 제시하면서 허락법을
명령법에 포함시킬 것을 주장한다.

그러나 윤석민(2000)은 명령법과 허락법이 모두 행동에 대한 의미를
담고 있기는 하나 '명령법의 경우는 상대방의 의사와 상관없이 요구가
일어나는 것이고 허락법의 경우는 화자가 상대방에게 행동의 실현에
관한 주도권을 넘겨주어 상대방이 원하는 대로 하도록 허용하는 것이
기 때문에 상대방의 의사에 반대하는 행동의 선택을 강요할 수 없다'고
하면서 이 두 종결법은 서로 독립된 문장종결법이라고 주장하였다.

이 책은 윤석민(2000)과 같이 허락법을 독립적인 문장종결법으로 설
정해야 한다고 생각한다. 또한 다음 (2)에서처럼 허락법을 실현하는 용
례가 보이므로 이것을 바탕으로 허락법을 하나의 독립된 문장종결법으
로 분류하는 것이 마땅하다. 따라서 허락법에 대한 의미 확립과 허락법
종결어미에 대한 논의가 진행되어야 할 것이다.

(2) ㄱ. 괜찮다, 천천히 말하려무나.(양홍앵, 2008b : 13)

　　ㄴ. 찬솔아, 그럼 알몸으로 학교에 가렴.(양홍앵, 2008b : 17)

　　ㄷ. 소설을 쓰고 있네, 그래, 어디 계속 써봐.(양홍앵, 2008b : 24)

　　ㄹ. 후, 이런 걸 선물하느라 하지 말고 속이나 썩이지 말아주렴.(양
　　　홍앵, 2008b : 139)

6.1.2. 허락법의 의미

　허락법의 의미를 살펴보기 위하여 문장종결법의 분류기준을 차례로
적용해 본다.

　첫째, 행위참여자의 기준에서 볼 때 허락법은 화자가 청자가 하고자
하는 행동, 혹은 하고 싶어하는 행동을 허용해 주는 문장종결법으로서
행위참여자는 청자이므로 청자 중심의 문장종결법이다. 이 기준에 근거
하여 허락법을 정의하면 다음과 같다.

　　(3) 화자는 청자가 하고자 하는 행동을 허용한다.

　둘째, 전달방식의 기준을 적용해 보면, 허락법의 화자는 청자가 행동
을 수행할 수 있도록 전달하는 문장종결법이다. 명령법이 청자에게 어
떤 행동을 요구하는 데 반해, 허락법은 청자에게 강제로 요구할 수는
없는 것이다. (3)에 이런 의미를 더 부가하여 허락법을 다시 정의하면
다음 (4)와 같다.

　　(4) 화자는 청자가 하고자 하는 행동에 대해 수락했음을 전달한다.

　셋째, 진술내용을 고려하면, 허락법은 화자가 청자의 행동에 대해 비
준하는 것이다. 따라서 그 전달내용은 행동과 관련된 내용이어야 한다.

즉 화자는 청자에게 어떤 행동을 해도 좋다는 뜻을 전달하는 것이다.

그런데 위의 세 가지 조건을 모두 고려해도 허락법은 경계법과 구별되지 않는데, 마지막 부차기준인 주관적 정서 기준을 적용하면 허락법은 경계법과 구별된다. 허락법은 화자가 청자에게 청자가 하고자 하는 행동을 윤허해 주는 차원이기 때문에 화자의 주관정서가 그다지 강하게 반영되지 않는다. 반면에 경계법은 청자에 대하여 화자의 걱정이나 염려 등을 동반하게 된다.

위의 4가지 기준을 적용한 결과를 모두 반영하면 허락법의 정의는 다음과 같다.

> (5) 화자가 청자에게 문장에 담긴 청자가 실행해야 할 행동정보를 주관적 정서 없이 전달하는 문장종결법이다.

6.2. 허락법 종결어미

현대조선어에서 허락법 종결어미는 많지 않기 때문에 상대높임의 등급에 따라 고루 분포되어 있지 않다. 이러한 점도 허락법을 독립적인 문장종결법으로 설정하지 않고 명령법의 하위 범주로만 다루어 온 이유가 되었다.

현대조선어에서 허락법을 실현하는 종결어미로 '-구려, -려무나, -렴'과 '-어/아'를 들 수 있다. 그중 '-구려'와 '-렴'은 단일형으로 더 이상 분석하지 않는다. '-려무나'는 분석 가능할 것 같으나 현대조선어에서는 하나의 형태로 많이 쓰고 있고 그 사용 환경이 바뀌어도 다른 형태를 취하지 않는다. 따라서 이 책에서는 하나의 형태로 간주하여 기술한다.

한국어 연구에서는 '-려마'의 형태가 나타나고 있다. '-려마'는 '-려무나'의 줄어든 형태 '-렴'에 어기조사 '-아'가 결합되어 이루어진 것으로 본다. 그러나 현대조선어의 각 사전류와 문법서에서 '-려마'의 형태를 찾기 어렵다. 따라서 이 책에서는 '-려마'를 취급하지 않는다.

〈표 15〉 허락법 종결어미

상대높임 등급		표 준 형
존대	하소서체	
	하십시오체	
	해요체	
대등	하오체	
	하게	-구려
하대	해체	-어/아
	해라체	-려무나, -렴

6.2.1. 하게체

① -구려

'-구려'는 하게체로 상대방을 대우하면서 화자의 의사를 행동으로 수행해도 좋다는 의미를 나타낸다.

(6) ㄱ. 왔던 걸음에 며칠 더 묵어가구려.(최윤갑·리세룡, 1984 : 252)
ㄴ. 여기서 몇 해 더 지내구려.(최희수 외, 1987 : 23)
ㄷ. 짬이 있을 때 한 번 놀러 오구려.(『조선말사전上』, 2002 : 263)

(6ㄱ~ㄷ)은 모두 화자가 청자에게 어떤 행동을 해도 좋다고 허용하는 의미를 담고 있으므로 허락법을 실현한다. 동사와 결합되어 청자의 어떤 행동을 허용하는 의미를 나타낸다. (6ㄱ)은 왔던 김에 며칠 더 묵

어도 된다는 것을, (6ㄴ)은 여기서 몇 해 더 살아도 된다는 것을, (6ㄷ)
은 한 번 놀러오라는 것을 전달하고 있다. 이때 이런 행동은 모두 청자
가 실행해도 가능한 것이다. '-구려'는 상대높임의 등급이 이미 정해져
있기 때문에 상대를 낮추어 대우해야 할 경우에 실현되기 어렵다.

　(6)의 '-구려'가 허락의 의미를 나타내는 것과 달리 다음 (7)의 '-구
려'는 명령법을 실현한다.

> (7) ㄱ. 자네는 모든 일에서 좀 더 대담하구려.(최윤갑・리세룡, 1984 :
> 252)
> ㄴ. 남들이 모두 공부를 하고 있는데 좀 조용하구려.(최희수 외,
> 1987 : 23)
> ㄷ. 당신은 참 저 옆집 로친처럼 기백을 내보구려.(리선희, 1987 :
> 298)

　(7ㄱ, ㄴ)은 '-구려'가 형용사 어간과 결합하여 화자가 청자에게 대
담해질 것과 조용히 할 것을 요구한다. (7ㄷ)은 동사 어간과 결합되어
그렇게 해줄 것을 요구하는 것으로 역시 명령법을 실현하였다. 전형적
으로 명령법을 실현하는 경우와 비교해 보면 '-구려'는 급하강조의 억
양을 나타내는 명령법보다 완화된 억양으로 상대방에게 부드럽게 요구
하는 양태적 의미를 가진다.

　'-구려'는 다음 (8)과 같이 감탄법을 나타내기도 한다.

> (8) ㄱ. 그의 일솜씨가 대단하구려!(『조선말사전上』, 2002 : 263)
> ㄴ. 그 동무도 동무의 의견에 찬성하는구려.(최윤갑・리세룡, 1984 :
> 252)
> ㄷ. 그것 참 재미있는 일이구려, 나도 좀 들어 볼까?(최윤갑・리세

룡, 1984 : 252)

(8)에서 '-구려'는 동사나 형용사 어간이나 서술격조사와 결합하여 명제내용에 대한 화자의 감탄의 의미를 나타낸다.

6.2.2. 해체

① -어/아

'-어/아'는 해체의 등급으로 화자가 청자가 어떤 행동을 하는 것에 대하여 허용을 하는 의미를 나타내는 허락법 종결어미이다. 동사 어간과만 결합하는 제약을 보이고 있으며 명령법 '-어/아'가 실현될 때 급하강조를 보이는 데 반해 허락법은 하평조를 이룬다.

(9) ㄱ. 저 걸상에 가서 앉아.(양홍앵, 2008a : 55)
ㄴ. 이젠 과자를 먹어도 돼.(양홍앵, 2008a : 57)

(9)는 화자가 청자에게 명제내용에 따라 행동해도 좋음을 나타내는 것이다. (9ㄱ)은 저쪽 걸상에 앉아도 된다는 것을, (9ㄴ)은 먹고 싶어했던 과자를 먹어도 된다는 것을 허용하는 의미를 나타낸다. 이 어미는 그 실현 환경이나 결합 조건, 의미기능 면에서 기타의 허락법 종결어미와 같다.

6.2.3. 해라체

① -려무나

'-려무나'는 해라체로 상대방을 대우하면서 친근감을 가지고 어떤 일을 가볍게 권고하거나 요구하는 뜻을 나타낸다.

(10) ㄱ. 영순이가 수학문제를 혼자 풀기 어려워하는데 좀 도와주려무
　　　나.(최희수 외, 1987 : 133)
　　ㄴ. a : 선생님, 제가 주옥이를 보러 가면 안 될까요?
　　　　b : 그러려무나.(양홍앵, 2008a : 46)
　　ㄷ. a : 주옥이가 자꾸 날 단속하잖아요!
　　　　b : 단속하게 내버려두려무나.(양홍앵, 2008a : 56)
　　ㄹ. a : 쟨 말을 먹어서 안돼요. 제가 말할게요.
　　　　b : 괜찮다. 천천히 말하려무나.(양홍앵, 2008b : 13)

(10ㄱ)에 대하여 최희수 외(1987 : 133)는 '친근하고 완곡한 요구성을 나타내며 이때 가벼운 감탄의 어조가 동반된다'고 기술하고 있다. 이는 화자가 청자에 대한 어떤 행동 요구라 하기보다 청자에게 영순이의 수학문제풀이를 도와주도록 허락한 것으로 화자의 전달이다. (10ㄴ)은 선생님과 학생의 대화이다. 화자가 주옥이를 보러 가도 되느냐는 질문에 청자인 선생님은 학생이 행하고자 하는 행동을 허락하는 것이다. (10ㄷ)의 경우도 허락법을 실현한 것이다. (10ㄷb)에서 화자는 청자인 a에게 단속하는 행위를 허락하도록 하는 것이다. (10ㄹ)은 말을 해도 된다는 것을 허락하는 의미를 나타낸다. 이처럼 화행을 살펴보면 '-려무나'는 화자가 해라체로 청자에게 명제내용에 담긴 행동 여부를 허용하는 의미를 나타낸다.

'-려무나'는 허락법이 아니라 부차기능으로 명령법을 실현하기도 한다. 현대조선어 연구에서는 이런 점을 중시하여 '-려무나'와 '-렴' 두 종결어미를 명령법 종결어미로 취급해 왔다.[75] 그런데 '-려무나'가 명령법을 실현하는 것은 기본 기능이 아니라 부차 기능인 것으로 파악된다.

(11) ㄱ. 잘 모르면 허심히 배우려무나.(『조선말사전上』, 2002 : 918)

ㄴ. 그만 놀고 좀 공부를 하려무나.(최윤갑·리세룡, 1984 : 309)

ㄷ. 할아버지께서 주무시는데 좀 조용하려무나.(최희수 외, 1987 :
133)

(11)은 모두 화자가 청자에게 자기가 바라는 것을 청자에게 그렇게 하도록 요구하는 의미를 담고 있으므로 이 경우는 명령법을 실현한다고 볼 수 있다. 이는 청자가 자신이 해야 할 행동을 화자로부터 허락을 받는 경우와는 다르다. 따라서 친절하고 완곡한 표현이기는 하나 이런 경우는 명령법으로 분류하는 것이 바람직하다. (11ㄱ, ㄴ)이 동사 어간과 결합하여 쓰인 반면 (11ㄷ)은 형용사 어간과 결합하였다.76) 이는 주무시는 할아버지께서 깨실까 걱정을 한 화자가 자기보다 어린 청자에게 조용하게 있을 것을 완곡하게 요구하는 것으로 요구의 결과는 청자가 조용히 하는 것이 될 가능성이 높다. 이 경우도 명령법을 실현하였다고 보는 것이 타당하다. 한편 이를 형용사 어간과 직접 결합된 형태로 취급하였는데 이는 타당하지 않다. '조용하다'가 동작성을 띤 형용사라고 본다면 이는 동사에서 유래된 것으로 파악해야 할 것이다. 다른 한 분석은 '조용하려무나'가 '조용히 하려무나'에서 온 것이지만 축약형으로 나타난 것이라고 본다.

---

75) 『조선말사전上』(2002 : 918), 최윤갑·리세룡(1984 : 309), 최희수 외(1987 : 133)는 명령법을 실현하는 것으로 기술하면서 '-려무나'가 명령을 나타낼 경우 친근하고 완곡한 감정을 동반하고 있다고 했다.

76) '-려무나'에 대한 기술에서 최희수 외(1987)와 최윤갑·리세룡(1984)은 동사나 일부 형용사에 붙어 쓰인다고 설명하고 있다.

② -렴

현대조선어에서 '-렴'은 '-려무나'의 축약형에서 변화된 종결어미이다. 따라서 '-렴'은 '-려무나'와 마찬가지로 해라체로 상대방을 대우하여 쓰이나 현대에 와서 별개의 형태로 본다. '-렴'은 '-려무나'보다 친근감이 덜하다. 뿐만 아니라 감정적인 색채도 동반하지 않는다.

(12) ㄱ. 너도 네 형처럼 공부를 열심히 하렴.(최윤갑·리세룡, 1984 : 309)
ㄴ. 인젠 공부를 그만하고 좀 쉬렴.(최희수 외, 1987 : 135)
ㄷ. 하나 더 구워오렴.(양홍앵, 2008a : 108)
ㄹ. 네가 이신작칙(以身作則)하여 찬솔이를 도와주렴.(양홍앵, 2008a : 5)
ㅁ. 날아보렴, 어디 날아보렴!(최홍일, 1996 : 478)

(12ㄱ)은 화자가 청자에게 형처럼 열심히 공부해 줄 것을 허용한다고 보기보다 완곡하게 명령한다고 보는 것이 더 타당하다. 의미적인 측면에서 보면 화자의 심리태도가 청자에게 행동적 요구로 표현되기 때문이다. 현대조선어에서는 '-려무나'에 비해 '-렴'은 명령의 의미를 더 강하게 나타낸다고 기술하고 있으나[77] 이는 아직까지 조선어 연구에서 허락법을 설정하지 않은 것에 영향을 받은 것으로 보인다. (12ㄴ~ㅁ)도 (12ㄱ)의 경우처럼 완곡한 명령으로 명제내용에 담긴 행동을 요구한다. 그러나 완곡한 명령은 화행을 보면 그 행동을 해도 좋다는 화자의 청자에 대한 허용의 의미를 내포하고 있다. '-렴'이 허락의 의미를 나타내는 것을 다음의 예문에서 확인할 수 있다.

---

77) 최윤갑·리세룡(1984 : 309)을 참고할 것.

(13) ㄱ. 주옥아, 그냥 찬솔이더러 이틀만 소조장을 하게 하렴. 이틀만
　　　지나면 찬솔인 아무것도 아니잖니?(양홍앵, 2008a : 79)
　　ㄴ. a : 얘가 꺽꺽거리며 말해서 교장선생님이 답답해 하실까 봐
　　　　그래.
　　　b : 난 괜찮다. 천천히 말해보렴.(양홍앵, 2008b : 132)

(13ㄱ)은 소조장을 하고 싶어 하는 찬솔이의 행동을 허락하는 화자의
태도를 담은 것으로 허락법을 실현한다. (13ㄴ)은 청자인 교장 선생님
이 꺽꺽거리는 학생에게 말해도 된다는 것을 허락하는 의미를 나타낸
다. '-렴'은 해라체로 상대방을 대우하는 종결어미이다. 따라서 연장자
가 연하인 청자의 행동을 허락할 때 많이 쓴다. 선생님이 초등학생에게,
엄마가 어린 자식에게 많이 사용한다.

6.3. 허락법 종결어미와 문장종결법의 관계

지금까지 허락법을 실현하는 종결어미의 특징을 살펴보았다. 허락법
을 수행하는 종결어미는 그 수가 적고 상대높임의 등급도 고루 갖추고
있지 않는 점을 특징으로 들 수 있다. 이는 화행에서 자신보다 위인 어
른한테 어떤 행동을 허락할 수 없기 때문으로 보인다.

현대조선어에서 허락법을 실현하는 종결어미는 그 형태적 특징에서
특이한 모습을 보이는 것이 없다. 청자의 행동 수행에 대해 허락하는
것이기 때문에 동사 어간에 결합한다. 또한 과거시제를 나타내는 선어
말어미와 결합이 불가능한 것도 그 특징이다. 의미기능 면에서 보면 하
나의 형태가 다양한 문장종결법을 이루는 모습을 볼 수 있었다. 허락법
을 실현하는 일부 종결어미는 명령법을 실현하기도 하나 수의적인 쓰

임으로 나타났다.

<표 16> 허락법 종결어미와 문장종결법의 관계

	설명법	감탄법	약속법	의문법	명령법	허락법	경계법	공동법
-려무나	×	×	×	×	△	○	×	×
-렴	×	×	×	×	△	○	×	×
-구려	×	○	×	×	△	△	×	×
-어/아	?	?	?	?	?	○	?	?

○ : 전형적 쓰임.   △ : 수의적 쓰임.   × : 안 쓰임.   ? : 여기서 논의하지 않음.

7. 경계법

현대조선어에서 경계법은 진술방식에서 전달이라는 특징을 가지고 있어 설명법에 귀속시켜 논의해 왔다. 또한 경계법을 실현하는 종결어미의 수도 적다는 한계를 지녀왔다.

그러나 경계법은 설명법과 다른 독자적인 특징을 가지고 있음을 확인하고 경계법의 의미를 재검토해 경계법을 실현하는 종결어미의 양상을 살펴보는 것이 바람직하다.

7.1. 경계법의 의미

7.1.1. 기존 연구의 검토

현대조선어 연구에서 경계법에 대한 본격적인 연구는 거의 없었다. 청자에 대한 경계의 의미를 나타내는 경우도 대체로 서술식에 포함시켜 연구되어 왔다. 최윤갑·리세룡(1984)과 최희수 외(1987)에서는 경계법을 실현하는 일부 종결어미들을 서술식에 포함시켜 논의하고 있다.[78] 그 이유는 경계법을 실현하는 어미의 수가 적다는 것과 경계법이 설명법과 마찬가지로 전달을 나타낸다는 것, 부정문에서 '안' 부정문을 취한다는 것 등이다. 다만 개별 종결어미의 의미기술에서 '어떤 일이 일어 날까봐 염려하는 뜻을 나타낸다'고 기술하는 것이 고작이었다.[79]

한국어 연구에서 경계법은 조선어 연구에서보다는 많은 관심을 받아 왔지만, 하나의 독립된 문장종결법으로 다루어진 경우는 매우 적다. 고영근(1989 : 341)에서는 경계법을 '상대방의 행동이 잘못될까 염려하면서 미리 경계하는 것'이라고 정의하였는데, 매우 일반적인 수준이었다. 이에 비해 윤석민(2000)에서는 경계법의 의미를 보다 구체적으로 기술하였다. 즉 '화자가 청자에게 일어날 행동에 대하여 걱정이나 안타까움 등의 주관적 정서를 담아 전달하는 문장종결법'으로 기술하고 있다.

7.1.2. 경계법의 의미

경계법의 의미를 정확하게 파악하기 위하여 문장종결법의 분류기준을 적용하여 살펴본다. 첫째, 경계법은 행위참여자 기준에서 청자 위주의 성격을 갖는 문장종결법이다. 화행을 이루는 행위참여자는 화자와 청자이다. 그 중 명제내용에 대한 효과행위가 누구한테 미치느냐에 따라 화자 위주와 청자 위주로 나뉘게 된다. 경계법은 화자가 어떤 일이 일어날 것을 대비하여 청자에게 주의를 주는 만큼 그 명제내용에 대한

---

78) 이 두 저서에서는 전형적으로 경계법을 실현하는 '-ㄹ라'를 하대계칭을 나타내는 서술식 종결토로 분류하고 있다. 『조선말사전』(2002)과 동북3성(1983)에서는 '-ㄹ라'에 대해 문장종결법과 상대높임의 등급을 분명하게 제시하지 않고 있다.

79) 『조선말사전』(2002), 최희수 외(1987), 최윤갑·리세룡(1984) 등 사전류의 기술에서 상기와 같이 기술하고 있다.

효과는 청자에게서 발생한다. 따라서 경계법은 청자 위주의 문장종결법이다. 청자위주의 문장종결법은 경계법 외에 명령법, 의문법, 허락법 등을 들 수 있다. 행위참여자 기준으로 이상의 여러 가지 문장종결법을 가릴 수 없으므로 다른 기준을 적용해 봐야 한다.

둘째, 경계법은 전달의 진술방식을 갖는 문장종결법이다. 경계법은 화자가 청자에게 자신의 염려나 걱정을 전달한다. 따라서 경계법은 화자가 청자에게 전달하는 문장종결법이다. 이 두 기준을 적용해 보면 경계법은 다음과 같다.

(1) 화자는 청자에게 미리 걱정하거나 염려하는 의사를 전달한다.

이 기준을 적용하면 진술방식의 범주에서 경계법은 요구를 나타내는 의문법, 명령법과 구분된다. 그러나 허락법도 경계법과 마찬가지로 전달을 나타내므로 이 두 문장종결법을 구별할 수 있는 다른 기준이 필요하다.

셋째, 진술내용의 측면에서 볼 때 경계법은 청자의 행동에 대한 정보를 제공하는 문장종결법이다. 경계법은 화자가 어떤 상황이나 일이 일어날까 봐 미리 걱정하는 태도에서 비롯된다. 그러나 이런 화자의 태도는 앞으로 일어날 청자의 행동에 대한 것이다. 따라서 화자가 전달하고자 하는 정보는 청자의 행동에 대한 정보이다.

(2) ㄱ. 잘 건사해 두어라, 잘못하면 마슬라.(『조선말사전上』, 2002 : 892)
ㄴ. 어서 다그치자, 우리가 질라.(선덕오, 1997 : 372)

(2)는 '-ㄹ라'가 경계법을 실현하는 예이다. 이런 화자의 경계의 의

사는 청자의 행동을 제시하기도 한다. 즉 (2ㄱ)에서 잘 건사해 둘 것을, (2ㄴ)에서 어서 다그칠 것을 제시한 것이다. 이런 행동을 하지 않으면 화자가 경계하는 상황이 일어나므로 청자는 화자의 전달을 받고 행동으로 옮기게 된다. 이런 측면에서 윤석민(2000)은 경계법의 명제내용은 행동적인 것이라 본 것이다. 화자의 전달내용이 어떤 정보이든 간에 청자의 행동을 유발한다는 데서 경계법은 행동 정보를 담고 있다고 보이나 청자가 의식을 하고 구체적인 행동으로 연결하지 않아도 경계법은 실현되었다고 본다. 즉 언표효과가 행동으로 이어지는 것이다.

넷째, 경계법은 주관적 정서의 측면에서 볼 때 화자의 걱정이나 근심 같은 주관적 정서를 동반하는 문장종결법이다. 화자는 명제내용과 관련된 청자의 피해에 대해 걱정과 염려의 태도를 보인다. 따라서 화자는 청자에게 전달할 때 많든 적든 자신의 간절하거나 절박한 정서를 동반하게 된다. 이는 화자가 명제내용에 대해 가지는 양태에서 비롯된 것이라 본다. 이 주관적 정서 동반은 경계법이 허락법과 구분되는 기준이된다. 위의 4가지기준들을 적용하면 경계법의 의미는 다음과 같다.

(3) 화자가 청자에게 앞으로 일어날 일에 대하여 미리 걱정하거나 염려하는 주관적 정서를 담아 그 의사를 전달하는 문장종결법이다.

7.2. 경계법 종결어미

경계법이 실현된 문장은 여러 특성을 가지고 있다. 다음 (4)와 같이 경계법의 종결어미들은 언제나 동사인 서술어를 요구하며 과거시제의 '-었/았-'이나 미래시제의 '-겠-'과 연결되지 않는다. 또한 '-느-'나

'-더-'와도 결합하지 않는다.

(4) ㄱ. 전전히 먹어라, {제할라/*체했을라}.(최희수 외, 1987 : 105)
    ㄴ. 뛰지 말라, 그러다 {넘어질라/*넘어지덜라}.(최희수 외, 1987 :
       105)

경계법은 다음 (5)에서와 같이 화자의 행동을 전달하는 약속법과 동
일하게 '안' 부정문을 취한다.

(5) 네 그래보아라, 내 가만있지 않을라.(최윤갑·리세룡, 1984 : 298)

현대조선어에서 경계법을 실현하는 종결어미는 비교적 간단하다. 단
일형에는 '-ㄹ라, -어/아' 등이 포함되고 합성형에는 '-리다, -리라, -ㄹ
세라' 등이 포함되어 있다. '-ㄹ라'는 경계법의 문장종결형이다. 합성형
'-리다'와 '-리라'에서 '-리-'를 추측의 선어말어미로 분석할 가능성이
있다.80) 그러나 비록 '-리다, -리라'의 '-리-'가 추측의 선어말어미
'-리-'에서 기원한 것일지 모르나 공시적으로 볼 때는 추측의 '-리-'
로 볼 수 없다. 그 이유는 '-리다, -리라'가 추측의 의미를 벗어나 화자
의 걱정과 염려를 나타내기 때문이다. 따라서 이 책에서는 '-리다'와
'-리라'가 경계법을 실현할 경우 하나의 형태로 취급한다.

현대조선어의 경계법 종결어미를 상대높임법에 따라 분류해 보면 다
음과 같다.

---

80) 선어말어미 '-리-'와 종결어미 '-리'는 구별되어 논의되어야 한다. 비록 종결어미
'-리'가 기원적으로 추측의 선어말어미 '-리-'와 모종의 관계를 갖고 있다고 판단되
어도 공시적으로는 서로 구별되는 형태소들이다. 여기서는 선어말어미 '-리-'를 대상
으로 한다.

〈표 17〉 경계법 종결어미

상대높임 등급		표 준 형
존대	하소서체	
	하십시오체	-리다
	해요체	
대등	하오체	
	하게	
하대	해체	-어/아
	해라체	-ㄹ라, -리라, -ㄹ세라

7.2.1. 하십시오체

① -리다

현대조선어에서 '-리다'는 하십시오체로 상대방을 대우하면서 경계법을 실현한다. 상대높임의 등급을 나타냄에 있어 '-리다'는 조선어에서는 하십시오체로 분류되고 한국어에서는 하오체로 분류되어 있다.[81]

> (6) 거기는 산짐승이 많아 혼자서는 위험하리다.(최윤갑 · 리세룡, 1984 : 313)

'-리다'는 용언의 어간과 결합하여 쓰인다. 과거시제의 선어말어미 '-었/았'과 결합하여 쓰이지 않는다. 이는 '-리다'가 가지고 있는 의미에서 비롯된 것으로 보통 추측을 나타내는 '-리-'와 결합된 형태가 과거시제 형태소와 결합될 수 없음을 제시하는 것이다. '-리다'는 추측의 의미로 화자가 청자에게 자신의 의사를 전달하여 설명법을 실현하기도 하나 (6)에서는 상대방에게 그곳은 산짐승이 많아서 위험하다는 사실에

---

81) 윤석민(2000 : 198)을 참조할 것.

대하여 경계할 것을 전달하는 것이다.[82] 이 경우 추측의 의미보다 경계
의 의미가 더 강하다.

7.2.2. 해체

① '-어/아'

'-어/아'는 해체로 청자를 대우하면서 청자를 적극적으로 인식하는
화행에서 경계법을 실현한다. '-어/아'는 다른 문장종결법을 실현하는
형태들과 동일하여 구분이 쉽지 않다. 현대조선어 연구에서 '-어/아'는
네 가지 문장종결법에 고루 적용되어 사용된다고 하지만 문장종결법의
한 분류로 경계법에 대한 기술은 없다. 따라서 '-어/아'의 문장종결법
은 구체적인 예문을 통해서 확인할 수밖에 없다.

> (7) ㄱ. 계속 떠들다간 너희들 이름도 다 흑판에 써 놓을 줄 알아.(양홍
>   앵, 2008a : 159)
>   ㄴ. 더 다가오지 마. 나한테 물리기만 하면 죽어.(리영철, 2009 : 61)

'-어/아'가 경계법을 실현할 경우 상평하향조의 억양을 보인다. 담화
상황에서 볼 때 '-어/아'는 행동을 유발할 가능성을 가지고, 또한 그 행
동을 하게 되는 행동주가 언제나 청자인 특징을 가진다. (7ㄱ)은 떠드는
학생들은 칠판에 이름을 적는 결과를 맞이하게 될 것이라는 점을 미리
경고하여 떠들지 않도록 하는 것이다. (7ㄴ)에서는 더 다가오면 나한테
물려 죽을 것이라는 결과에 대해 미리 경계하도록 하는 의미를 나타고
있다. 더 이상 다가오지 말 것을 요구하는 앞 문장의 명령법과 함께 한

---

82) 고영근(1976 : 341)에서는 추측법의 선어말어미 '-리-'에 의존하나 경계를 나타낸다고
   보고 있다.

것은 뒤의 상황이 급박함을 알려 경계하려는 것이다.

7.2.3. 해라체

① -ㄹ라

'-ㄹ라'는 해라체 등급에 속하는, 경계법을 수행하는 대표적인 종결어미이다.

> (8) ㄱ. 옷을 많이 입어라, 감기에 걸릴라.(최윤갑·리세룡, 1984 : 298)
> ㄴ. 이리 오너라, 넘어질라.(선덕오, 1997 : 372)

(8)은 주로 상대방에게 일어날 일에 대하여 염려하거나 걱정하는 의미를 담고 있다. (8ㄱ)는 청자가 옷을 많이 입지 않으면 감기에 걸릴 것을 걱정하는 것이다. (8ㄴ)은 넘어질 것을 우려하여 이리 오라고 요구한 것이다. (8)의 각 예문들의 앞 문장은 명령법을 실현하고 있는데, 이처럼 '-ㄹ라'가 경계법을 실현할 경우 보통 명령법과 어울려 실현된다.

'-ㄹ라'가 사용된 문장이 경계의 의미보다는 추측의 의미가 강하게 드러나는 경우도 있다. 하지만 이 경우도 추측을 바탕으로 한 화자의 경계의 태도가 실현되는 것으로 보아야 한다. 다음 (9)가 이런 예이다.

> (9) ㄱ. 그대로 오래두면 썩을라.(『조선말사전上』, 2002 : 892)
> ㄴ. 빨래를 걷어라, 비에 젖을라.(최희수 외, 1987 : 105)

(9)의 예문들은 추측의 뜻이 강하게 드러나 언뜻 보기에 경계의 뜻이 포함되지 않은 것처럼 보인다. 그러나 자세히 분석해 보면 그런 일이 일어날 것에 대해 염려하고 안타까워하는 화자의 마음이 들어 있다. 뿐

만 아니라 명제내용은 화자가 청자에게 어떠한 행동을 취하도록 하는 의미를 담아 전달하는 것으로 청자의 행동을 유발하게 된다. 추측은 단지 그 상황에 대한 짐작으로 끝나는 것으로 청자의 행동유발을 일으키지 않을 수도 있다. 그러나 경계의 의미는 이와 다르다. 따라서 조선어사전에서 추측의 의미로 기술하고 있으나 이는 추측을 바탕으로 화자의 경계의 태도가 강하게 표현된 것이다. 따라서 이 경우도 경계법을 실현한 것이라고 본다.

'-ㄹ라'를 '-겠다'와 비교하여 논의하기도 한다. 물론 '-겠다'가 경계의 의미를 나타내는 담화상황도 있겠지만, 이는 '-겠-'의 추측의 의미에서 비롯된 것이고 더군다나 '-겠다'는 하나의 형태소가 아니라 추측의 선어말어미 '-겠-'과 종결어미 '-다'의 결합형이기 때문에 '-ㄹ라'와 평행적으로 비교하는 것은 무리라고 생각한다.

(10) ㄱ. 나무에서 떨어지겠다, 조심해라.(차광일, 1981 : 481)
ㄴ. 감기에 걸리겠다, 옷을 더 입어라.(차광일, 1981 : 481)
ㄷ. 쟈식, 얹히겠다!(림원춘, 2006 : 212)
(11) ㄱ. 나무에서 떨어질라, 조심해라.
ㄴ. 감기에 걸릴라, 옷을 더 입어라.
ㄷ. 쟈식, 얹힐라.

(10)에서 '-겠-'는 주의 환기의 추측 즉 맞은편에 주의를 일으키게 하는 뜻으로서의 추측의 의미를 나타낸다. (10ㄱ)에서 '나무에서 떨어지겠다, 조심해라'에서의 '조심해라'는 화자가 청자에게 요구한 것이다. 나무에서 떨어지겠다는 것은 청자에 대한 경계이다. (10ㄷ)의 '쟈식, 얹히겠다'는 허겁지겁 음식물을 입에 집어넣는 것을 보고 경계와 주의를

주는 말이다. (10)은 모두 '-겠-'을 동반하여 화자의 청자에 대한 경계의 태도를 나타내고 있다.

이 경우 (10)의 예문들을 (11)과 같이 고쳐도 경계의 의미는 별로 차이가 없는 것을 확인할 수 있다. 그러나 '-ㄹ라'는 화자의 주관적 정서가 동반되는 것으로 '-겠다'에 비해 경계의 의미를 강하게 전달한다. 앞서 언급했듯이 공시적으로 '-겠다'는 하나의 종결어미가 아니라 두 개의 형태소, 즉 '-겠-'과 '-다'가 결합한 형식일 뿐이다. 이 둘의 의미 차이에 대해서는 더 구체적으로 조사하여 분석해 보아야겠지만 적어도 '-겠다'는 '-겠-'의 추측의 의미에 바탕을 둔 것이고 종결어미가 아니기 때문에 '-ㄹ라'와는 구별해 주어야 한다.

② -리라

'-리라'는 해라체로 상대방을 대우하면서 어떤 사실에 대하여 경계할 것을 타이르는 뜻을 나타낸다.

(12) 너무 흥분하면 병세가 더하리라.(최윤갑·리세룡, 1984 : 313)

'-리라'는 현대조선어 연구에서 설명법에 해당되는 서술식으로 분류하여 기술된 것이다. 최윤갑·리세룡(1984)에서만 구체적으로 '어떤 사실에 대하여 경계할 것을 타이르는 뜻을 나타낸다'고 기술하고 있다. 비록 상대높임법 등급은 다르지만 '-리다'와 '-리라'는 모두 경계의 뜻을 가지고 있음을 설명하는 부분이다.

③ -ㄹ세라

'-ㄹ세라'는 해라체의 등급에 속하는 종결어미이다. 주로 감탄법을 실현하나 일부 문장에서는 경계법을 실현하기도 한다.

> (13) 조심해라, 큰물이 진 뒤라서 강물이 깊을세라.(최윤갑·리세룡,
> 1984 : 301)

(13)은 화자가 청자에게 어떤 사실이 일어날까봐 염려하는 뜻을 나타낸다. 비록 '염려'는 '경계'와 다소 차이가 있기는 하나 모두 앞으로 일어날 어떤 사실이 불리한 상황이라는 인식에서 출발하여 걱정과 염려를 동반했다고 볼 수 있으며 따라서 경계법을 실현하였다고 본다.

7.3. 경계법 종결어미와 문장종결법의 관계

경계법 종결어미는 그 수가 많지 않다. 경계법은 청자를 적극적으로 인식하고 발화한다는 점에서 청자에 대한 제약을 보이고 있다. 상대높임법의 분포에서도 제약을 보이며 각 등급에 고루 분포되어 있지 않는 특징을 보인다. 경계법을 실현하는 종결어미 중 가장 대표적인 어미는 해라체 등급에 속하는 '-ㄹ라'이다. 그러나 이마저도 현재 언어생활에서 별로 쓰이지 않는데 그 원인은 추측과 경계의 의미를 두루 나타내는 '-겠다'의 사용이 많아짐에 따라 밀려난 것으로 추정해 본다.

〈표 18〉 경계법 종결어미와 문장종결법의 관계

	설명법	감탄법	약속법	의문법	명령법	허락법	경계법	공동법
-ㄹ라	×	×	×	×	×	×	○	×
-리다	×	×	?	×	×	×	○	×
-리라	×	×	×	×	×	×	○	×
-어/아	?	?	?	?	?	?	○	?
-ㄹ세라	×	?	×	×	×	×	△	×

○ : 전형적 쓰임.　　△ : 수의적 쓰임.　　× : 안 쓰임.　　? : 여기서 논의하지 않음.

8. 공동법

공동법은 화자가 청자에게 명제에 실린 행동을 함께 할 것을 요구하는 문장종결법이다. 조선어에서 공동법 종결어미는 상대높임의 등급에 고루 분포되어 있는 특징을 가지고 있다. 따라서 화자는 청자와의 관계, 사회적 지위, 발화환경 등 화행의 여러 요인을 고려하여 다양한 종결어미를 채택하여 사용한다.

같은 문장종결법을 실현하면서도 다양한 종결어미가 존재하는 이유는 바로 그것이 화행에 근거를 둔 데서 비롯되었다고 본다. 종결어미는 각각의 형태·통사적 특성은 물론이고, 서로 다른 의미·화행적 특성을 가지게 된다. 본 장에서는 담화상황에 대한 배려를 기반으로 하여 공동법을 실현하는 종결어미의 기본기능을 살펴보고 아울러 다른 문장종결법을 실현하는 부차적인 기능도 살펴보고자 한다.

8.1. 공동법의 의미

8.1.1. 기존 연구의 검토

공동법은 현대조선어 연구에서 '권유식' 혹은 '권유문'이라는 용어로 문법범주와 문장유형의 각도에서 연구되어 왔는데, 이 권유식 또는 권유문도 대부분 종결어미에 의해 실현된다. 앞에서 살펴본 문장종결법들의 기술에서와 마찬가지로 공동법 종결어미의 기술도 형태와 통사 위주로 이루어져 왔다.

현대조선어 권유식 또는 권유문의 의미에 대한 기존의 연구는 다음과 같다.

(1) ㄱ. 강은국(1987) : 화자가 청자에게 어떤 행동을 함께 할 것을 권고하는 식.

ㄴ. 서영섭(1981) : 어떤 행동을 자기와 함께 수행할 것을 청자에게 요구하기 위하여 쓰는 식.

ㄷ. 김기종·리영순(2006) : 화자가 청자에게 어떤 행동을 함께 하도록 부추길 목적으로 말하는 것을 나타내는 식.

ㄹ. 동북3성(1983) : 화자가 청자에게 어떤 행동을 함께할 것을 요구하는 것.

(1)은 모두 화자와 청자의 공동적 행동을 문제 삼고 있는데, 이점이 바로 공동법이 다른 문장종결법들과 구별되는 특징인 것이다. 그러나 (1)은 행위참여자에 대한 것, 즉 화자와 청자가 모두 행위참여자로 설정된다는 것과, 진술내용에 대한 것, 즉 진술내용이 어떤 행동이라는 것은 명시적으로 기술되어 있지만, 진술방식에 대해서는 (1ㄱ)은 '권고'로, (1ㄴ, ㄹ)은 '요구'로, (1ㄷ)은 '말하는 것'으로 기술하고 있어서 명

확하지 않다는 문제점을 갖는다.

한국어 연구에서의 공동법에 관한 정의는 다음과 같다.

(2) ㄱ. 최현배(1937 : 867) : 맞은 편을 꾀어서 저와 함께 무슨 움직임
을 하자 하는 뜻을 나타내는 것
ㄴ. 고영근(1976) : 화자가 청자에게 공동으로 행동할 것을 제안하
는 것
ㄷ. 서정수(1994) : 화자가 청자에게 함께 행동하기를 바라는 태도
를 드러내는 서법.
ㄹ. 임홍빈 외(1995) : 화자가 청자에게 같이 행동할 것을 요청하는 것

(2)의 한국어 연구에서도 모두 화자와 청자의 공동적 행동을 문제 삼
고 있다. 다만 윤석민(2000)은 공동법에 대한 이러한 의미 규정이 화자
와 청자가 함께 기능한다는 점은 부각되었지만 각각의 담당 기능이 무
엇인지에 대하여서는 구체적으로 밝혀지지 않았고 또 공동법을 단순히
청자에 대한 요청을 표시하고 있는 것으로 파악하고 있는 점이 문제라
고 지적했다. 또 담화상에 근거하여 공동법의 의미를 '화자가 청자에게
자신은 문장에 담긴 행동을 실행할 의향이 있음을 전달하고 동시에 청
자도 그러한 행동을 실행할 것을 요구하는 문장종결법'이라고 주장하고
있는 점이 주목된다. 그러나 이러한 기술도 문제점을 안고 있다. 즉 화
자와 청자가 모두 중심이 될 수 있는가 하는 점과, 문장종결법 분류기
준에서 전달과 요구를 모두 가질 수 있는가 하는 문제에 대해 깊이 있
게 다시 살펴보아야 한다.

8.1.2. 공동법의 의미

공동법의 의미를 파악하기 위하여 2장에서 제시한 문장종결법의 세 가지 분류기준을 적용해 본다. 부차적 기준인 주관적 정서 기준은 공동법에는 적용되지 않는다.

첫째, 공동법은 행위참여자가 화자와 청자 모두라는 특성을 갖는다. 행위참여자 기준은 공동법의 의미를 규정하고 공동법을 다른 문장종결법들과 구분하는 데 중요한 역할을 한다. 다른 문장종결법이 화자 혹은 청자 중에서 어느 하나만이 행위참여자로 설정되는데, 공동법은 화자와 청자가 모두 행위참여자로 기능하기 때문이다.

그런데 다음 (3)은 공동법의 행위참여자의 특성을 의심하게 한다.

> (3) ㄱ. 에구, 손을 베지 않았습둥? 모질 벴겠네, 내 보깁소!(리종훈, 1991a : 29)
> ㄴ. a : 임마, 내 본 다음에 봐라.
> b : 내 먼저 보깁소(리종훈, 1991a : 9)

(3ㄱ)은 청자에게 손을 벤 상황이 어느 정도인지 보여줄 것을 바라는 의미를 나타낸 것으로 청자에 대한 청유의 의미로 쓰였다. (3ㄴ)도 청자에게 먼저 보여줄 것을 청하는 의미를 나타낸다. 청유의 경우, 화자가 청자에게 행동을 같이 수행할 것을 요구할 수도 있으나 화자 혼자서 수행할 것을 청자에게 요구할 수도 있다. 행위참여자가 화자와 청자여야 하는 공동법의 경우, 위 예문은 화자 단독의 청유이므로 화자와 청자가 모두 참여하는 공동법을 실현하지 못한다고 볼 수 있다.

그러나 공동법은 화자가 청자에게 자신의 어떤 요구를 청하는 것이므로 그 효과는 청자가 화자의 요구를 만족시키기 위해 어떤 행동을 취할 때에 나타난다. 즉 각자 실행하는 행동은 다르지만 명제에 담긴 행동을 수행하기 위하여 화자와 청자가 공동으로 어떤 행동을 수행해야만 한다. 따라서 이런 경우도 공동법을 실현하는 것으로, 이 책에서는 이와 관련된 내용을 공동법으로 취급한다.

둘째, 공동법은 진술방식의 측면에서 볼 때 요구의 성격을 갖는 문장종결법이다. 공동법은 화자와 청자가 함께 참여하기 때문에 화자는 명제내용에 실린 행동을 이행할 의사를 전달하게 되고 청자에 대해 함께할 것을 요구하게 된다. 화자와 청자가 함께 참여한다는 것은 청자가 화자의 요구에 응할 때 가능해진다는 것을 의미한다. 즉 화자 자신이 어떻게 하겠다고 전달하기보다 청자에게 함께 참여해 줄 것을 요구함으로써 공동 참여가 이루어지고 비로소 공동법을 실현하게 되는 것이다. 이것은 진술방식에서 전달보다 요구가 우선하며, 그 요구에 의해 실현됨을 의미한다. 윤석민(2000 : 221)은 공동법이 전달과 요구의 성격을 모두 갖는다고 보았는데, 이 책은 공동법은 요구가 기본적인 성격인 것으로 파악하는 것이다.

셋째, 진술내용의 측면에서 볼 때 공동법은 어떤 행동을 진술내용으로 갖는다. 공동법은 행위참여자가 화자와 청자라는 하나의 기준만으로도 다른 문장종결법들과 구분된다. 그러나 공동법을 실현함에 있어 명제내용이 정보에 관한 것이냐, 행동에 관한 것이냐 하는 문제는 화행에서 다른 효과를 나타내게 된다. 공동법이 화자와 청자 모두를 포함하는 것이라면 진술내용이 정보일 가능성이 없다. 그것은 화자와 청자가 공동으로 정보를 요구할 수 없기 때문이다.

위의 세 가지 기준을 적용하면 공동법의 의미를 다음과 같이 정의할 수 있다.

(4) 공동법은 화자가 청자에게 문장에 담긴 행동정보를 함께 행할 것
을 요구하는 문장종결법이다.

8.2. 공동법 종결어미

공동법은 아직 실현되지 않은 행동에 대한 것이기 때문에 공동법 종
결어미는 언제나 동사 어간과만 결합하고[83] 서술격조사와는 결합하지
않는다. 그뿐만 아니라 시제를 나타내는 요소와도 결합하지 않으며, 서
법형태소 '-느-' 또는 '-더-'와도 결합하지 않는다. 또한 공동법은 다
음 (5)와 같이 '말다' 부정문을 취한다.

(5) 남자 화장실 뒤에도 가지 말고 여자 화장실 뒤에도 가지 말자.(양
홍앵, 2008a : 74)

현대조선어에서 공동법을 실현하는 종결어미는 비교적 많은 편이다.
그 상대높임의 등급에도 고루 분포되어 있다. 그동안 논의된 공동법 종
결어미는 단일형과 합성형으로 나누어 볼 수 있는데, 전자에는 '-자,
-자꾸나, -기오, -ㅂ세, -세, -ㅂ시다, -ㅂ세다, -십시다, -어/아, -지'
등이 포함되고, 후자에는 '-ㅂ세나, -자구' 등이 포함된다.

조선어에서 종결어미 '-기오'에 대하여 '-기요'의 형태를 제시하는
연구들도 있다. 강은국(1987), 김진용(1986), 최윤갑(1980) 등은 '-기오'의
형태를 제시하고 있으나, 김기종·리영순(2006), 차광일(1981), 선덕오

---

83) 최희수 외(1987)는 동사나 일부 형용사의 어간에 결합되어 쓰인다고 설명하고 있다.
이때 일부 형용사는 '하다'가 붙어서 이루어진 형용사를 말한다고 볼 수 있다. 이것은
'하다'류 서술어들이 [+동작성]을 지니게 되므로 동사화로 해석할 수 있다.

(1993), 최윤갑·리세룡(1984), 동북3성(1984) 등은 '-기요'의 형태를 제시하고 있다. 후자는 표제어 선정기준은 제시하지 않고 화행에서 보통 '-기오'보다 '-기요'의 형태가 더 자연스럽게 쓰이며 친근감도 나타내기 때문에 '-기요' 형태를 표제어로 올린 것으로 보인다. 그러나 '-기요'의 '요'를 보조사로 볼 때, 일반적으로 선행 형식은 독립적으로 사용되어야 하는데 '-기'는 독립적인 종결어미로 기능하는 경우가 없다. 따라서 이 책은 '-기요'는 '-기오'에서 '-오'가 선행 모음 'ㅣ'의 영향으로 '-요'로 발음되는 것을 표기상에 반영한 것으로 본다. '-기오'는 하오체의 공동법어미로 처리한다. 다만 예문은 '-기요'의 형태도 포함할 것임을 밝혀 둔다.

'-ㅂ세나'는 공동법을 나타내는 하게체의 '-ㅂ세'에 친절함을 나타내는 '-나'가 결합한 형태이며 상대높임법의 등급이 동일하다. 따라서 이 책에서 '-ㅂ세나'는 '-ㅂ세'에 귀결시켜 다룬다. '-세나'의 경우도 같은 근거로 처리한다. '-십시다'는 '-시-'와 '-ㅂ시다'의 결합 형식으로 분석하는 견해도 있지만, 이 책은 공시적으로 하나의 종결어미로 처리한다. 따라서 이 책은 '-ㅂ시다'와 '-십시다'를 모두 검토 대상으로 삼는다. '-자꾸나'는 '-자'와 감탄형 종결어미 '-구나'의 결합으로 보는 경우도 있으나, '-자꾸나'에서는 '-구나'의 감탄의 의미가 사라지고 공동법의 의미만을 나타내므로 공동법에 속하는 하나의 종결어미로 취급한다. '-ㅂ세다'는 '-ㅂ시다'를 좀 더 예스럽게 표현하는 형태이며 의미는 '-ㅂ시다'와 같다. 상대높임법의 등급도 같으며 그 의미기능도 같다. 다만 화용적 의미가 약간 다르기는 하나 이 책에서는 한 부류의 어미로 취급하여 기술한다.

이상에서 논의된 공동법 종결어미들을 상대높임의 등급에 따라 표로 나타내면 다음과 같다.

〈표 19〉 공동법 종결어미

상대높임 등급		표 준 형	방 언 형
존대	하소서체		
	하십시오체	-ㅂ시다, -ㅂ세다	-ㅂ수다, -기시오, -깁소
	해요체	-어요/아요, -지요	
대등	하오체	-기오(기요)	
	하게체	-세, -ㅂ세, -세나, -자구	
하대	해체	-어/아, -지	
	해라체	-자, -자꾸나	

8.2.1. 하십시오체

① -ㅂ시다, -ㅂ세다

'-ㅂ시다'는 하십시오체로 상대방을 대우해 주는 공동법 문장종결형이다. 동사 어간이나 동작성을 띤 형용사 어간에 결합한다. 선행음절의 말음이 자음일 때 '으'를 요구하여 '-읍시다'의 형태로 실현된다.

> (6) ㄱ. 오늘 한 번 어린 시절로 돌아가 맘껏 놀아봅시다.(양홍앵, 2008b : 150)
> ㄴ. 네 가지 현대화의 실현을 위하여 우리 함께 노력 분투합시다. (최희수 외, 1987 : 163)
> ㄷ. 자, 사돈, 여기 앉아 얘기합시다.(리종훈, 1985 : 267)
> ㄹ. 시합은 3판 2승으로 승부를 냅시다.(양홍앵, 2008b : 151)
> ㅁ. 그럼, 그렇게 합시다.(최윤갑·리세룡, 1984 : 323)

'-ㅂ시다'도 공동법을 실현하는 다른 종결어미와 같이 청자에게 어떤 행동을 함께 할 것을 요구하거나 권유하거나 함께 참여하기를 밝히는 등의 의미를 나타낸다. (6ㄱ, ㄴ, ㄷ, ㄹ)에서는 화자가 청자에게 명제에 담긴 내용을 같이 할 것을 요구한다. (6ㅁ)은 화자가 청자의 제안이나 의사에 따를 것을 표시하는 것으로 보인다. 따라서 (6)에서 '-ㅂ시다'는 화자가 제안하든 청자가 제안하든 모두 함께 행동하는 것으로 의견 일치를 보게 되며 그 효과로 명제에 담긴 행동을 같이 수행하게 될 것임을 나타낸다.

화행적 특징을 살펴보면 '-ㅂ시다'는 현대조선어에서 문어체나 구어체에서 공동법을 실현할 때 가장 많이 쓰이는 종결어미이다. 연령층 제한이 없이 상대방을 존중하면서 같이 일이나 행동을 진행하고자 할 때 사용된다.

한편, '-ㅂ시다'는 공동법이 아닌 명령법을 실현하기도 한다.

(7) 수업시간입니다. 좀 조용들 합시다.(최윤갑·리세룡, 1984 : 323)

(7)의 '-ㅂ시다'는 화자 자신도 조용히 하는 행위에 참여한다고 볼 수 있으나 화자가 청자에게 명령하여 조용히 해 줄 것을 바라는 의사를 표현하고 있다. 이 경우 보통 청자는 한 사람이 아니라 복수로 설정된다. '-들'을 동반하는 것도 이런 의미적 기능에서 비롯된 것이며, 상대방에게 조용히 하라고 간접명령을 내린 경우로 명령법을 실현했다고 본다.

다음 (8ㄱ, ㄴ)의 '-ㅂ세다'는 '-ㅂ시다'와 같은 의미와 기능으로 쓰인다. 다만 '-ㅂ시다'보다 더 친근한 표현으로 사용된다. 다음 (8ㄷ, ㄹ)의 '-십시다'는 '-시-'와 '-ㅂ시다'가 결합된 형태인데 '-ㅂ시다'에 비해 더 정중하며 공손한 표현이다.

> (8) ㄱ. 이 일을 오늘내로 끝냅세다.(『조선말사전上』, 2002 : 1279)
>
> ㄴ. 기자동무 들어봅세다.(박은, 1983 : 206)
>
> ㄷ. 천만에 천만에, 그럼 우리 다시 만나십시다. 안녕히!(김학철,
> 1985 : 263)
>
> ㄹ. 가십시다.(『조선말사전上』, 2002 : 2104)

② -ㅂ수다

'-ㅂ수다'는 『조선말사전』(2002)에 등록되어 있지 않은 종결어미이다.
중국조선어실태조사보고집필조(1985 : 221)의 서해지방 말에서 '-ㅂ시다'
를 '-ㅂ수다'로 쓴다고 기술하였다.[84] 이 책에서는 표준형 '-ㅂ시다'에
서 변형된 것으로 보고 이 종결어미를 방언형으로 분류하여 기술한다.

> (9) ㄱ. 이 집이웨다. 들어갑수다.(박선석, 1990 : 410)
>
> ㄴ. 자, 이렇게들 모였으니 툭 털어놓고 이야기합수다.(박선석, 1990 :
> 411)
>
> ㄷ. a : 뢰봉 젊은이를 따라 배워 좋은 일을 몇 가지 해 봅수다.
> b : 그럽수다.(박선석, 1990 : 414)
>
> ㄹ. 그럼 한마디로 끊읍수다.(박선석, 1990 : 398)

---

84) 중국조선어실태조사보고집필조(1985)에 따르면 서해지방은 중국 요녕성 개현 서해농
장 3대대로 390호의 조선족 주민호가 있고 1,730명의 조선족 주민이 살고 있다. 조선
족 주민들 가운데 본적지가 조선 평안북도인 사람들이 70%를 차지하고 있다. 따라서
서해지방 말은 그 지역 주민들이 사용하는 말이며 평안북도 방언을 기초방언으로 하
는 것으로 보인다. 이 책에서 인용한 이 예문은 모두 한 작가의 작품에 반영된 것이
다. 작가 박선석은 길림성 통화현 사람으로 중국 조선족 작가 중 농민작가로 유명하
다. 통화현 조선족 마을은 평안북도 이주민들로 이루어진 만큼 작가 박선석도 평안도
방언을 기초방언으로 사용하고 있다고 추정할 수 있다.

'-ㅂ수다'는 화자가 청자에게 함께 할 것을 제안하거나 청자의 제안에 동의하는 등 구체적으로 크게 두 가지 의미를 나타내고 있다. (9ㄱ, ㄴ, ㄷ-a)는 모두 화자가 청자에게 어떤 행동을 함께 실현할 것을 제안하는 경우이다. (9ㄱ)은 같이 들어갈 것을, (9ㄴ)은 함께 이야기할 것을, (9ㄷ-a)는 좋은 일을 해 볼 것을 청자에게 요구하고 있다. 이는 한편으로는 본인도 명제내용에 담긴 행동을 수행하려는 의사를 전달함으로써 공동법을 실현한 경우이다. (9ㄷ-b)는 청자가 화자의 제안을 받아들여 같이 행동할 것임을 나타낸다. 이처럼 공동법은 화자가 청자에게 함께 할 것을 요구하는 것임을 확인할 수 있다. (9ㄹ)은 청자의 제안이나 의견에 화자가 같이 맞춰 행동할 것을 나타내고 있다. 화행적 특징을 살펴보면 화행에 참여한 화자와 청자는 연령대가 비슷한 중장년층으로서 '-ㅂ시다'보다 좀 더 수수하게 표현할 때 사용한다.

③ -기시오

현대조선어에서 '-기시오'는 방언형에 속한다. 조선어실태조사보고집필조(1985)와 박경래(2003), 방채암(2008) 등에서는 이것을 연변지역 조선어에서 공동법을 실현하는 종결어미로 기술하고 있다. 상대높임의 등급에서 각각 서로 다른 분류결과를 보인다. 조선어실태조사보고집필조(1985 : 158)에서는 '-기시오'를 '-깁소' 등과 같이 윗사람이나 대등한 사람 간에 통용되는 것으로 화자가 상대높임의 등급을 명확히 헤아려 보지 않고 두루 쓰는 형태라고 기술하고 있다. 박경래(2003 : 58)에서는 연변지역 정암촌 방언의 상대높임의 등급을 논하면서 '-기시오'를 예예체에 속하는 것으로 처리하였다. 방채암(2008 : 45)에서는 합소체에 해당하는 것으로 분류하였다. 이처럼 상대높임의 등급이 일정하지 않은 것

처럼 보이나 이는 용어상의 차이이다. 이 책에서는 하십시오체와 예예
체, 합소체가 같은 등급의 것으로 본다.

> (10) ㄱ. 내가 같이 가기시오.(박경래, 2003 : 59)
>
> ㄴ. 오늘 늦더래두 끝내기시오.(중국조선어실태조사보고집필조,
> 1985 : 152)
>
> ㄷ. 어쩌다 만났는데 더 놀기시오.(중국조선어실태조사보고집필조,
> 1985 : 147)

④ -깁소

'-깁소'는 하십시오체로 상대방을 대우하면서 공동법을 실현하는 어
미이며 조선어에서 방언형에 속하는 종결어미이다. 상대높임의 등급에
서 '-ㅂ시다'보다 낮은 등급을 보이는 것 같으나 이는 '-깁소'가 방언
형에서 주로 쓰이기 때문인 것으로 보인다. 최명옥 외(2002 : 142~163)에
서는 대표형을 '-기입소'로 보고 그 줄어든 형태가 '-깁소'라고 보았다.
그러나 이 책에서는 문학작품에 실린 형태 그대로 취한다. 또한 '-깁
소'가 하오체의 공동법 문장종결형 '-기오'와 같은 계열을 이루는 것으
로 본다.

> (11) ㄱ. 옳습꾸마. 빨리 가깁소.(리종훈, 1991a : 61)
>
> ㄴ. 그럼 이 돈으루 아주버니거나 사깁소.(리종훈, 1991a : 38)
>
> ㄷ. a : 저 아주버니, 소뿔은 단김에 빼라구 래일 당장 사돈보기를
> 하깁소.
>
> b : 그래! 그렇게 하깁소.(리종훈, 1991a : 31)
>
> ㄹ. 호호… 그럼 같이 뽑깁소.(리종훈, 1991a : 6)

'-깁소'는 동사의 어간에 붙어 쓰인다. 선행음절 말음이 모음이든 자음이든 영향을 받지 않고 하나의 형태로 나타난다. '-깁소'는 앞으로 진행할 행동에 대해 제안하거나 같이 할 의사를 밝히는 의미를 나타내기 때문에 '-었/았-', '-더-' 등의 과거시제 요소와 결합되지 않는다.

'-깁소'는 화자가 청자에게 명제내용에 담긴 행동을 같이 수행할 것을 요구하므로 공동법을 실현할 때 보통은 제안의 의미를 나타낸다. (11ㄱ)에서는 화자가 청자에게 같이 빨리 갈 것을, (11ㄴ)은 청자와 함께 청자의 옷을 살 것을, (11ㄷ)은 상견례를 할 것을 제안하는 의미를 나타낸다. (11ㄹ)의 경우는 (11ㄱ, ㄴ, ㄷ)의 경우와 다소 다른 의미를 실현한다. (11ㄹ)은 개의 털을 같이 뽑겠다는 의사를 전하는 것이다. 이처럼 '-깁소'는 화자가 청자에게 명제에 담긴 행동을 같이 실행할 것을 요구하기도 하고 청자는 화자의 의사에 맞춰 같이 진행하려 하기도 한다. 화행적 특징을 살펴보면 '-깁소'는 주로 하십시오체로 상대를 대우하며 중장년층에서 사용되는 종결어미이다. 부부 사이는 물론, 다른 사람들과의 대화에서도 사용된다.

그런데 '-깁소'는 다음과 같은 예문에서 보듯이 청유의 의미를 나타내기도 한다.

(12) ㄱ. 에구, 손을 베지 않았슴둥? 모질 벴겠네, 내 보깁소.(리종훈, 1991a : 29)
ㄴ. 아버지 써 봅소. 어떤가 보깁소!(리종훈, 1991a : 57)

(12)는 화자가 청자에게 제안을 하지만 행위참여자는 화자와 청자를 모두 포함하는 것이 아니라 화자가 청유하는 자신의 의사만 전달한 경우처럼 보인다. 그러나 화자의 요구에 의해 실현되는 청자의 행동은 다

르나 화자의 요구에 동참하는 것이 공동법을 실현한 경우이다.

한편 현대조선어에서는 '-깁소'와 다른 양태적 의미를 나타내는 '-겝소'가 확인된다. '-겝소'는 '-깁소'와 같은 상대높임의 등급을 나타내며 또 같은 의미적 특징을 가진다. 그러나 '-겝소'는 '-깁소'보다 좀 더 수수하게 표현할 때 쓰인다.

(13) 대체 주잔 말인지 달란 말인지… 이렇게 하겝소!(리종훈, 1991a : 63)

8.2.2. 해요체

현대조선어에서 해요체 등급에 속하며 공동법을 실현하는 종결어미는 '-어요/아요'와 '-지요'를 들 수 있다. 이 두 형태는 해체에 속하는 '-어/아'와 '-지'에 보조사 '요'가 결합되어 이루어진 형태로 상대높임의 등급만 달리 하는 것이다. 따라서 여기서는 기본적인 설명을 하지 않고 해체의 어미를 기술하는 장에서 취급한다.

8.2.3. 하오체

① -기오

현대조선어에서 하오체의 공동법 종결어미로는 '-기오'를 들 수 있다. '-기오'는 현대조선어에서 쓰이는 빈도가 상당히 높을 뿐만 아니라 하위 방언으로서의 특징도 띠고 있다고 볼 수 있다.

(14) ㄱ. 우리도 일을 시작하기오.(최윤갑·리세룡, 1984 : 256)
   ㄴ. 좋은 의견이요. 우리 함께 잘 토론해 보기오.(최윤갑, 1987 : 378)

ㄷ. 그럼 같이 가기요.(동북3성, 1983 : 229)
(15) ㄱ. 수업시간이요, 좀들 조용하기요.(최윤갑·리세룡 1984 : 256)
ㄴ. 그런 말은 좀 그만두기요.(최윤갑·리세룡 1984 : 256)

(14)는 화자가 청자에게 어떤 행동을 같이 할 것을 요구하는 경우의
예문들이다. (15)는 청자에게 어떤 행동을 제지시키는 의미로 요구하는
경우의 예들이다. 화자가 참여하지 않은 것처럼 보일 수 있으나 함께
있는 담화 상황에서 화자 또한 간접적 행위참여자임을 확인할 수 있다
고 본다. 이런 의미로 쓰인 것은 (15ㄴ)의 경우에 더 잘 드러난다. 이때
는 화자의 요구가 강하게 표현되어 명령법을 수행한 것이다.

8.2.4. 하게체

① -ㅂ세

'-ㅂ세'는 하게체로 상대방을 대우하며 청자와 함께 어떤 행동을 수
행할 것을 나타내는 공동법 종결어미이다. 주로 동사 어간이나 동작성
을 띤 형용사의 어간에 붙어 쓰인다. 이 종결형은 시제요소와는 어울리
지 않는다. 선행음절의 말음이 자음으로 끝나면 매개모음 '으'를 취하
여 '-읍세'의 형태를 이룬다.

(16) ㄱ. 자, 우리 빨리들 시작합세.(차광일, 1981 : 307)
ㄴ. 우리 힘을 합쳐 일을 잘 해 봅세.(최윤갑·리세룡, 1984 : 323)
ㄷ. 자, 또 걸어들 봅세.(최희수·강은국, 1987 : 164)

(16)의 예문은 화자가 청자에게 어떤 일을 함께 하기를 권하는 경우
에 해당한다. (16ㄱ)에서는 함께 일을 빨리 시작할 것을 요구하고 있고

(16ㄴ)에서는 앞으로 힘을 합쳐 잘 해 볼 것을 요구하고 있다. (16ㄷ)은 함께 걸을 것을 제안하고 있는 의미를 나타낸다. '-ㅂ세'는 화행을 살펴보면 주로 중장년층의 화자들 사이에서 많이 사용된다. 그중에서도 남성화자들이 많이 사용한다.

한편 화자가 청자에게 함께 행동해 줄 것을 요구하는 경우와 달리 화자가 청자의 행동에 참여할 의사를 밝히는 경우도 있다.

> (17) ㄱ. 나도 그 책을 좀 봄세.(최윤갑·리세룡, 1984 : 323)
>   ㄴ. 내가 꼭 가야 할 사정이라면 가봄세.(최희수 외, 1987 : 164)

(17ㄱ)은 청자가 하는 행동에 화자도 참여할 의사가 있음을 나타낸다. (17ㄴ)은 화자가 상대방의 의견을 수락하여 함께 행동할 의사를 나타낸다. 함께 하기를 요구하는 선후순서가 화자이든 청자이든 행위참여자가 공동이라는 부분에서 (17)도 (16)과 같이 공동법을 실현한다고 본다. '-ㅂ세'는 공동법 외에도 명령법을 실현하기도 한다.

> (18) ㄱ. 기별을 합세.(『조선말사전上』, 2002 : 1279)
>   ㄴ. 자네는 오전 중에 꼭 끝냅세.(차광일, 1981 : 307)

(18ㄱ)은 주어가 생략된 문장이다. 주어의 설정에 따라 서로 다른 문장종결법을 이루는 것으로 파악된다. 주어가 만일 '자네'라면 명령법을 실현하는 것이고, '우리'라면 공동법을 실현하는 것이 된다. (18ㄴ)은 주어가 확실히 지정되어 있다. 이 경우는 명령법만 수행한다. 즉 화자가 청자에게 오전 중에 꼭 끝내라는 요구를 하고, 청자는 화자의 담화 요구에 따라 뒤에 행동 화행을 보이기 때문이다.

② -세

'-세'는 하게체로 상대방을 대우하는 공동법 문장종결형이다. 동사 어간에 결합되어 쓰이며 선행 음절이 자음으로 끝난 경우에는 매개모 음 '으'를 취한다. 위의 '-ㅂ세'와 같은 의미기능을 나타낸다.

(19) ㄱ. 우리 같이 밭갈이 가세.(허동진, 2006 : 55)
　　ㄴ. 그럼 같이 가보세.(최윤갑·리세룡, 1984 : 326)
　　ㄷ. 나도 맛 좀 보세.(최윤갑·리세룡, 1984 : 326)
　　ㄹ. 자, 젊은이들, 또 한바닥 꽂아보세!(류원무, 1982 : 154)

(19)의 '-세'는 화자가 청자와 어떤 행동을 같이 수행할 것을 요구하는 의미를 나타낸다. (19ㄱ, ㄷ)에서는 청자와 함께 명제내용에 담긴 행동을 할 것을 나타내고 있다. (19ㄱ)은 함께 밭갈이 갈 것을, (19ㄷ)은 모내기를 같이 할 것을 청하는 의미를 나타내고 있다. (19ㄴ)에서는 청자와 동행할 의사를 밝혀 함께 갈 것을 표현하고 있다. 이처럼 '-세'는 화자가 명제내용에 담긴 행동을 함께 할 것을 청자에게 권하거나 본인이 청자의 행동에 가담하여 함께 할 의사를 나타내기도 한다.

화행적 특성을 살펴보면 '-세'는 하게체로 상대방을 대우하므로 주로 중장년층에서 많이 사용하는 것을 미루어 볼 수 있다. (19ㄷ)에서 '젊은이들'이라는 주어를 상정한 것은 화자가 젊은 청년층보다 높음을 의미하기도 한다. '-세'는 '-ㅂ세'와 기본적으로 같은 의미를 나타내나 '-ㅂ세'보다 상의조로 말하는 뜻이 약하다. 담화상황에서 '-ㅂ세'는 '-세'보다 친근감을 더 드러낸다.

한편 '-세'는 다음 (20)에서 보듯 명령법을 수행하기도 한다.

(20) ㄱ. 다 들을 수 있게 높은 소리로 읽으세.(허동진, 2006 : 55)

ㄴ. 당신이 먼저 읽어보세.(차광일, 1981 : 306)

'-세'는 행위참여자가 화자와 청자를 모두 포함하면 공동법으로 실현되고 청자 한 사람만 포함하면 명령법을 실현한다. (20)은 명령법을 실현한 경우라고 본다. 이때 '-세'는 수의적으로 명령법을 수행한다.

③ -세나

'-세나'는 하게체로 청자를 대우하면서 상대방과 함께 행동할 의사를 나타내는 공동법 문장종결형이다. '-세나'는 동사의 어간에 결합된다. 선행음절의 영향을 받는데 선행 음절이 모음으로 끝나면 '-세나'로, 자음으로 끝나면 '-으세나'로 실현된다.

(21) ㄱ. 이젠 그만 쉬고 어서 일을 시작하세나.(최윤갑・리세룡, 1984 :
326)

ㄴ. 어서 들어 가세나.(『조선말사전上』, 2002 : 2145)

ㄷ. 나하고 같이 가세나.(차광일, 1981 : 306)

ㄹ. 자, 애기네! 가불간 여기 앉아 이야기하세나.(리종훈, 1986 :
337)

하게체로 상대방을 대우하는 만큼 주어는 주로 자신보다 어리거나 낮은 등급의 성인에게 사용하는 제약을 보인다. 이 경우 청자는 자기와 동급이거나 자기보다 낮은 등급의 사람을 상정할 수도 있다.[85] (21ㄹ)에서 '애기네'라는 주어를 사용한 것은 '-세나'가 하게체에 속함을 나

---

85) 상대높임의 등급에서 범위가 좀 넓기에 『조선말사전』(2002)에서는 하대계칭으로 기술하고 있다.

타낸다. '-세나'는 '-세'보다 다정한 정서를 동반하며 더 친근감이 있으므로 구어체에서 많이 쓰인다.

(21)의 '-세나'는 명제내용에 담긴 행동을 화자가 청자에게 청하거나 권할 때 많이 사용된다. (21ㄱ)은 청자에게 그만 쉬고 일을 시작할 것을 요구할 때 사용된 것이고, (21ㄴ, ㄹ)은 청자에게 집으로 들어가는 행동과 이야기하는 행동을 권할 때 사용된 것이다. (21ㄷ)에서는 함께 갈 것을 요구할 때 사용된 것이다.

④ -자구

'-자구'는 하게체 공동법 종결어미로서 동사와 형용사 어간에 붙으며 시제요소와는 어울리지 않는다. 현대조선어에서 '-자구'는 하나의 독자적인 문장종결형으로 쓰이고 있다. 주로 중장년층에서 사용된다.

(22) ㄱ. 우리 술이나 한 잔 하자구.(허동진, 2006 : 143)
ㄴ. 여보, 어떻소? 우리 멋있게 해 보자구!(리종훈, 1983 : 264)
ㄷ. 자, 다 같이 잔을 들자구!(리종훈, 1986 : 345)
ㄹ. 촌장 : 자 모두들 빨리 달라 붙자구!
청년들 : 자, 저기 돌을 구부려 오자구.(리종훈, 1986 : 320)
ㅁ. 나도 한 대 피워 보자구.(최윤갑·리세룡, 1984 : 328)

(22ㄱ, ㄴ, ㄷ, ㄹ)은 화자가 청자에게 어떤 행동을 같이 해 줄 것을 제안하거나 요구하는 의미를 나타낸다. (22ㅁ)은 화자가 청자에게 담배를 피우는 행동을 청하는 경우에 사용된 것이다. 이처럼 '-자구'는 화자가 적극적으로 청자에게 권할 수도 있지만 화자가 청자에게 자신도 적극 참여할 것을 나타내기도 한다.

한편 '-자구'는 명령법을 실현하기도 한다.

> (23) 지배인 동지께서 사업총화를 하시는데 좀 조용하자구.(최희수 외,
>   1987 : 176)

(23)에서 '-자구'는 [+행동성]을 띠고 있는 형용사와 결합되어 조용히 할 것을 요구하고 있는 것으로 명령법을 수행한 경우이다.

8.2.5. 해체

① -어/아

'-어/아'는 해체로 청자를 대우하면서 공동법을 실현하는 문장종결형이다. 이 경우 문말에서 실현되는 억양은 급하강조를 이루다가 하평조로 바뀐다.

> (24) ㄱ. 우리도 거길 가.(차광일, 1981 : 323)
>   ㄴ. 언니, 우리도 학교에 가.(최윤갑·리세룡, 1984 : 334)
>   ㄷ. 야, 늦었다. 빨리 뛰어.(양홍앵, 2006b : 31)

(24)의 '-어/아'가 공동법을 수행하는 경우에는 주어 제약을 갖는다. 주어가 '함께' 및 '공동'의 의미를 가지고 있는 단어일 때에 공동법으로 실현된다. 이는 행위참여자가 화자와 청자라는 공동법의 의미에 근거한 것이다. 따라서 주어가 특정된 개인이면 공동법을 실현하지 않고 명령법을 실현한다. (24ㄱ, ㄴ)에서 '우리'라는 표현으로 행위참여자가 화자와 청자임을 나타냈다. (24ㄷ)의 경우는 주어가 생략되었으나 화행을 살펴보면 늦은 것을 인지한 화자가 함께 빨리 뛰어갈 것을 권하는 것으

로 화자의 행동도 포함되는 경우라고 볼 수 있다. 따라서 (24)의 '-어/아'는 공동법을 실현하고 있다고 본다.

한편 '-어/아'는 보조사 '요'와 결합하여 해요체 등급으로 공동법을 실현한다.

② -지

'-지'는 해체로 청자를 대우하는 공동법 문장종결형이다. 이 형태는 여러 가지 문장종결법을 실현하는데, 공동법을 실현할 경우에는 청자와 함께 행동할 것이라는 담화내용에 근거해야만 한다. 뿐만 아니라 이러한 '공동 행동'이 이루어지려면 화자는 자신이 말한 내용을 청자가 어느 정도 수행해 줄 것이라는 것을 짐작하고 있다고 보아야 한다.

(25) ㄱ. 오늘은 이만하고 다들 돌아가지.(최윤갑 · 리세룡, 1984 : 329)
ㄴ. 자네들은 여기 와서 같이 먹지.(허동진, 2006 : 76)
ㄷ. 추우면 방으로 들어가지.(최희수 외, 1987 : 180)
ㄹ. 밤이 깊었는데 당신도 자지.(리원길, 1980 : 66)

(25)는 화자가 청자의 상황을 어느 정도 파악하고 제안함으로써 공동의 행동이 이루어지는 경우라 볼 수 있다. (25ㄱ)은 다들 어느 정도 했으니 갈 때가 되었다는 것을 화자가 알고 요구한 것이다. (23ㄴ)은 이미 먹고 있는 화자와 함께 행동에 참여할 것을 제안하는 경우이다. 이 경우 화자는 청자인 '자네들'도 '밥을 먹'어야 한다는 것을 파악하고 있다고 볼 수 있다. (23ㄷ)은 청자가 추워한다는 것을 미리 짐작하고 청자에게 방으로 들어가는 행동을 요구한 것으로 본다. 따라서 (25)의 예문은 모두 함께 행동할 것을 요구했다고 본다.

'-지'는 '요'와 결합되어 '-지요'의 형태로 실현되기도 한다. 이때 '-지요'는 해요체로 상대를 대우하면서 어떤 행동이나 일을 함께 할 것을 제안한다.

> (26) ㄱ. 그럼…날 글 좀 가르쳐주지요.(리원길, 1980 : 55)
>   ㄴ. 오빠, 여기 좀 앉으시지요.(리원길, 1980 : 59)

8.2.6. 해라체

① -자

'-자'는 해라체로 청자를 대우해 주면서 청자에게 어떤 일을 함께 하고자 권고하거나 요구함을 나타내는 문장종결형이다. 동사나 일부 형용사의 어간에 붙으며 시제요소와는 결합되지 않는다.

> (27) ㄱ. 나도 그 그림책을 보자.(최윤갑·리세룡, 1984 : 327)
>   ㄴ. 우리 함께 가자.(『조선말사전下』, 2002 : 1)
>   ㄷ. 나도 너희들의 활동에 참가하자.(최희수 외, 1987 : 173)

(27)은 화자가 명제내용에 대해 청자와 함께 행동할 것을 밝혀 함께 행동하는 특징을 드러내므로 공동법을 실현했다고 볼 수 있다. (27ㄱ)은 함께 그림책을 볼 것을, (27ㄴ)은 함께 갈 것을, (27ㄷ)은 활동에 함께 참가할 것을 나타냈다. 화행을 검토해 보면 위 예문은 청자에 의해 이미 이루어지는 행동에 화자가 참여하기로 한 것이 드러나므로 청자 쪽에 중심을 두고 있다는 것을 알 수 있다.

다음 (28)은 화자가 청자에게 어떤 행동을 하도록 권하거나 반드시 할 것을 요구하는 의미를 나타낸다.

(28) ㄱ. 어떤 일이 있더라도 계획을 이달 안으로 끝내자.(최윤갑·리
　　　　세룡, 1984 : 327)
　　　ㄴ. 선생님께서 말씀하시는데 좀 조용하자.(최희수 외, 1987 : 173)
　　　ㄷ. 영수야, 선생님의 강의에 집중하자.(최희수 외, 1987 : 173)

(28ㄱ)은 어떤 행동을 하도록 요구한다고 하기보다 제안을 통해 그것을 이행하도록 권유하는 의미를 담고 있다. (28ㄴ, ㄷ)은 상대방에게 어떤 행동을 수행할 것을 요구하는 의미를 나타낸다. 이 경우 청자의 행동만을 요구한다고 보아 명령법으로 볼 수도 있으나, 화행을 분석해 보면 이는 단지 청자에게만 해당되는 문제가 아니라 화자에게도 중요한 내용이 되므로 공동의 문제로 인식하는 것이 바람직하다.

다음 (29)의 '-자'는 청자의 제안을 받아 들여 청자와 함께 행동할 의사를 나타내는 경우이다.

(29) ㄱ. 응, 그렇게 하자.(최윤갑·리세룡, 1984 : 327)
　　　ㄴ. 이것이 좋다면 이것을 가지고 가자.(최희수 외, 1987 : 173)
　　　ㄷ. 네 말이 정 그렇다면 한번 가보자.(최희수 외, 1987 : 173)

(29)의 선행 화행은 청자에 대한 요구로 볼 수 있으며 화자가 명제내용을 통해 함께 행동할 의사를 밝힌 것이라 본다. '-자'는 위에서 기술한 것과 같이 다양한 의미를 가지고 있다. 공동법 수행에 있어 약간의 의미 차이는 있으나 화자가 청자와 함께 할 것을 요구하거나 승낙하는 것이 주된 의미기능이라고 볼 수 있다.

한편 '-자'는 다음과 같이 명령법을 실현하기도 한다.

(30) ㄱ. 나가자, 나가자, 싸우러 나가자, 용감한 기세로 어서 빨리 나
　　　　가자.(최윤갑·리세룡, 1984 : 327)

　　　ㄴ. 과학기술현대화의 고봉을 향하여 힘차게 전진하자!(최희수 외,
　　　　1987 : 173)

　　　ㄷ. 나무를 심어 조국을 록화하자!(최희수 외, 1987 : 173)

　　　ㄹ. 내가 왜 이렇게 정신없이 누워있나? 빨리 일어나야지, 그렇다,
　　　　일어나자, 그리고 대오를 따라가자.(최희수 외, 1987 : 173)

　(30ㄱ, ㄴ, ㄷ)은 호소성을 띤 문장으로 특정대상을 상정하지 않으므
로 대우법의 등급도 불분명하다. 구호 등에 많이 쓰이는데 이때는 명령
법을 수행하고 있다. (30ㄹ)은 자문자답의 형식으로 쓰였는데 말하는
사람의 결의나 의지를 나타내므로 이 경우도 자신에 대한 명령법 수행
으로 본다.

② -자꾸나

　'-자꾸나'는 해라체로 상대방을 대우하면서 청자와 공동으로 행동할
경우에 사용되는 종결어미이다. 이 어미는 화자가 친근감을 가지고 청
자에게 말할 때 쓰인다. '-자꾸나'는 '-자'의 의미와 기본상 같게 쓰이
나 '-자'보다 정다운 감정을 더 나타낸다. 한편 '-자꾸나'는 '-자'에 비
해 친근감을 더하거나 정감을 많이 나타내므로 구호 성격의 문장에는
쓰이지 않고 주로 구어체에서만 사용된다.

(31) ㄱ. 너도 우리하고 같이 가자꾸나.(최윤갑·리세룡, 1984 : 328)

　　　ㄴ. 그게 뭐니? 나도 보자꾸나.(최윤갑·리세룡, 1984 : 328)

　　　ㄷ. 애들아, 좀 조용하자꾸나.(최희수 외, 1987 : 177)

　　　ㄹ. 그럼 좋도록 하자꾸나.(최윤갑·리세룡, 1984 : 328)

(31ㄱ)은 상대방에 어떤 행동을 같이 할 것을 권유하는 뜻을 나타낸다. (31ㄴ)은 화자가 상대방과 같이 함께 보려는 의도를 나타낸다. (31ㄷ)은 화자가 청자에게 '조용히 하는 행동'을 수행할 것을 권고하는 뜻을 나타낸다. (31ㄹ)은 상대방의 요청이나 요구에 승낙하는 의미를 나타낸다. 이처럼 '-자꾸나'도 '-자'와 마찬가지로 담화상황에 따라 화자와 청자의 중심 이동을 보인다.

8.3. 공동법 종결어미와 문장종결법의 관계

공동법을 실현하는 종결어미는 그 형태가 여러 가지인데 그 차이는 주로 상대높임법의 등급에 따른 차이로 파악되었다. 또한 하오체에 속하는 어미의 수가 적고 하게체가 많은 것도 공동법의 특징으로 보인다. 현대조선어에서 많이 사용되어 공동법의 특징적인 종결어미로 등재되어 있는 '-자구', '-기오'의 의미기능에 대해서도 살펴보았다. 또한 방언형 '-깁소'의 사용도 비교적 활발한 것으로 밝혀졌다. 전형적으로 공동법을 실현하는 종결어미는 [+동작성]을 띤 형용사와 결합하여 명령법을 실현하는 경우도 있는데 이는 공동법 종결어미가 수의적으로 기타의 문장종결법을 실현한 경우로 확인되었다. 공동법과 그것을 수행하는 종결어미의 관계를 도시하면 다음과 같다.

〈표 20〉 공동법 종결어미와 문장종결법의 관계

	설명법	감탄법	약속법	의문법	명령법	허락법	경계법	공동법
-자	×	×	×	×	△	×	×	○
-자꾸나	×	×	×	×	△	×	×	○
-기오	×	×	×	×	×	×	×	○
-ㅂ세	×	×	×	×	△	×	×	○
-세	×	×	×	×	△	×	×	○
-ㅂ시다	×	×	×	×	△	×	×	○
-기시오	×	×	×	×	×	×	×	○
-어/아	?	?	?	?	?	?	?	○
-지	?	?	?	?	?	?	×	○
-세나	×	×	×	×	△	?	×	○
-자구	×	×	×	×	△	×	×	○
-깁소	×	×	×	×	×	×	×	○
-ㅂ수다	×	×	×	×	×	×	×	○

○ : 전형적 쓰임.   △ : 수의적 쓰임.   × : 안 쓰임.   ? : 여기서 논의하지 않음.

제4장 결론

이 책의 연구 목적은 크게 두 가지이다. 하나는 문장종결법의 개념을 분명히 한 다음에, 분류기준을 설정하여 문장종결법의 체계를 확립하는 것이고, 다른 하나는 담화적 관점에서 여덟 개의 개별 문장종결법의 의미를 정의하고, 그것을 실현하는 종결어미들의 형태·통사·의미적 특성들을 검토하는 것이다.

문장종결법을 실현하는 종결어미들은 상대높임법을 실현할 뿐만 아니라 양태적 의미도 갖고 있다. 이 책은 문장종결법이 이 두 범주와 다른 독립된 문법범주임을 밝히고 종결어미의 구체적인 기술에서 이 두 범주를 활용하였다. 이 책이 연구 대상으로 삼은 자료는 중국에서 출판된 사전류와 문법연구서, 문학작품 등에 실린 종결어미들이다.

2장에서는 현대조선어의 문장종결법 연구를 위한 기본적 개념을 크게 둘로 나누어서 다루었다. 하나는 문장종결법의 분류기준 설정과 체계 수립의 문제이고, 다른 하나는 문장종결법 외에 종결어미에 의해 실현되는 두 범주, 즉 상대높임법과 양태와의 범주적 구별 및 관련성에 대한 것이다. 우선 이 책은 문장종결법의 분류기준으로 행위참여자, 진술방식, 진술내용, 주관적 정서 반영 여부의 네 가지를 설정하였다. 그 중에서 행위참여자, 진술방식, 진술내용 기준은 문장종결법 분류의 기

본기준으로 설정하고, 주관적 정서 반영 여부 기준은 부차적 기준으로
활용하였다. 이 분류기준을 적용한 결과 현대조선어의 문장종결법은 설
명법, 감탄법, 약속법, 의문법, 명령법, 허락법, 경계법, 공동법의 여덟
가지가 이루는 체계를 갖는 것으로 파악하였다.

이 책에서 제시한 문장종결법의 분류기준은 담화상황에 근거한 것으
로 각 문장종결법의 의미는 이 기준에 의해 정립되었다. 문장종결법의
분류기준과 체계를 도시하면 다음의 <표 21>과 같다. 이 표에서 '+'
는 그러한 특성이 있음을 나타내고 '−'는 없음을 나타낸다. 주관적 정
서 기준은 주관적 정서의 반영 여부를 나타내는 것이 아니라 주관적 정
서의 강약을 나타낸다.

〈표 21〉 현대조선어 문장종결법의 의미적 특성

분류기준 \ 문장종결법		설명법	감탄법	약속법	의문법	명령법	허락법	경계법	공동법
행위 참여자	화자	+	+	+	−	−	−	−	+
	청자	−	−	−	+	+	+	+	+
진술 방식	전달	+	+	+	−	−	−	−	−
	요구	−	−	−	+	+	+	+	+
진술 내용	정보	+	+	−	+	−	−	−	−
	행동	−	−	+	−	+	+	+	+
주관적 정서	±정감적	−		+		+	−	+	

현대조선어 종결어미의 문장종결법 기술을 위해 반드시 선결되어야
할 문제가 바로 현대조선어의 상대높임법의 체계 정비이다. 기존 연구
를 검토한 후 이 책은 우선 일차적으로 '존대−대등−하대' 세 등급으
로 분류하고, 다시 존대 등급은 하소서체, 하십시오체, 해요체로, 대등
등급은 하오체와 하게체로, 하대 등급은 해체와 해라체로 하위분류하였

다. 이에 따라 현대조선어의 종결어미를 검토해 보니, 설명법, 의문법, 명령법만이 하소서체 등급의 어미를 취하고 있고, 감탄법, 허락법, 경계법을 실현하는 종결어미는 이 문장종결법의 의미·담화적 특성으로 인해 상대높임의 등급에서 고루 분포돼 있지 않았다. 또한, 종결어미의 양태적 의미도 검토하였는데, 현대조선어 연구에서는 종결어미의 양태의미에 대한 논의가 상당히 부족하였다. 이에 따라 이 책은 가능한 범위 내에서 종결어미의 양태 의미를 파악하려고 노력하였는데, 주로 해체의 양태 의미를 집중적으로 다루었다는 한계를 가지게 되었다.

3장에서는 현대조선어의 여덟 개 문장종결법의 의미를 2장에서 설정한 분류기준에 따라 정의하고, 이를 실현하는 종결어미들의 여러 특성에 대해 구체적으로 검토하였다. 이 논의를 통하여 현대조선어의 문장종결법은 종결어미의 형태·통사적 관점에서 접근하는 것보다 의미·화행적 관점에서 접근해야 구체적으로 규명할 수 있음을 확인하였다. 또한 종결어미는 문장을 종결짓는 통사적 장치이며, 문장 속의 여러 담화적 요소와 관계를 가지고 있다는 것을 재확인하였고, 기존의 현대조선어 연구에서 취급하지 않았던 문장종결법의 종류를 검토하게 되는 성과를 얻었다.

현대조선어에서 문장종결법을 실현하는 종결어미의 형태는 매우 다양하다. 이 종결어미를 형태·통사적 특성을 위주로 살피면 문장종결법의 유형이 몇 가지로 제한되나, 종결어미의 의미·화용적 특성을 위주로 살피면 하나의 종결어미가 하나 혹은 그 이상의 여러 가지 문장종결법을 수행한다는 것을 알 수 있다. 종결어미가 실현하는 각 문장종결법에 관한 주요 특징만을 요약하면 다음과 같다.

현대조선어의 설명법을 실현하는 종결어미들은 진술방식의 측면에서 볼 때 '전달'이라는 기본 의미를 공통적으로 가지면서도, 담화상황에 따라 단순 알림, 강조, 화자의 의지, 추측 등의 여러 가지 부차적인 의미들도 나타내고 있다. 또한 현대조선어에서 설명법 실현을 기본 기능으로 갖는 종결어미들이 설명법을 실현할 뿐만 아니라, 기본 기능은 설명법 실현이 아니면서도 억양 등의 여러 가지 담화적 요인들의 도움을 받아 설명법을 실현하는 어미도 존재한다는 것을 밝혔다. 그리고 반대로 설명법 종결어미들도 여러 가지의 담화적 요인의 도움을 받아 설명법 외의 다른 문장종결법을 수행하고 있음도 확인했다.

현대조선어 연구에서는 감탄법을 독립적인 문법범주로 설정하지 않는 경향이 강했으나, 이 책은 감탄법을 독립적인 문장종결법으로 설정하였다. 이는 감탄법 실현을 기본 기능으로 하는 종결어미들의 존재가 확인되었다는 점과, 감탄법이 다른 문장종결법과 구별되는 고유한 특성, 즉 화자의 주관적 정서를 반영하는 특성을 갖고 있다는 점에 근거한 것이다. 감탄법을 실현하는 종결어미는 상대높임의 등급에 따라 고루 분포되어 있지 않으나 '-구나'와 같이 전형적으로 감탄법을 실현하는 어미가 있다는 것을 확인하였다. 감탄법을 실현하는 종결어미는 하십시오체와 하오체 등 상대높임의 등급에서 공백을 보였는데 이점은 화자를 적극적으로 인식하지 않는다는 감탄법의 의미적 특성에 기인한 것으로 본다.

약속법의 종결어미는 설명법 종결어미보다 그 수가 비교적 적지만 청자를 적극적으로 인식하고 발화한다는 점에서 약속법을 독립된 하나의 문장종결법으로 설정하였다. 또한 청자에 대한 대우등급에 따라 상이한 형태가 사용됨을 확인하였다. 현대조선어의 약속법은 한국어와 다른 특별한 종결어미도 찾아볼 수 있었는데 '-마구'와 '-께/으께'가 바로 그것이다. 한편 현대조선어 연구에서 약속법과 관련해서 언급되지 않았던 '-어/아'는 이 책에서 예문을 통해 약속법을 실현함을 규명하였다.

의문법을 실현하는 종결어미는 상대높임의 등급에 따라 고루 분포되어 있는 양상을 보였다. 의문법은 청자에게서 정보를 요구한다는 구체적 의미와 함께 상승조의 억양을 동반한다. 의문법의 해요체 종결어미들은 다른 문장종결법에 비해 다양한 상대높임의 등급에 '요'가 결합되는 형태를 보인다. '-어요/아요'와 '-ㄹ래요', '-지요'는 해체의 '-어/아, -ㄹ래, -지'에, '-ㄹ까요'와 '-니요'는 해라체의 '-ㄹ까, -니'에, '-나요'는 하게체의 '-나'에, '-ㅂ죠'는 하십시오체의 '-ㅂ지'에 각각 '요'가 결합된 형태이다. 의미적 특성을 살펴보면 대답을 요구함에 있어 순수 질문을 하는 어미도 있고 추측이나 확인의 부가적인 의미를 담는 질문을 하는 어미도 있었다. 현대조선어의 의문법 종결어미 중에서 전형적으로 의문법을 실현하는 종결어미로는 '-ㅂ니까', '-ㅁ까', '-ㄹ까' 등과 '-니', '냐' 등이 있고, 수의적으로 의문법을 실현하는 종결어미로는 '-ㅂ지', '-ㅂ죠', '-ㅂ데'가 있다. '-ㅂ지', '-ㅂ죠', '-ㅂ데'는 전형적으로 설명법을 수행하지만 억양의 가세로 의문법을 실현하는 경우로 파악되었다. 또한 의문법의 일부 종결어미들이 다른 문장종결법도 실현한다는 것을 확인하게 되었다.

현대조선어 연구에서는 명령법 종결어미의 목록이 확정되어 있지 않아서 이 책은 우선 명령법 종결어미를 정리하였으며, 상대높임법에 근거하여 하위분류하였다. 명령법을 실현하는 종결어미는 여덟 개의 상대높임의 등급에 고루 분포되어 있는 양상을 보였다. 명령법 종결어미는 수가 많으며 또한 나름대로의 사용역을 가지고 있음을 확인하였다. 현대조선어의 동일 형태가 한국어에서와는 다른 사용역을 가지고 있음도 확인하였다. 현대조선어 명령법 어미 중에서 표준형 '-라요'와 방언형 '-ㅂ소'가 특징적으로 나타났다. '-오/소'는 기타 문장종결법을 실현하기도 하나 명령법을 실현할 경우에는 주로 급하강조의 억양을 이루어 명령법이 억양의 영향을 많이 받는 것으로 확인되었다. 또한 하십시오체, 하오체, 해체에 속하는 일부 어미들은 전형적으로 명령법을 실현하는 동시에 억양의 도움을 받아 설명법과 의문법을 실현하기도 한다.

기존의 현대조선어 연구에서는 허락법과 경계법을 별도의 문장종결법으로 설정하지 않았지만, 이 책은 이들을 전형적으로 실현하는 종결어미가 확인되고, 개념상 문장종결법적인 특성이 있다는 점을 근거로 하여 독립적인 문장종결법으로 설정하였다. 허락법의 종결어미로는 '-려무나, -렴, -구려, -어/아'가 있는데, 자신보다 위인 어른한테 어떤 행동을 허락할 수 없기 때문에 상대높임법에 따른 분포가 하게체, 해체, 해라체로 한정되어 있다. 허락법은 청자의 행동을 허락하는 화자의 의사를 전달하는 종결법이므로 명령법에 비해 선행 화행이 따른다는 전제를 가지고 있다. 뿐만 아니라 명령법이 강한 주관적 정서를 동반하는 점에 비해 허락법은 보다 완화된 부드러운 정서를 동반하고 있는 특징이 있다. 허락법의 이런 고유의 특성을 고려하여 이 책에서는 별도의 문장종결법으로 분류하였다. 현대조선어의 기존 연구들에서는 경계법을 설명법에 귀속시켜 논의하여 왔으나 이 책에서는 경계법의 특성을 고려하여 별도의 문장종결법으로 분류하였다. 경계법은 설명법과 같이 단순전달이 아니라 화자의 정감이 동반된 전달이라는 특성과 그 결과는 청자의 행동을 유발할 수 있다는 특성이 고려되어 분류한 것이다. 현대조선어의 경계법 종결어미로는 '-ㄹ라, -리다, -리라, -어/아, -ㄹ세라'가 사용되나 하십시오체, 해체, 해라체에 한정해서 나타나고 있다.

그중 가장 대표적인 어미는 해라체 등급에 속하는 '-르라'이지만, 현재 언어생활에서 쓰임이 별로 발견되지 않았다. 추측과 경계의 의미를 두루 나타내는 '-겠다'의 사용이 많아짐에 따라 밀려난 것으로 보인다.

현대조선어 연구에서 공동법은 '권유식'으로 명명되면서 기본적인 문장종결법으로 설정되어 왔지만, 공동법의 문장종결법의 특성이 잘 드러나지 않아서 이 책은 2장의 분류기준을 적용하여 공동법을 화자가 청자에게 문장에 담긴 행동정보를 함께 행할 것을 요구하는 문장종결법으로 정의하였다. 이런 의미적 특성에 기인하여 공동법은 동사와 결합되며 '말다'부정문으로 실현되는 특징을 보였다. 또한 화자와 청자가 모두 포함된 '우리'와 같은 주어를 많이 사용한다. 공동법의 종결어미들은 그 형태가 여러 가지인데 그 차이는 주로 상대높임법의 등급에 따른 차이로 파악되었다. 또한 하오체에 속하는 어미의 수가 적고 하게체가 많은 특징을 보였다. 현대조선어의 특징적인 공동법 종결어미로는 '-자구', '-기오'가 있다. 또한 방언형 '-깁소'의 사용도 비교적 활발한 것으로 밝혀졌다. 담화상황을 고려하였을 때 공동법 종결어미도 수의적으로 명령법을 실현하는 경우가 있다는 것도 확인하였다.

현대조선어의 종결어미와 문장종결법의 관계를 비교하면 다음과 같은 결과를 얻을 수 있다. 종결어미와 문장종결법은 일대일(一對一)로 대응되는 고정적인 관계가 아니라 다대다(多對多)의 복잡한 관계를 보인다는 점을 감안하여 여기서는 두 개 이상의 문장종결법을 실현하는 어미만 뽑아 표로 제시한다.

〈표 22〉 현대조선어의 종결어미와 문장종결법의 관계

	설명법	감탄법	약속법	의문법	명령법	허락법	경계법	공동법
-ㅂ지	○	△	×	○	×	×	×	×
-ㅂ죠	○	×	×	○	×	×	×	×
-오/소	○	○	×	○	○	○	×	×
-ㅂ데	○	△	×	○	×	×	×	×
-네	○	△	×	×	×	×	×	×
-데	○	○	×	△	×	×	×	×
-ㄹ세	○	○	×	×	×	×	×	×
-아/어	○	○	○	○	○	○	○	○
-지	○	○	○	○	○	×	×	○
-리다	×	×	○	×	×	×	△	×
-ㄴ걸	○	△	×	×	×	×	×	×
-ㄹ걸	○	○	×	×	×	×	×	×
-다/라	○	△	△	△	△	△	△	△
-ㄹ래	○	×	×	○	×	×	×	×
-다이/라이	○	△	×	×	×	×	×	×
-구려	×	○	×	×	△	○	×	×
-이	○	△	×	×	×	×	×	×
-라	×	○	×	○	×	×	×	×
-냐	×	×	×	○	△	×	×	×
-게	×	×	×	△	○	△	×	×
-어라	×	○	×	×	○	×	×	×
-지요	○	○	○	○	×	×	×	○
-려무나	×	×	×	×	△	○	×	×
-렴	×	×	×	×	△	○	×	×
-리다	×	×	○	×	×	×	○	×
-ㄹ세라	×	○	×	×	×	×	△	×
-자	×	×	×	×	△	×	×	○
-자꾸나	×	×	×	×	△	×	×	○
-ㅂ세	×	×	×	×	△	×	×	○
-세	×	×	×	×	△	×	×	○
-ㅂ시다	×	×	×	×	△	×	×	○
-ㅂ니까	△	△	×	○	△	×	×	×

	설명법	감탄법	약속법	의문법	명령법	허락법	경계법	공동법
-ㅁ까	△	△	×	○	△	×	×	×
-ㅁ둥	△	△	×	○	×	×	×	×
-ㄴ가	△	×	×	○	×	×	×	×
-나	△	×	×	○	△	×	×	×
-니	△	×	×	○	△	×	×	×
-세요	×	×	×	△	○	×	×	×

위의 표에서 'O'는 전형적으로 실현하는 것이고 'Δ'는 수의적으로 실현하는 것이며, '×'는 전혀 실현하지 않는 것이다. 표를 통하여 현대조선어의 문장종결법은 많은 종결어미에 의해 실현되며 이 종결어미들이 다대다(多對多)의 모습을 보이고 있다는 것을 확인할 수 있다. 이런 부분은 현대한국어와 큰 차이를 보이지 않는 것으로 확인되었다.

도시 인구의 증가와 시골 인구의 감소, 교육 기회의 확대는 현대조선어에서 방언형이 사라지고 표준어 사용률을 높이는 데 큰 몫을 하고 있다. 이처럼 현대조선어는 시대 상황에 따라 커다란 변화를 겪고 있기 때문에 앞으로 음운과 어휘는 물론 문법적 측면에서 상세한 연구가 필요하다. 조선족들의 언어 사용 방법에 대한 학술적 고찰과 언어 습관의 변화 양상에 부합되는 다양한 연구가 지속적으로 이루어져야 한다. 또한 이 책은 문장종결법을 실현하는 문장종결형 중에서 종결어미만을 연구 대상으로 하였는데, 앞으로는 그 밖의 어미들을 포함하여 보다 종합적이고 포괄적인 연구를 지속적으로 수행하려고 한다.

참고문헌

강은국(1982), 「술어와 문장구조의 호상관계에 대하여」, 『연변대학학보』(특집호), 연변
　　　대학교.
강은국(1987), 『현대조선어』, 연변대학출판사.
강은국(1993), 『조선어문형연구』, 서광학술자료사.
강복수(1972), 『국어문법사연구』, 형설출판사.
강창석(1982), 「현대 국어의 형태소 분석과 음운현상－활용」, 서울대 석사학위논문.
강창석(1987), 「국어 경어법의 본질적 의미」, 『울산어문논집』3, 울산대학교.
고성환(1996), 「현대국어 명령문에 대한 의미・화용론적 연구」, 서울대 박사학위논문.
고성환(1998), 「문장의 종류」, 『문법 연구와 자료』, 태학사.
고성환(2003), 『국어 명령문에 대한 연구』, 역락.
고영근(1965), 「현대국어의 서법 체계에 대한 연구」, 『국어연구』15.
고영근(1974), 「한국어의 종결어미에 대한 구조적 연구」, 『어학연구』10-1.
고영근(1976), 「현대국어의 문체법에 대한 연구－서법체계」, 『어학연구』12-1.
고영근(1986), 「서법과 양태의 상관관계」, 『국어학신연구』, 탑출판사.
고영근(1989), 『국어형태론연구』, 서울대학교출판부.
고영근(1991), 「敍法과 樣態의 相關關係」, 『문법 Ⅰ』, 태학사.
고영근(1993), 『우리말의 총체서술과 문법체계』, 일지사.
고영근(1998), 『중세국어의 시상과 서법』, 탑출판사.
고영근(2004), 『한국어의 시제 서법 동작상』, 태학사.
고영근(2010), 『표준중세국어문법론』, 집문당.
고영근・구본관(2010), 『우리말 문법론』, 집문당.
고은숙(2011), 『국어 의문법어미의 역사적 변천』, 한국문화사.
고창운(1992), 「현대국어의 물음씨끝 연구」, 『한국어의 토씨와 씨끝』, 서광학술 자료사.
고창운(1995), 『서술씨끝의 문법과 의미』, 박이정.
고홍희(2011), 『연변지역 조선어 의문법 연구』, 요녕민족출판사.
곽충구(1993), 『咸北 六鎭方言의 音韻論』, 태학사.
곽충구(1997), 「연변지역의 함북 길주・명천 지역 방언에 대한 조사 연구」, 『애산학보』

20.

곽충구(1998), 「동북·서북방언」, 『문법 연구와 자료』, 태학사.

국립국어연구원(1999), 『표준국어대사전』, 두산동아.

권화숙(2004), 「안동방언의 의문형 종결어미에 대한 연구」, 『한국어문학연구』19, 한국
　　　어문학연구회.

권화숙(2005), 「안동방언의 서술법 종결어미에 대한 연구」, 『한국어문학연구』21, 한국
　　　어문학연구회.

권재일(2001), 『한국어 문법의 연구』, 박이정.

권재일(2004), 『구어 한국어의 의향법 실현방법』, 서울대학교출판부.

국립국어원(2012), 『재중 동포 언어 실태 조사』, 국립국어원.

김광수(2001), 『조선어 계칭의 역사적 고찰』, 역락.

김광수(2012), 『조선어 고찰과 연구』, 연변인민출판사.

김기종(1986), 「조선어에서의 억양−문법적 다의문」, 『연변대학학보』(증간), 연변대학교.

김기종(2009), 『현대조선어 문법연구방법론 탐구』, 역락.

김기종·리영순(2006), 『조선어문법론』, 한국문화사.

김동찬(2002), 『조선어실용문법』, 박이정.

김민수(1960), 『국어문법론 연구』, 통문관.

김민수(1985), 『국어문법론』, 일조각.

김서형(2003), 「육진 방언의 종결어미 연구」, 『語文論集』48, 민족어문학회.

김석득(1992), 『우리말 형태론』, 탑출판사.

김수태(1988), 「종결어미 '−니'의 기능과 의미」, 『우리말연구』15, 우리말학회.

김수태(2005), 『마침법 씨끝의 융합과 그 한계』, 박이정.

김순배(1984), 「조선어 토 '−아'에 대하여」, 『민족어문』4.

김순배(1991), 「명사술어에 나타나는 '−이'에 대한 연구」, 『중국조선어문 3』.

김승곤(1992), 『한국어의 토씨와 씨끝』, 서광학술자료사.

김승곤(1996), 『한국어 토씨와 씨끝의 연구사』, 박이정.

김영배(1992), 『南北韓의 方言 硏究』, 慶雲出版社.

김영희(2005), 『한국어 통사 현상의 의의』, 역락.

김영황(1997), 『조선어방언학』, 한국문화사.

김주미(1992), 「현대국어 서술씨끝 연구」, 『한국어의 토씨와 씨끝』, 서광학술자료사.

김진용(1986), 『현대조선어』, 연변교육출판사.

김차균(2005), 『허웅선생의 우리말 연구』, 태학사.

김창섭(2008), 『한국어 형태론 연구』, 태학사.

김철준 외(2011), 『현대조선어』, 연변대학출판사.

김태균(1986), 『함북방언사전』, 경기대학교출판국.

김태엽(1998), 「국어 비종결어미의 종결어미화에 대하여」, 『언어학』22, 한국언어학회.

김태엽(2001), 『국어 종결어미의 문법』, 국학자료원.

김향화(1999), 「연변지역 조선어의 청자대우법 연구」, 계명대 석사학위논문.

김홍실(2004), 「연변지역어의 마침법씨끝 연구」, 부산대 석사학위논문.

김홍실(2009), 「평북 초산지역어의 종결어미 연구」, 서울대 박사학위논문.

김홍수(1991), 「국어 시상과 양태의 담화기능」, 『문법 Ⅰ』, 태학사.

나은미(2002), 「한국어 종결어미 '-읍시다'의 의미」, 『이중언어학』20, 이중언어학회.

남기심(1982), 「국어의 공시적 기술과 형태소 분석」, 『배달말』7, 배달말학회.

남기심(2001), 『현대국어 통사론』, 태학사.

남기심·고영근(2004), 『표준국어문법론』, 탑출판사.

노대규(1983), 『국어 감탄문 문법』, 보성문화사.

노대규(1997), 『한국어의 감탄문』, 국학자료원.

동북3성조선어문법편찬소조(1983), 『조선어문법』, 연변인민출판사.

리귀배(1983), 「조선어의 격체계와 격형태에 대하여」, 『제1차 KOREA학국제교류세미
　　　　　나논문집』, 흑룡강조선민족출판사.

리동빈(2004), 『조선어방언학』, 역락.

목정수(2003), 『한국어 문법론』, 월인.

문창덕(1986), 「조선어 격범주에서 나서는 몇 가지 문제」, 『조선어문』(증간).

박경래(2003), 「중국 연변 정암촌 방언의 상대경어법」, 『이중언어학』23, 이중언어학회.

박경래(2005), 「충북출신 중국 연변 조선족 언어집단의 경어법 혼합양상에 대한 사회
　　　　　언어학적 고찰」, 『사회언어학』13, 사회언어학회.

박영순(1991), 「국어 의문문의 의문성 정도에 대하여」, 『국어의 이해와 인식』, 한국문
　　　　　화사.

박재연(1998), 「현대국어 반말체 종결어미 연구」, 『국어연구』152, 국어연구회.

박재연(2004), 「한국어 양태 어미 연구」, 서울대 박사학위논문.

박재연(2006), 『한국어 양태어미 연구』, 국어학총서 56, 태학사.

방채암(2009), 「연변지역어의 한국어 종결어미 연구」, 대구대 석사학위논문.

서영섭(1981), 『조선어실용문법』, 료녕인민출판사.

서울대학교대학원 국어연구회(1990), 『국어연구 어디까지 왔나』, 동아출판사.

서정수(1984), 『존대법 연구』, 한신문화사.

서정수(1990), 『국어문법의 연구』2, 한국문화사.

서정수(1992), 「국어의 특수의문문에 대하여」, 『언어학과 인지』, 한국문화사.

서정수(1994), 『국어문법』, 뿌리깊은나무.

서태룡(1988), 『국어활용어미의 형태와 의미』, 탑출판사.

서태룡(1991), 「국어 활용어미의 체계화 방법」, 『문법 Ⅰ』, 태학사.

서태룡·민현식·안명철·김창섭·이지양·임동훈(1998), 『문법 연구와 자료』, 태학사.

서태룡 외(1998), 『문법 연구와 자료』, 이익섭선생 회갑 기념 논총, 태학사.

선덕오·조습·김순배(1991), 『조선어방언조사보고』, 연변인민출판사.

선덕오(1993), 『중국에서의 조선어 기초어법』, 서우얼출판사.

선덕오(1997), 『조선어기초문법』, 상무인서관.

성기철(1985), 『현대국어 대우법 연구』, 개문사.

안병희·이광호(1990), 『中世國語文法論』, 학연사.

엄 녀(2010), 『한국어 양태 표현 교육 연구』, 한국문화사.

연변교육출판사조문편집실(1984), 『중학생조선어실용문법』, 연변교육출판사.

연변대학조문학부조선어강좌조선어문조(1972), 『조선어문법』(형태론), 연변인민 출판사.

연변대학중문학부조선어강좌(1974), 『조선어문법』(문장론), 연변인민출판사.

연변조선족자치주사회과학원언어연구소(2002), 『조선말사전』(상, 하).

우창현(2004), 「종결어미 '-디'의 문법화」, 『어문학』85, 한국어문학회.

윤석민(1998), 「문장종결법」, 『문법 연구와 자료』, 태학사.

윤석민(2000), 『현대국어의 문장종결법 연구』, 집문당.

이병근·서태룡·이남순 편(1991), 『문법 Ⅰ』, 태학사.

이병근·곽충구(1998), 『방언』, 태학사.

이영민(1998), 『국어 의문문의 통사론』, 보고사.

이은섭(2005), 『현대 국어 의문사의 문법과 의미』, 태학사.

이익섭(1991), 「國語 敬語法의 體系化 問題」, 『문법 Ⅰ』, 태학사.

이익섭·채완(2003), 『국어문법론강의』, 학연사.

이정훈(2008), 『조사와 어미 그리고 통사구조』, 태학사.

이지양(1998), 『국어의 융합현상』, 태학사.

이호승(2003a), 「통사적 어근의 성격과 범위」, 『국어교육』112, 한국국어교육연구학회.

이호승(2003b), 「形態論的 文法化의 특성과 범위」, 『어문연구』119, 한국어문교육연구회.

이희승(1955), 『國語學槪說』, 민중서관.

이희승(1957), 『새고등문법』, 일조각.

이희승(1970), 『새문법』, 일조각.

이희자·이종희(1999), 『텍스트 분석적 국어 어미의 연구』, 한국문화사.

이희자·이종희(2008), 『(어미·조사사전을 위한)한국어사전』, 한국문화사.

임동훈(2006), 「현대국어 경어법의 체계」, 『국어학』47, 국어학회.

임동훈(2008), 「한국어의 서법과 양태 체계」, 『한국어 의미학』26, 한국어의미학회. 임

　　　　　동훈(2011), 「한국어의 문장 유형과 용법」, 『국어학』60, 국어학회.

임홍빈(1984), 「문종결의 논리와 수행－억양」, 『말』9, 연세대학교 한국어학당.

임홍빈(1998), 『국어문법의 심층 1』, 태학사.

임홍빈(2005), 『우리말에 대한 성찰 1』, 태학사.

임홍빈·장소원(1995), 『국어문법론 1』, 한국방송대학교출판부.

장경현(1995), 「국어의 명사 및 명사형 종결문에 대한 연구」, 『국어연구』130.

장경현(2010), 『국어 문장 종결부의 문체』, 역락.

장경희(1985), 『現代國語의 樣態範疇硏究』, 탑출판사.

장경희(1993), 「『老乞大』『朴通事』의 언해본」, 『국어사 자료와 국어학의 연구』, 문학과
　　　　　지성사.

장경희(1995), 「국어의 양태 범주의 설정과 그 체계」, 『언어』20.3, 한국언어학회.

장경희(1998), 「서법과 양태」, 『문법연구와 자료』, 태학사.

장충덕(2000), 「문경지역어 설명의문형 어미의 사회적 변이」, 충북대 석사학위논문.

장윤희(2002), 『중세국어 종결어미 연구』, 태학사.

전병선(1988a), 「정보적관계에 의한 문장들의 련결에 대하여」, 『중국조선어문』6.

전병선(1988b), 「문장이상의 언어적 단위인 문장군에 대하여」, 『조선어연구』(2), 흑룡
　　　　　강조선민족출판사.

전병선(1988c), 「복합문의 진술단위에 대하여」, 『조선어연구』(2), 흑룡강조선민족출판사.

전병선(1989), 「문장군에 대하여」, 『조선학연구』(제2권), 연변대학출판사.

전학석(1998), 「연변 방언」, 『새국어생활』8.4, 국립국어연구원.

전　선(1985), 「조선어문법의 핵심은 토」, 『조선어 학습과 연구』1.

정경언(1982), 「조선어의 토와 접미사의 계선문제에 대하여」, 『연변대학학보 』(특집호).

정경언(1983), 「론리적 범주와 문법적 범주의 상호관계에 대하여」, 『조선어 학습과 연
　　　　　구』2.

정만식·김순희(1983), 『조선어토지식』, 흑룡강조선민족출판사.

정연희(1996), 「한국어 종결어미 {-지}에 대하여」, 한국외대 석사학위논문.

정인승(1956), 『표준 고등 말본』, 신구문화사.

조항범 역(1990), 『의미분석론－성분분석의 이론과 실제』, 탑출판사.

중국조선어실태조사보고집필조(1985), 『중국조선어실태조사보고』, 민족출판사.

차광일(1981), 『조선어토대비문법』, 료녕인민출판사.

채영희(1983), 「서법으로서의 명령법」, 『국어국문학』20, 부산대 국어국문학과.

채옥자(2002), 「중국 연변지역 한국어의 음운체계와 음운현상」, 서울대 박사학위논문.

최동주(2009), 「종결어미 '-ㄹ걸'의 기능과 문법적 특성」, 『국어학』54, 국어학회.

최명식(1986), 「조선말계칭범주에 대하여(1)」, 『조선어문』2.

최명식(1986), 「조선말계칭범주에 대하여(2)」, 『조선어문』3.

최명식(1988), 「입말에서의 생략에 대하여」, 『조선언어문학국제토론회론문집』, 민족출
　　　　　　　판사.

최명식(1996), 『조선말 입말체 문장연구』, 한국문화사.

최명옥(1990), 「방언」, 서울대학교 대학원 국어연구회 편(1990).

최명옥·곽충구·배주채·전학석(2002), 『함북 북부지역어 연구』, 태학사.

최윤갑(1980), 『조선어문법』, 료녕인민출판사.

최윤갑·리세룡(1984), 『조선어학사전』, 연변인민출판사.

최전승(2004), 『한국어 방언의 공시적 구조와 통시적 구조』, 역락.

최현배(1937), 『우리말본』, 경성 : 연희전문출판부.

최현배(1971), 『우리말본』(최종판), 정음문화사.

최현배(1982), 『우리말본』, 아홉 번째 고쳐펴냄, 정음사.

최형용(2003), 『국어 단어의 형태와 통사』, 태학사.

최희수·강은국·김경암(1987), 『조선말토지식』, 흑룡강조선민족출판사.

한국사회언어학회(2012), 『사회언어학사전』, 소통.

한　길(1991), 『국어종결어미연구』, 강원대학교출판부.

한　길(2002), 『현대 우리말의 높임법 연구』, 역락.

한　길(2004), 『현대 우리말의 마침씨끝 연구』, 역락.

한　길(2005), 『현대 우리말의 반어법 연구』, 역락.

한　길(2006), 『현대 우리말의 형태론』, 역락.

한　길(2009), 『현대 우리말의 되풀이법 연구』, 역락.

한동완(1988), 「청자경어법의 형태 원리 : 선어말어미 {-이-}의 형태소 정립을 통해」,
　　　　　　　『말』13, 연세대학교 한국어학당.

황대화(1998), 『조선어 동서방언 비교연구』, 한국문화사.

황문환(2002), 『16, 17世紀 諺簡의 相對敬語法』, 태학사.

허경행(2010), 『한국어 복합종결어미』, 박문사.

허동진(2006), 『한국어 어미의 뜻과 쓰임』, 한국학술정보.

허　웅(1975), 『우리옛말본』, 샘문화사.

허　웅(1995), 『20세기 우리말의 형태론』, 샘문화사.

허　웅(1999), 『20세기 우리말의 통어론』, 샘문화사.

小倉進平(1944), 『朝鮮語方言の硏究』, 東京 : 岩波書店.

小倉進平(2009), 『조선어방언사전』, 한국문화사.

鈴木重幸(1996), 『形態論·序說』, むぎ書房刊.

[부록 1] 현대조선어의 사전류와 문법서의 종결어미 비교목록

이 자료들에 다음과 같이 번호를 매겨 구별하기로 한다.

1. 연변조선족자치주 사회과학원 언어연구소(2002), 『조선말사전(상, 하)』.
2. 최윤갑・리세룡(1984), 『조선어학사전』, 연변인민출판사.
3. 최희수・강은국・김경암(1987), 『조선말토지식』, 흑룡강조선민족출판사.
4. 차광일(1981), 『조선어토대비문법』, 료녕인민출판사.
5. 허동진(2006), 『한국어 어미의 뜻과 쓰임』, 한국학술정보[주].
6. 강은국(1987), 『현대조선어』, 연변대학출판사.
7. 김진용(1986), 『현대조선어』, 연변교육출판사.
8. 최윤갑(1980), 『조선어문법』, 료녕인민출판사.
9. 서영섭(1981), 『조선어실용문법』, 료녕인민출판사.
10. 동북3성 『조선어문법』 편찬소조(1983), 『조선어문법』, 연변인민출판사.
11. 김기종・리영순(2006), 『조선어문법론』, 한국문화사.
12. 선덕오(1993), 『중국에서의 조선어 기초어법』, 서우얼출판사.

	사전류					문법서						
	1	2	3	4	5	6	7	8	9	10	11	12
-감											○	
-거니	○	○			○		○		○			
-거던							○		○			
-거든	○	○			○							○
-거든요					○							
-거라	○	○	○	○						○		○

	사 전 류					문 법 서						
	1	2	3	4	5	6	7	8	9	10	11	12
-것다					O							
-게(명령)	O	O	O	O	O	O	O	O	O	O	O	O
-게(의문)	O	O	O		O							
-게나		O		O	O	O		O		O	O	O
-고	O	O										
-고나	O											
-구나(서술)	O	O	O		O	O	O	O	O	O	O	O
-구나(감탄)		O			O							
-구려(서술)	O	O	O		O	O		O	O	O		O
-구려(명령)		O	O		O	O	O	O	O	O	O	
-구만	O	O	O						O	O	O	O
-구먼					O							
-구먼요					O							
-군	O	O	O		O	O		O	O	O	O	O
-군요					O	O		O		O		
-그려		O				O	O	O				
-기오						O	O	O				
-기요		O		O					O	O	O	
-ㄴ	O											
-ㄴ가	O	O	O		O	O	O		O	O		O
-ㄴ가요			O		O	O						
-ㄴ감	O				O							
-ㄴ걸	O	O	O		O		O				O	O
-ㄴ걸요					O							
-ㄴ고	O				O							
-ㄴ다			O		O				O	O	O	O
-ㄴ다니					O							
-ㄴ단다					O							
-ㄴ데	O	O	O		O		O					
-ㄴ지	O	O	O		O	O	O		O	O		
-ㄴ지요					O	O						

	사 전 류					문 법 서						
	1	2	3	4	5	6	7	8	9	10	11	12
-나(의문)	○	○	○	○	○	○		○		○	○	○
-나니		○										
-나요	○		○	○	○	○		○			○	
-나이까	○	○	○	○	○	○	○	○		○	○	○
-나이다	○	○	○	○	○	○	○	○		○	○	○
-남	○										○	
-냐	○	○	○		○	○	○	○	○	○	○	○
-너라	○	○	○	○	○	○	○	○		○	○	○
-네	○	○	○	○	○	○	○	○	○	○	○	○
-네요				○								
-노	○											
-노니	○	○										
-노라	○	○	○	○	○	○	○	○	○	○	○	
-뇨	○				○							
-누					○							
-누나	○	○	○	○	○	○	○	○	○	○	○	
-누만	○	○		○		○	○	○	○			
-누먼					○							
-누만요				○								
-느냐	○			○	○	○	○	○	○	○		○
-느뇨	○			○								
-느니	○	○			○							○
-느니라	○		○	○	○							
-는/은/ㄴ갑디다	○											
-는가	○			○	○			○	○	○	○	○
-는가요				○	○			○			○	
-는감	○											
-는갑디다	○											
-는걸				○	○		○		○		○	
-는걸요				○								
-는고	○			○	○						○	

	사 전 류					문 법 서						
	1	2	3	4	5	6	7	8	9	10	11	12
-는구나				○	○					○	○	
-는구려				○	○					○	○	
-는구만			○							○	○	
-는구먼					○							
-는구만요				○							○	
-는구먼요					○							
-는군				○	○					○	○	
-는군요				○	○							
-는다				○			○		○	○	○	
-는다고					○							
-는다구				○								
-는다니												
-는데					○		○		○		○	
-는지				○	○			○	○	○	○	
-는지고	○											
-는지요				○	○			○			○	
-니(의문)	○	○	○	○	○	○	○	○	○	○	○	○
-니(서술)	○	○			○							
-니까		○	○									
-니까요					○							
-니라		○			○						○	
-다	○	○	○		○	○	○	○	○	○	○	○
-다고					○							
-다구(서술)	○	○	○									
-다구(의문)		○	○									
-다구야	○	○	○									○
-다구요	○											
-다나	○	○	○		○							
-다네	○	○	○		○		○		○		○	○
-다는데	○											
-다니(서술)	○	○	○		○							○

	사 전 류					문 법 서						
	1	2	3	4	5	6	7	8	9	10	11	12
-다니(의문)	O				O							
-다니까	O	O										O
-다며	O	O	O		O							O
-다면서	O	O			O							O
-다면요	O											O
-다오	O	O	O		O		O		O		O	
-다지	O	O	O		O		O		O			O
-다지요	O				O							
-단다	O	O	O	O					O		O	
-담	O	O	O		O							O
-답니까	O				O				O			
-답니다	O	O	O		O				O			O
-답데	O											
-답디까	O				O				O			
-답디다	O				O				O			
-대	O	O	O		O							
-더구나	O		O	O	O	O	O	O	O	O	O	O
-더구려					O							
-더구만	O			O		O	O	O	O	O	O	O
-더구먼					O							
-더구만요				O		O	O					
-더구먼요					O							
-더군	O		O	O	O	O	O	O	O	O	O	O
-더군요				O	O	O	O				O	
-더나				O							O	
-더나요				O							O	
-더냐	O		O	O	O	O	O	O	O	O		
-더뇨	O											
-더니	O	O			O				O	O		O
-더라	O	O	O	O	O	O	O	O	O	O	O	O
-더라고					O							

	사 전 류					문 법 서						
	1	2	3	4	5	6	7	8	9	10	11	12
-더라니	O	O			O	O	O	O	O	O		O
-더라니까	O					O		O	O	O		O
-더랬냐				O								
-더랬다				O								
-더만				O								
-더만요				O								
-더야(서술)				O								
-더야(의문)				O								
-던	O		O		O							
-던가	O		O	O	O	O	O	O	O	O	O	
-던가요			O	O	O	O	O				O	
-던걸	O		O	O	O		O		O			O
-던걸요				O								
-던고	O				O	O						
-던데	O		O				O		O			
-던지(의문)			O		O	O	O	O	O	O	O	O
-던지(서술)	O											
-던지요			O	O	O	O					O	
-데(서술)	O	O	O	O	O	O	O	O	O	O	O	O
-데(의문)		O		O	O			O				
-도다/-로다/이로다	O	O		O	O						O	
-디	O	O		O	O							
-ㄹ(을)가요												
-ㄹ(을라구요)				O								
-ㄹ(을)지요				O								
-ㄹ가	O	O	O	O	O	O	O	O	O	O	O	O
-ㄹ가나	O											
-ㄹ가요			O		O	O	O				O	
-ㄹ거야						O						
-ㄹ걸	O	O	O	O	O	O	O	O	O	O	O	O
-ㄹ걸요					O	O	O					

	사 전 류					문 법 서						
	1	2	3	4	5	6	7	8	9	10	11	12
-ㄹ게	○	○	○	○	○	○	○		○	○		○
-ㄹ게다						○					○	
-ㄹ고/-을고	○											
-ㄹ꼬					○							
-ㄹ는가											○	
-ㄹ는지	○	○	○		○		○		○	○		○
-ㄹ는지요			○									
-ㄹ다	○										○	
-ㄹ라	○	○	○		○	○	○		○	○	○	
-ㄹ라고					○							
-ㄹ라구	○	○	○	○		○					○	○
-ㄹ라고요					○							
-ㄹ라구요			○			○					○	
-ㄹ래(서술)	○	○	○	○	○		○		○			○
-ㄹ래(의문)		○	○		○							
-ㄹ래요(의문)			○									
-ㄹ래요(서술)			○			○						
-ㄹ러냐	○											
-ㄹ러라	○											
-ㄹ건가/ -을런가	○											
-ㄹ런고	○											
-ㄹ레	○	○									○	
-ㄹ레라	○	○				○						
-ㄹ로다						○						
-ㄹ사/-을사	○											
-ㄹ세	○	○	○	○	○						○	○
-ㄹ세라		○										
-ㄹ소냐	○	○	○	○	○	○	○		○	○	○	○
-ㄹ손가	○		○	○		○						○
-ㄹ시고	○	○	○				○		○		○	○
-ㄹ지	○	○	○		○	○	○	○	○	○	○	

	사 전 류					문 법 서						
	1	2	3	4	5	6	7	8	9	10	11	12
-ㄹ지니라/-을지니라	○											
-ㄹ지어다/-을지어다	○											
-ㄹ지요						○		○			○	
-ㄹ진저	○											
-라(명령)	○	○	○	○	○	○	○	○	○	○	○	○
-라(서술)	○			○	○		○		○			
-라(의문)			○		○							
-라고(서술)		○			○							
-라고(의문)	○	○			○							
-라고(명령)					○						○	
-라구(명령)	○		○	○		○	○	○	○	○	○	○
-라구(서술)	○			○								
-라구(의문)			○									
-라구야	○								○			
-라구요	○			○							○	
-라나	○		○		○							
-라네	○				○		○		○		○	
-라는데	○											
-라니(서술)	○				○							
-라니(명령)	○	○	○		○							○
-라니까(명령)	○	○	○		○							
-라니까(서술)	○				○							○
-라며	○											
-라오	○				○				○		○	
-라요(명령)	○			○					○			
-라요(서술)							○					
-라요(의문)											○	
-라지	○				○		○		○			
-란다	○				○				○		○	
-람(의문)		○	○		○							○

	사 전 류					문 법 서						
	1	2	3	4	5	6	7	8	9	10	11	12
-랍(서술)	○										○	
-랍니까	○								○			
-랍니다	○								○			
-랍디까	○								○			
-랍디다	○								○			
-래		○			○							
-랴	○	○	○	○	○		○		○	○	○	○
-러니라	○											
-러라	○											
-런가	○					○						
-런고	○					○						
-려나	○		○									
-려나무나							○					
-려느냐	○											
-려는가	○											
-려는고	○											
-려는지	○											
-려니	○		○								○	
-려마					○							
-려무나	○	○	○	○	○	○		○	○	○	○	○
-련마는		○										
-련만		○										
-렴	○		○	○	○	○		○		○	○	○
-로구나	○	○	○		○				○			○
-로구려	○	○	○		○		○					
-로구만	○	○	○	○								
-로구먼					○							
-로구먼요					○							
-로군		○	○		○		○		○			
-로군요					○							
-로다	○	○					○		○			

	사 전 류					문 법 서						
	1	2	3	4	5	6	7	8	9	10	11	12
-로세	○	○										
-로소이까				○								
-로소이다	○			○								
-리(서술)	○	○	○	○	○	○	○		○	○	○	○
-리(의문)					○						○	
-리까	○	○	○	○	○	○	○	○	○	○	○	○
-리꼬	○		○									
-리다	○	○	○	○	○	○		○	○	○	○	
-리라	○	○	○	○	○	○		○	○	○	○	
-리로다	○	○										
-리이까				○								
-리이다				○								
-ㅁ세	○				○						○	
-ㅁ에라/-음에라	○											
-마(서술)	○	○	○	○	○	○	○	○	○	○		○
-마(약속)					○						○	
-마구(약속)											○	
-마구(서술)											○	
-면서		○										
-ㅂ네까/-습네까	○											
-ㅂ네다/-습네다	○	○										
-ㅂ넨다/-습넨다	○	○										
-ㅂ닌다		○										
-ㅂ니까/-습니까	○	○	○	○	○	○		○	○	○	○	○
-ㅂ니다/-습니다	○	○	○	○	○	○		○	○	○	○	○
-ㅂ닌다/-습닌다		○										

	사 전 류					문 법 서						
	1	2	3	4	5	6	7	8	9	10	11	12
-ㅂ데/-습데 (서술)	O	O		O		O		O	O	O		O
-ㅂ데/-습데 (의문)				O		O		O				
-ㅂ데요/-습데요(서술)				O								
-ㅂ데요/-습데요(의문)				O								
-ㅂ디까/-습디까	O	O	O	O	O	O		O	O	O		
-ㅂ디다	O	O	O	O	O		O	O	O	O	O	O
-ㅂ세	O	O	O	O		O	O	O	O	O	O	O
-ㅂ세다	O											
-ㅂ쇼	O				O							
-ㅂ시다	O	O	O	O	O	O	O	O	O	O	O	O
-ㅂ시오	O	O	O		O	O					O	
-ㅂ죠	O											
-ㅂ지요/-습지요(서술)	O	O	O									
-ㅂ지요/-습지요(의문)			O									
-사옵디까				O								
-사옵디다				O								
-사이다	O											
-셔요					O							
-세	O	O	O	O	O	O	O	O	O	O	O	O
-세나	O	O		O	O	O		O			O	
-세요	O	O	O	O	O	O	O	O	O			O
-소/-오	O	O	O									
-소서	O	O	O	O			O					O
-소이까	O			O								
-소이다	O	O		O								
-쇠다	O	O	O									

	사 전 류					문 법 서						
	1	2	3	4	5	6	7	8	9	10	11	12
-쉐디	O											
-슈	O											
-시나이까	O											
-시오		O	O	O	O	O	O	O	O	O	O	O
-십시다	O				O							
-십시오	O		O	O	O		O	O	O	O	O	O
-아/-어/-여 (서술)		O	O	O	O	O	O	O	O	O	O	O
-아/-어/-여 (의문)		O	O	O	O	O		O			O	
-아/-어/-여 (명령)	O	O	O	O	O	O		O			O	O
-아/-어/-여 (권유)	O	O	O	O	O	O		O			O	O
-아/-오							O					
-아는지/-어는 지/-여는지												O
-아라/-어라/ -여라(서술)	O	O	O	O	O				O	O		
-아라/-어라/ -여라(명령)	O	O	O	O	O	O	O	O	O	O	O	O
-아야지/-어야 지/-여야지	O	O	O		O							
-아요/-어요/ -여요(서술)	O	O	O	O	O	O	O	O	O	O	O	O
-아요/-어요/ -여요(의문)		O	O	O	O	O		O			O	
-아요/-어요/ -여요(명령)		O	O		O	O		O			O	O
-아요/-어요/ -여요(권유)		O	O		O	O		O			O	O
-애	O											
-야(서술)	O		O	O	O		O		O			O
-야(의문)			O		O							
-야요(서술)	O			O					O			

	사 전 류					문 법 서						
	1	2	3	4	5	6	7	8	9	10	11	12
-야요(의문)	○			○								
-예												○
-예요					○							○
-오/-소(서술)	○	○	○	○	○	○		○	○	○	○	○
-오/-소(의문)		○	○	○	○	○		○			○	○
-오/-소(명령)		○	○	○	○	○		○			○	○
-오나이까				○								
-오나이다				○								
-오니까	○											
-오다							○					
-오리이까				○								
-오리까/ 으오리까					○							
-오리이다				○								
-오리다/ 으오리다					○							
-오이다/ -소이다	○	○	○									○
-올시까				○								
-올시다	○	○	○	○	○		○					○
-옵니까				○								
-옵니다				○			○					
-옵디까				○								
-옵디다				○								
-옵소서				○								
-옵시다				○								
-옵시오				○								
-외다	○	○	○		○							
-요(서술)	○	○	○	○		○			○	○		○
-요(의문)		○	○	○								○
-웨(외)까				○								
-웨(외)다	○			○								○

	사 전 류					문 법 서						
	1	2	3	4	5	6	7	8	9	10	11	12
-이	O				O							
-이아요	O											
-이올시다	O											
-자	O	O	O	O	O	O	O	O	O	O	O	O
-자고					O							
-자구		O	O	O		O	O	O	O	O	O	O
-자구요				O								
-자꾸나	O	O	O	O	O	O	O	O	O	O	O	O
-자니					O							
-자니까					O						O	
-자옵디까				O								
-자옵디다				O								
-자요	O		O	O		O	O		O	O	O	
-죠	O		O									
-지(서술)	O	O	O	O	O	O	O	O	O	O	O	O
-지(의문)		O	O	O	O	O			O			
-지(명령)					O			O	O		O	
-지(권유)		O	O		O	O		O			O	
-지요(서술)	O		O	O	O	O		O		O	O	O
-지요(의문)			O	O	O	O		O			O	O
-지요(명령)					O			O			O	
-지요(권유)			O		O			O				

[부록 2] 현대조선어의 문장종결법에 의한 종결어미 분류표

종결법	기본형	이형태	'요'통합형	'-더-', '-다-'합성형	기타
설 명 법	-거니				
	-거든				-거던
	-ㄴ걸	-는걸/은걸	-ㄴ걸요/는걸요/ 은걸요	-던걸, -던걸요,	
	-ㄴ데				
	-나니				
	-나이다				
	-네				
	-니				
	-니까				
	-니라				
	-다	-라, -ㄴ다/는다		-단다, -란다, -더라	
	-다구	-라구	-다구요/라구요		
	-다구야	-라구야			
	-다나	-라나			
	-다네	-라네			
	-다니	-라니		-더라니	
	-다니까	-라니까		-더라니까	
	-다오	-라오			
	-다지		-다지요		
	-담	-람			
	-대	-래			
	-더만		-더만요		
	-더야				

종결법	기본형	이형태	'요'통합형	'-더-', '-다-'합성형	기타
설명법	-던지				
	-데				
	-도다	-로다/ㄹ로다		-리로다	
	-ㄹ걸	-을걸	-ㄹ걸요/을걸요		
	-ㄹ거야				
	-ㄹ게다				
	-ㄹ다				
	-ㄹ래	-을래	-ㄹ래요/을래요		
	-ㄹ레	-을레			
	-ㄹ사	-을사			
	-ㄹ세	-로세			
	-ㄹ세라				
	-ㄹ시고				
	-ㄹ지				
	-ㄹ지니라	-을지니라			
	-ㄹ지어다	-을지어다			
	-ㄹ진저	-을진저			
	-라		-라요		
	-ㅂ니다	-습니다		-답니다, -랍니다 -답디다, -랍디다	
	-러니다				
	-려니	-으려니			
	-련마는				-련만
	-소이다	-로소이다, -오이다			
	-리	-으리			
	-리다				
	-리라				
	-리이다				
	-ㅁ에랴	-음에랴			
	-ㅂ네다	-습네다			
	-ㅂ니다	-습니다		-ㅂ디다/습디다	
	-ㅂ닌다	-습닌다			

종결법	기본형	이형태	'요'통합형	'-더-', '-다-'합성형	기타
설 명 법	-ㅂ데	-습데	-ㅂ데요/습데요	-답데, -랍데	
	-ㅂ죠	-습죠			
	-ㅂ지요	-습지요			
	-사옵니다			-사옵디다	
	-사이다				
	-쇠다	-외다			
	-쉐다	-쉐다			
	-지		-지요		
	-어	-아	-어요/아요		
	-어야지	-아야지			
	-야		-야요		
	-오	-소, -요			
	-오나이다				
	-올시다				
	-옵니다			-옵디다, -자옵디다	
	-이				
감 탄 법	-거니				
	-거든				
	-구나	-는구나, -로구나		-다구나	
	-구려	-는구려, -로구려			
	-구만	-는구만	-구만요, -는구만요	-더구만, -더구만요	
	-구먼		-구먼요		
	-군	-는군	-군요	-더군요	
	-노라				
	-누나				
	-다오	-라오			
	-데				
	-도다	-로다			
	-ㄹ러라				
	-ㄹ시고	-을시고			

종결법	기본형	이형태	'요'통합형	'-다-', '-다-'합성형	기타
감탄법	-랴				
	-로구나				
	-로구려				
	-로구만				
	-로다				
	-로세				
	-리라				
	-어	-아	-어요/아요		
	-어라	-아라			
허락법	-구려				
	-렴				
	-려무나				
	-어	-아	-어요/아요		
	-지				
경계법	-ㄹ라				
	-리다				
	-리라				
	-ㄹ세라				
	-어	-아	-어요/아요		
약속법	-ㄹ게		-ㄹ게요		
	-ㅁ세				
	-마				
	-마구				
	-리다				
	-어	-아	-어요/아요		
의문법	-게		-게요		
	-고				
	-ㄴ가	-는가/은가	-ㄴ가요/는가요/은가요		
	-ㄴ감	-는감/은감			-감
	-ㄴ고	-는고/은고			
	-ㄴ지	-는지/은지	-ㄴ지요/는지요/은지요		

종결법	기본형	이형태	'요'통합형	'-더-', '-다-'합성형	기타
의 문 법	-나		-나요	-더나, -더나요	
	-나이까	-오나이까			
	-냐	-느냐		-더냐	
	-노				
	-뇨	-느뇨			
	-니				
	-다구	-라구	-다구요/라구요		
	-다니				
	-다며	-라며			
	-다면서	-라면서			
	-다지	-라지	-다지요		
	-담	-람			
	-세요				
	-슈				
	-더야				
	-던				
	-던가		-던가요		
	-던고				
	-던지		-던지요		
	-데				
	-디				
	-ㄹ까	-을까	-ㄹ가요/을가요		
	-ㄹ까나	-을까나			
	-ㄹ고	-을고			
	-ㄹ는지		-ㄹ는지요		
	-ㄹ라구	-을라구	-ㄹ라구요		
	-ㄹ래		-ㄹ래요		
	-ㄹ러냐				
	-ㄹ런가	-을런가			
	-ㄹ런고				
	-ㄹ소냐	-을소냐			
	-ㄹ손가	-을손가			

종결법	기본형	이형태	'요'통합형	'-더-', '-다-'합성형	기타
의 문 법	-ㄹ지		-ㄹ지요		
	-라		-라요		
	-라고				
	-랴				
	-런가				
	-런고				
	-려나				
	-로소이까				
	-리까	-으리까			-리이까
	-리꼬				
	-면서				
	-ㅂ네까	-습네까			
	-ㅂ니까	-습니까		-ㅂ디까/습디까	-사옵디까
	-답니까	-랍니까		-답디까/랍디까	-습데까
	-ㅂ데	-습데	-ㅂ데요/습데요		
	-소이까				
	-어	-아	-어요/아요		
	-야		-야요		
	-오니까				
	-오리이까				
	-올시까				-자옵디까
	-옵디까				
	-외(웨)까				
	-지		-지요		
명 령 법	-거라				
	-게				
	-게나				
	-구려				
	-그려				
	-너라				
	-라	-으라	-라요		
	-라구		-라구요		

[부록 3] 문학 작품 목록

(1) 개혁개방 30년 중국 조선족 우수단편소설선집 수록 작품 목록

정세봉(1979), 「하고싶던 말」, 『연변문예』 4.

윤림호(1980), 「투사의 슬픔」, 『연변문예』 6.

리원길(1980), 「배움의 길」.

장지민(1981), 「노랑나비」, 『연변문예』 2.

차룡순(1981), 「백양나무길」, 『연변문예』 3.

서광억(1981), 「가정문제」, 『연변문예』 8.

홍천룡(1981), 「구촌조카」, 『연변문예』 11.

류원무(1982), 「비단이불」, 『연변문예』.

림원춘(1983), 「몽당치마」, 『연변문예』 2.

박 은(1983), 「관책과 별책」, 『연변문예』 3.

김 훈(1983), 「회로애락」, 『연변문예』 4.

김학철(1985), 「죄수의사」, 『장춘문예』 9.

우광훈(1987), 「메리의 죽음」, 『천지』 5.

리선희(1987), 「락엽」, 『은하수』 6.

최국철(1987), 「봄날의 장례」, 『천지』.

고신일(1990), 「흘러가는 마을」.

박선석(1990), 「털 없는 개」, 『천지』 7.

김종운(1991), 「고국에서 온 손님」, 『흑룡강신문』.

김재국(1991), 「꽃다발가게방」, 『천지』 4.

리동렬(1994), 「백정 미스터 리」, 『천지』 11.

김영자(1995), 「섭리」, 『천지』 9.

최홍일(1996), 「동년이 없는 아이」, 『도라지』 2.

종결법	기본형	이형태	'요'통합형	'-더-', '-다-'합성형	기타
명령법	-라니		-으라니		
	-라니까				
	-려무나	-으려무나			-려나무나
	-렴				
	-ㅂ쇼				
	-ㅂ시오				
	-세요				
	-소서				-옵소서
	-시오				-옵시오
	-십시오				
	-어	-아	-어요/아요		
	-어라	-아라			
	-오	-소			
	-지		-지요		
공동법	-기오				-기요
	-나				
	-ㅂ세				
	-ㅂ세다				
	-ㅂ시다				-옵시다
	-십시다				
	-세				
	-세나				
	-어	-아	-어요/아요		
	-자		-자요		
	-자구		-자구요		
	-자꾸나				
	-지		-지요		

리혜선(1997), 「병재씨네 빨래줄」, 『도라지』.

강효근(1998), 「바람은 가슴속에 멎는다」, 『연변문학』 9.

량춘식(2002), 「푸른 강은 흘러라」, 『연변문학』 7.

허련순(2004), 「하수구에 돌을 던져라」, 『연변문학』 5.

김　혁(2004), 「장백산 사라지다」, 『연변문학』 7.

리여천(2005), 「인연의 숲에서 하느적이던 풀은」, 『연변문학』 9.

박옥남(2008), 「장손」, 『연변문학』 12.

(2) 리종훈(2008) 『털 없는 개』 수록 작품 목록

리종훈(1979), 「다시는…」.

리종훈(1980), 「그녀가 온 날」.

리종훈(1983), 「'바보'나그네」.

리종훈(1984), 「우박이 내린 뒤」.

리종훈(1985), 「며느리 몸 푼 날」.

리종훈(1986a), 「개울물소리」.

리종훈(1986b), 「'아버지 한테서 배웠어'」.

리종훈(1986c), 「자식패퐁」.

리종훈(1986d), 「세월이 남긴 여운」.

리종훈(1991a), 「털 없는 개」.

리종훈(1991b), 「홍도야 울지 말라」.

리종훈(1992), 「벌거벗은 신선」.

(3) 중국조선족문학우수작품집편집위원회(2007) 『2006 중국조선족문학 우수 작품집』 수록작품 목록

리혜선(2006), 「터지는 꽃보라」, 『장백산』 5.

량춘식(2006), 「달도」, 『연변문학』 8, 9.

박옥남(2006), 「마이허」, 『도라지』 6.

최홍일(2006), 「닉명신」, 『연변문학』 1.

림원춘(2007), 「골회」, 『장백산』 4.

양은희(2006), 「타지마할」, 『장백산』 2.

박일호(2006), 「평화새」, 『아동문학』 여름호.

(4) 중국조선족문학우수작품집편집위원회(2008)『2007 중국조선족문학 우수
작품집』수록작품 목록

조룡기(2007), 「항주를 지나면 천당?」, 『도라지』 2.

량춘식(2007), 「정신문진」, 『연변문학』 11.

리 휘(2007), 「울부짖는 성」, 『연변문학』 11.

허련순(2007), 「그 남자의 동굴」, 『도라지』 3.

림원춘(2007), 「보이는 소리」, 『장백산』 4.

박영옥(2007), 「영민이와 단추흑판」, 『중국조선족소년보』(6월 18일).

(5) 기타 문학 작품

리영철(2009), 『용이와 그의 벗들』.

양홍앵(2008a), 『한 책상에 앉게 된 앙숙』.

양홍앵(2008b), 『딱정벌레차를 모는 녀교장』.

파 금(1986), 『봄』.

저자 김순희

　　　중국 연변대학 조문학부 졸업
　　　한국 충북대학교 인문대학 국어국문학과 석사
　　　동 대학교 국어국문학과 박사
　　　현 중국 연변대학 사범학원 초등교육전공 강사

　　　논문 및 과제
　　　「언어 패러다임의 변화가 조선어 초등교원 양성과정에 미치는 영향」
　　　「집거구 조선족 초등학생의 언어 실태 조사」
　　　「초등학교 조선어문 교원의 소양과 양성과정 연구」

중국 현대조선어의 문장종결법

　　초판 인쇄 2014년 2월 18일
　　초판 발행 2014년 2월 28일

　　저　자 김순희
　　펴낸이 이대현
　　편　집 권분옥·이소희·박선주

　　펴낸곳 도서출판 역락
　　주　소 서울 서초구 동광로 46길 6-6 문창빌딩 2층
　　전　화 02-3409-2058, 2060
　　팩　스 02-3409-2059
　　등　록 1999년 4월 19일 제303-2002-000014호
　　이메일 youkrack@hanmail.net

　　값 22,000원

　　ISBN 978-89-5556-687-1 93710

　　* 파본은 교환해 드립니다.